足立辰雄［編著］

ビジネスをデザインする
経営学入門
Introduction to Business Administration

DESIGN YOUR OWN BUSINESS

ミネルヴァ書房

はじめに

　経営学部や商学部の 1 回生に「あなたの進路は？」と尋ねると，ほとんどの日本人学生は「わかりません」「これから考えます」などと答えることが多い。高校までの受験勉強では目指す大学に入ることが主な目的で，何のために経営学部（商学部）に入学したのか，何を学んで卒業しどのような社会人になるのか，という進学への動機づけがやや不足しているように思われる。

　経営学への関心も少なく目的意識をもたない学生が多く存在するにもかかわらず，経営学の基礎知識を教える授業のテキストは，執筆者（書き手）の専門的知識の披露の場とされ，大切な読者（学生）との対話もほとんどなく，統一性のない論文集になっているケースが多い。ビジネスを研究し経営学教育に携わってきた者として，テキストに対する読者の満足度を高める姿勢，努力，責任に欠けていたことを率直に反省している。

　本書は，以上の問題意識から出発し，学生にとって有益なテキストとは何か，どのように活用されるべきかという経営学教育の原点に立ち返って企画された。「ビジネスをデザインする（Design Your Own Business）」という本書のタイトルには，若者が主役となって社会に貢献するビジネスを自ら構想し，実践してもらいたいという執筆者一同の願いが込められている。本書の特徴はつぎの 3 点にある。

　第 1 に，経営学の理論と現実をつないで関心をもたせるように豊富な企業の事例を用いて「経営学の魅力」を伝えていることである。

　第 2 に，読者本位の観点から図解やデータを駆使して「わかりやすい」「おもしろい」「興味深い」内容になるように工夫していることである。各章末にある設問や参考書籍の情報も読者の興味と関心を深めることができる。

　第 3 に，「発言する」「発案する」「発信する」能力を養うために，テキストの有効活用を目指し経営学教育の効果を高めることを本書の目的の 1 つにしていることである。Facebook など SNS を使用したテキストへの質問や意見に対する執筆者からの回答や双方向システムの授業への導入を試験的に実施する。

本書は3部構成になっており，その概略は以下のとおりである。

　序章では「ビジネスをデザインする」方法について簡単にスケッチしている。

　第Ⅰ部「ビジネスの基礎知識」では，利益とは何か，会社形態にはどのようなものがあるか（1章），商品開発や商品販売のビジネスとは何か（2章，3章），非営利事業とは何か（4章）について，広い社会的な視野から経営学を論じている。

　第Ⅱ部「ビジネスを展開する」では，経営学の8つの分野から専門的な内容を説明している。第Ⅱ部前半では，マーケティング（5章），国際経営（6章），銀行経営（7章），IT経営（8章），中小企業経営（9章）が説明され，経営学の根幹を形成する専門分野を学ぶことができる。第Ⅱ部後半では，環境ビジネス（10章），多様な人材を活用するダイバーシティマネジメント（11章），産学連携ビジネス（12章）など倫理性と社会性を取り入れた最新の経営学を学ぶことができる。

　第Ⅲ部「ビジネスの成功と失敗を考える」では，市場価値，自然価値，社会価値からなるビジネスモデルの基準から成功要因と失敗要因を見極め（13章，14章），これからのビジネス・リーダーの条件は何か（15章）を探っている。

　専門分野の異なる13名の研究者による共同執筆のため，若干の重複や個性的な叙述は避けられなかった。読者の忌憚のないご批判をいただければ幸いである。末尾ながら，ミネルヴァ書房営業部の神谷透氏には出版事業のご理解とご支援を賜り，編集部の大木雄太氏には，煩雑な編集実務に携わり有益なアドバイスもいただいたことに厚く御礼を申し上げるものである。

　2016年2月

執筆者を代表して　足立辰雄

目　次

はじめに

序　章　ビジネスへの挑戦 …………………………………… 1
〈足立辰雄〉

1　起業という選択肢 ………………………………………… 1
　日本人の起業への関心　1
　ビジネスにかかわる調査，研究成果を発表する　3
　エンロンの反社会的な経営　4
　持続可能な経営と CSR　5

2　新規事業の構想化 ………………………………………… 6
　パソコン市場に賭けたアップルの独創性　6
　ニッチ戦略で優位に立つ　7

3　ビジネスプランの作成と会社の設立 ……………………… 7
　新市場の創造をビジネスプランに具体化する　7
　会社設立の手続きへ　9

4　製品ライフサイクルとマネジメント ……………………… 9
　製品ライフサイクルから経営をみる　9
　時間軸から事業を経営する　10
　ヤマト運輸の宅急便　13

第 I 部　ビジネスの基礎知識

第1章　会社経営の理念と仕組み ……………………………… 17
〈山縣正幸〉

1　企業は，何を目指して活動しているのか ………………… 17
　企業の目的としての価値創造　18
　価値創造と収益獲得――企業の目的は"金儲け"？　18

2 価値の創造と交換のデザイン
　　　　　──ビジネス・リーダーシップ＆マネジメント……………20
　　　経営理念からコンセプトへ　20
　　　経営戦略の策定──価値創造のグランドデザイン　22

  3 企業は，どのような形態をもっているのか……………27
　　　企業とは「つながり」である　27
　　　企業の形態1　株式会社　28
　　　企業の形態2　持分会社　30

  4 ビジネスをデザインするための視点………………………32

第2章　新商品をつくるビジネス………………………………34
〈小松史朗〉

  1 商品開発の目的と方法……………………………………34
　　　商品開発の目的　34
　　　商品開発の方法　35
　　　商品開発と生産過程　36

  2 商品開発の戦略……………………………………………38
　　　製品‐市場戦略　38
　　　競争戦略　40
　　　ブルー・オーシャン戦略　44

  3 商品開発をめぐるブルー・オーシャン戦略の事例………44
　　　中小製造業企業の事例──ハードロック工業　45
　　　地域ブランド・アパレル企業の事例──京でん　46
　　　水産業ベンチャー企業の事例──食一　48

  4 持続可能な商品開発戦略の要点……………………………50

第3章　商品を販売するビジネス………………………………52
〈吉村純一〉

  1 小売業の役割………………………………………………52
　　　商業が存在する理由と小売業　52

  2 小売業の種類………………………………………………54

　　　　商店数の減少傾向と規模別動向　54
　　　　小売業の業態　56
　　3　情報化時代の小売業 …………………………………………… 59
　　　　物語形成から品揃え形成への回帰——ロフト　59
　　　　インターネット時代の小売業——アマゾン　61
　　4　地域社会と小売業 …………………………………………… 63
　　　　環境問題への対応——イオン　63
　　　　再生を目指す商店街　65

第4章　社会的利益を追求するビジネス …………………………… 68
〈上田健作〉

　　1　非営利事業とは ……………………………………………… 68
　　　　「利益が見込めないビジネス」としての非営利事業　68
　　　　「利益を目的としないビジネス」としての非営利事業　70
　　　　社会的利益の追求を行う事業としての非営利事業　72
　　2　非営利組織が追求する社会的利益とは ………………………… 72
　　　　NPOの非営利性　72
　　　　NPOが追求する社会的利益　73
　　　　NPOの事例1——日高わのわ会　74
　　　　NPOの事例2——ワークスみらい高知　75
　　3　非営利組織の経営——何がポイントか ………………………… 77
　　　　広報がNPO経営の「命」である　77
　　　　事業の成果を具体的にわかりやすく示す　78
　　　　協働をマネジメントする　79

第Ⅱ部　ビジネスを展開する

第5章　顧客と社会を満足させるマーケティング ………………… 83
〈日野隆生〉

　　1　マーケティングはビジネスの基本である ……………………… 83
　　　　マーケティングの役割　83

マーケティングの定義の変遷　84
　　　ソーシャル・マーケティング　85
　2　マーケティング戦略をデザインする……………………………87
　　　マーケティングのプロセス　87
　　　マーケット・セグメンテーション　88
　　　ポジショニング戦略　89
　3　製品をデザインする………………………………………………90
　　　マーケティング志向の製品とは　90
　　　ユビキタス社会における製品開発　92
　4　マーケティング・ミックスをデザインする……………………93
　　　価格をデザインする　93
　　　チャネル（流通経路）をデザインする　94
　　　マーケティング・コミュニケーションをデザインする　95

第6章　世界市場へ進出する…………………………………………99
〈関　智宏〉

　1　企業の国際化とは何か……………………………………………99
　　　国際化の形態と段階　99
　　　集権と分権，グローバル統合とローカル適応　100
　2　世界市場を開拓する日本企業……………………………………102
　　　日本企業の国際化の概観──海外事業活動事業調査より　103
　　　トヨタ自動車のケース　105
　3　チャイナ＋ワン時代の国際化……………………………………107
　　　チャイナ＋ワン　107
　　　日本企業のASEANとタイでの事業展開　108
　　　日本企業のタイ＋ワン戦略　110
　4　国内回帰ともう1つの国際化……………………………………113
　　　円安と国内生産回帰　113
　　　インバウンド　113
　　　国際化時代における日本企業　114

第7章　産業界に資金を供給する ……………………………………… 116
〈久富健治〉
1　金融の意義と役割 ……………………………………………… 116
金融機関は何をするのか　116
直接金融と間接金融　117
金融とリスクの負担　118
2　銀行経営の不安定性と不確実性への対応 ………………… 118
不安定な銀行経営　118
情報生産と統合報告　119
信用リスクの管理　120
3　連携による地域経済の活性化 ………………………………… 122
銀行行政と地域金融機関　122
地域連携の事例 1
——神戸信用金庫の川上・川下ビジネスネットワーク事業　123
地域連携の事例 2——神戸信用金庫のクラウドファンディング　126
地域金融機関の CSR　128

第8章　IT を駆使して成果をあげる ……………………………… 130
〈布施匡章〉
1　IT 経営とは ……………………………………………………… 130
IT 部門の役割の変遷　131
IT 人材への期待　133
これからの IT 経営に求められること　133
2　IT イノベーションのキーワード …………………………… 135
クラウド　135
ビッグデータ　136
IoT　138
3　サービスデザイン—— IT イノベーションを生み出すには ……… 139
「サービスデザイン」の思考法　140
ペルソナ　141
カスタマージャーニーマップ　142

第 9 章　事業を受け継ぎ，地域に貢献する……………………146
〈大貝健二〉

 1　中小企業経営の魅力は何だろう……………………………146
  中小企業の定義　146
  中小企業の量的把握——周りには中小企業がたくさん　148
  中小企業ビジネスの特徴　149
 2　地域経済の担い手としての中小企業……………………………150
  地域を支える中小企業　150
  地域に埋め込まれた存在としての中小企業　151
  地域貢献活動の事例——内山新聞店　152
 3　事業承継と第 2 の創業……………………………………154
  中小企業の後継者問題　154
  事業承継の類型　155
  第 2 の創業の事例 1 ——満寿屋商店　157
  第 2 の創業の事例 2 ——山本忠信商店　159
 4　地域に根づいた中小企業ビジネスの可能性を考えよう……160

第 10 章　環境ビジネスで成長する……………………………163
〈八木俊輔〉

 1　環境ビジネスとは……………………………………………163
  ソーシャルビジネスとしての環境ビジネス　163
  環境ビジネスの概要　165
  成長する環境ビジネス　166
 2　環境ビジネスで成長する企業……………………………168
  企業事例——トヨタ自動車　168
  環境ビジネスで成長するトヨタ　169
  進化する環境戦略　172
  成功要因の検証　173
 3　持続可能な企業を目指して………………………………175
  環境経営の普及と深化——環境経営と CSR 経営　175
  サステナビリティの実現を目指して　176

目　次

第11章　女性，高齢者，障害者が活躍するビジネス……………178
〈山下裕介〉

1　CSRを志向する経営──2つの視点の確認 ……………………178
　CSRとは　178
　CSRの2つの視点　179

2　CSRとしてのダイバーシティ──人材の多様性を活かした経営… 179
　ダイバーシティ・マネジメント　179
　マイノリティとダイバーシティ　180

3　ダイバーシティ・マネジメントにとり組む企業 ……………181
　女性が活躍する企業の事例──原田左官工業所　181
　高齢者が活躍する企業の事例──テンポスバスターズ　183
　知的障害者が活躍する企業の事例──日本理化学工業　186

第12章　産学連携ビジネスで地域を活性化させる ……………191
〈谷口智彦〉

1　産学連携の概要 …………………………………………………191
　産学連携とは　191
　産学連携の歴史　193
　産学連携の現状　194
　CSR経営と産学連携　196

2　社会とつながるビジネス──産学連携と地域のつながり………197
　社会的課題の解決と産学連携　197
　ソーシャル・ビジネスの要件　199

3　産学連携のとり組み ……………………………………………200
　産学連携の事例──神戸新聞社のMラボ事業　200
　Mラボ事業立ち上げの経緯　202
　行政機関の支援　204
　協力体制とネットワークの活用　204
　Mラボ事業の運営上のポイント　205
　産学連携としてのMラボ事業の要点　207

ix

第Ⅲ部　ビジネスの成功と失敗を考える

第13章　ビジネス成功の要因を考える ……………………… 211
〈足立辰雄〉

1　成功に不思議の成功あり ……………………………… 211
成功の復讐　211
伊賀の里モクモク手づくりファームのビジョン　213
老舗はバトンタッチの経営　214

2　3つの価値の創造 ……………………………………… 215
企業価値の3つの要素　215
3つの価値のバランスのとれた経営を目指す　217

3　利益を独占しない仕組み ……………………………… 218
共生，共益，共同を目指すフェアトレード企業──Dari K　218
近江商人の三方良しと商業倫理　220
世界最大富豪ランキングと貧富の格差　221

4　次世代への継承と革新 ………………………………… 223
いい会社をつくろう──伊那食品工業　223
家業の承継における成功──山ばな平八茶屋　224

第14章　ビジネス失敗の要因を考える ……………………… 227
〈足立辰雄〉

1　人権を配慮しない経営 ………………………………… 227
経営理念と企業倫理の基準　227
ワタミの過労死事件　228
過労死とは何か　233
ブラック企業とは何か　234
経営理念にみる人権への配慮不足　235

2　環境と人権を配慮しない経営 ………………………… 237
原発震災とレベル7　237
原発事故による環境と人体への影響　239

　　　　東京電力の経営体質と社会的責任　241
　　3　3つの価値の不均衡 …………………………………………… 242
　　　　3つの価値と企業の社会的責任　242
　　　　経営失敗の要因　243

第15章　ビジネス・リーダーの条件とは何か ………………… 246
〈足立辰雄〉

　　1　ビジネスの羅針盤をもつ ………………………………………… 246
　　　　科学的な構想力をもつ　246
　　　　経営戦略を立案する　248
　　2　リーダーの人間的魅力 …………………………………………… 250
　　　　先見の明をもつ　250
　　　　独自の世界観をもつ　251
　　　　夢を実現する向上心と考え抜く力　253
　　　　発想の転換が生んだ成功──リバイブ　254
　　3　従業員への動機づけと民主的な経営 ………………………… 255
　　　　リッカートのリーダーシップ論　255
　　　　ホーソン実験と生産性　258
　　　　長時間労働を見直し生産性を引き上げる　261

索　引

序章

ビジネスへの挑戦

大学の経営学部（商学部）に入学した学生の多くは，3つのタイプに分かれる。1番目は，在学中または卒業後に独立して起業家や経営者を目指すタイプ。2番目は，会社のトップにはならないが，会社の社員として採用され中間管理職や専門職になって働くタイプ。3番目は，在学中に経営学の基礎知識を身につけてから将来の進路を考えるタイプ。2番目，3番目は日本の経営学部（商学部）に学ぶ学生の多数を占めるが，1番目は保護者などの経営する会社を承継する者も含め，少数だろう。

どのタイプであれ，私たちの身近な生活にある商品やサービスがどのようにしてつくられ，市場で販売されるのか，どのように経営されてビジネス（事業）が行われるのか，基礎的な経営のメカニズムを知らなければ，卒業後のビジネスの世界で活躍し成功することは難しい。社会的に有益なビジネスを構想（デザイン）したり，社会人の前で発表し評価を受ける機会があれば企業経営への関心は高まるだろう。

1 起業という選択肢

● 日本人の起業への関心

日本の大学の経営学部や商学部に入学した学生の中で，自ら起業しようとする若者はどれほどいるだろうか。その実態を間接的に示す国際的なデータがある。起業を計画している人，または創業以来3ヶ月以上3.5年未満の自営業や会社のオーナーまたは共同経営者の1人として経営に関与している起業家の人数の合計が成人人口に占める割合（％）を**総合起業活動指数**（TEA：Total

Early-Stage Entrepreneurial Activity）と呼んでいる。TEA の数値が高いほど国全体の起業活動が活発であることを示す。

　2013年時点の TEA を7ヵ国で比較すると，1位は，中国（14.0%），2位がアメリカ（12.7%），3位がイギリス（7.1%），4位がドイツ（5.0%），5位がフランス（4.6%），6位が日本（3.7%），7位がイタリア（3.4%）の順であった。先進国の中でも日本の起業活動が相対的に低い傾向が続いている。

　また，「新しいビジネスを始めるために必要な知識，能力，経験をもっていますか」という質問に対して，「もっている」と答えた人の割合は，アメリカ（55.7%），イギリス（43.8%），ドイツ（37.7%），中国（36.3%），フランス（33.2%），イタリア（29.1%），日本（12.9%）の順で，日本は最下位であった。

　起業活動浸透指数（新しく事業を始めた人を個人的に知っているとする成人人口の割合），**事業機会認識指数**（今後6ヵ月以内に，自分が住む地域に起業に有利なチャンスが訪れると考えている者の割合），そして先の知識・能力・経験指数の3つについて，1つも該当しない者を起業態度「0」のグループとして人口に占める割合を示したのが図序-1である。2012年度のデータで見ると，起業態度0の割合の高い国は，日本（77.3%），イタリア（50.1%），フランス（39.2%），イギリス（36.0%），ドイツ（30.6%），アメリカ（22.9%）の順で，日本がもっとも高い。

　日本人の起業への関心が低い理由として，事業での失敗がビジネスのキャリアとみなされず雇用機会を失いやすいこと，学校教育や経済システムの中で新規ビジネスを考え育む仕組みが不十分であること，何世代にもわたって持続的な経営を行う老舗は尊敬されるが，急成長する起業家を支援する体制や社会風土が不足していることが考えられる。

　日本人の起業への関心の低さには，最近の日本の若者の安定志向も影響している。「雇用先の会社でずっと働きたいか」との問いに対して「状況次第で変わる」（30%）を「定年まで勤めたい」（33%）の割合が初めて超えた（2011年時点），海外への留学者数が2004年以降減少しているなどのデータからも，日本の大学生や若者は安定志向が強いとの指摘がある（内閣府青少年問題調査研究会「最近の若者事情」2012年）。

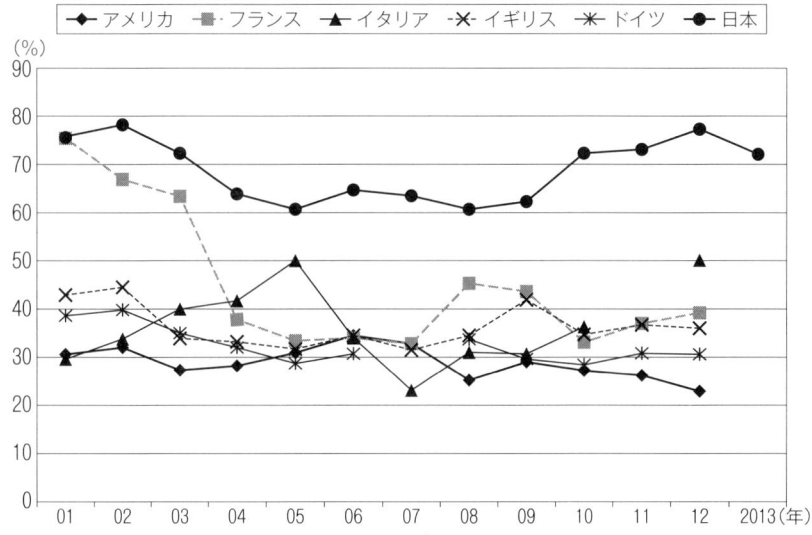

図序-1 起業態度「0」の割合の推移（2001〜2013年）

出所：一般財団法人ベンチャーエンタープライズセンター『平成25年度創業・起業支援事業（起業家精神と成長ベンチャーに関する国際調査）「起業家精神に関する調査」報告書』2014年，p. 44より作成。

（注）本図表のデータは，個票レベルからの集計によって計算可能となるものなので，2013年データを利用できるのは日本のみであり，他の国の個票データは，2012年までのみが利用可能。

　その背景には，若者の非正規雇用者の増大による将来への不安，少子化にともなう親同居未婚者（パラサイトシングル）の増加など，失敗のリスクがともなう起業への恐れもあるだろう。また，中小企業の経営者の子弟の場合，大学で理論や知識を学び，卒業後，別の企業に就職して他社のビジネスを体験し必要なノウハウを吸収してから自社の事業を承継する（事業承継）というケースも考えられる。

● ビジネスにかかわる調査，研究成果を発表する
　経営学を学ぶ若者は，ベンチャーを志向するビジネスプランコンテストへのエントリーや直接的な起業という選択肢以外にも企業と大学（ゼミあるいは学生の有志グループ）との間で，研究開発にかかわる協力関係を確立して一定の期

間内に経営課題を解決して提案したり，地域社会の身近な問題解決にとり組む**産学連携・産学官連携事業**に参加するという選択肢もある。

　産学連携事業が大学の研究教育政策として位置づけられるなら，長期的には**ベンチャー**につながる起業家層の養成とそれを支える中間層も拡大して，日本の起業家層の底辺の拡大につながり，大きな社会的効果が期待できる。そのためには，大学をはじめとする高等教育機関に新規事業を含む起業支援のための制度（受付，会計や文書管理，予算など），仕組み（投資家やビジネスパートナーの仲介，特許取得の助言），施設（会議室，事業スペース，研究設備）などの**インキュベーション**（incubation）の拡充・強化が求められる。

　創業期のソニーやホンダのように，若者が将来性ある技術や市場開発で世界をリードするビジネスを創造できれば，アップル，グーグル，フェイスブックのように世界市場で活躍する革新的な企業が日本から生まれるであろう。

● エンロンの反社会的な経営

　2001年12月2日，アメリカを代表する世界最大の総合エネルギー企業であった**エンロン社**（Enron Corporation：本社はテキサス州ヒューストンにあった）が連邦破産法第11条の適用を申請し，実質的に破産した。負債総額は160億ドル（約1兆9600億円）を超え，アメリカ史上2番目の規模の倒産となった。

　それまで，エンロン社は，電力や原油，天然ガス，石炭だけでなく，紙，パルプ，鉄鋼，化成原料，タンカーや貨物船の運賃，光ファイバーケーブルの利用権，世界の都市の気温変化の先物商品など1300品目を扱い，アメリカのエネルギー関連市場の90％を独占しもっとも成功したIT企業ともてはやされていた。

　実際の事業は赤字にもかかわらず，架空の会社に損失を飛ばす「**簿外債務**」という手法で，利益があるように会計操作（貸借対照表に記載すべき負債を記載しなかった）し，決算書を粉飾した。証券取引法の虚偽記載にあたる違法行為に監査法人も加担し，証券市場を欺き，株価を不正な方法で引き上げた。しかし，虚偽記載の事実が明らかになって，エンロンの株価は急落し，社会的信用を失って倒産した。

加えて，**最高経営者**（Chief Executive Officer：以下 CEO）は，会社の経営不振から株価が下落するのを十分に知りながら自分のもつ自社株を高い価格で売り抜き，従業員には自社株の購入を呼びかけて損失を被らせる行為まで行った。2006年，エンロンの CEO であったジェフリー・スキリング（Jeffrey Skilling）は不正行為と共同謀議の有罪判決（懲役24年，罰金4500万ドル）を受けた。経営者の**モラル・ハザード**（moral hazard：倫理の欠如）が極まった事件である。

この事件により，企業責任者による不正行為の監視や予防策の強化が社会的関心事となり，**コーポレート・ガバナンス**（corporate governance：企業統治）のあり方が議論され，1990年代から地球環境へのダメージを改善するマネジメント（経営管理）として定着していた環境管理の活動と合流して，企業における **CSR**（Corporate Social Responsibility：企業の社会的責任）の経営が注目されるようになった。

●持続可能な経営と CSR

CSR の経営が注目されるということは，CSR に反する経営が社会的な信用不安をあおり，社会的な不利益を拡大し，不正な経営が蔓延していることの反映である。CSR は法律による規制ではなく，企業のモラルにかかわる社会的基準をビジュアル化して，ビジネスで実践するように導くガイドラインである。単なる事業の一時的な失敗なら直ちに是正することも可能だが，倫理の規範に反するという評価をいったん受けると，企業の社会的信用が失墜することは，エンロン事件が物語っている。CSR に反する経営は持続可能性の低い経営ともいえる。

CSR 経営が注目される背景には，持続的で倫理的な経営に対する社会的な期待と要請がある。CSR とは，企業が事業を進める経営計画づくりで，地球環境の保全，労働者やマイノリティ（社会的弱者や少数民族）などの人権の保護にかかわる職場環境の改善，地域社会と地域住民への経済的・社会的貢献，経営者による権限の濫用を防止する体制（コーポレート・ガバナンス）づくりなどの課題を目標の中に具体化し，実践し，その活動結果を公表して，社会に対す

る企業責任を果たす倫理的なとり組みのことである。

2　新規事業の構想化

　つぎに，CSR の考えをふまえて，新しい技術や製品を市場で販売するための起業とその後の事業の継続，発展を可能にするマネジメントについて考えよう。まだ市場では知られていない革新的な需要を生み出しうる技術や製品を開発し販売する会社を設立して，新規事業をスタートさせるケースを想定する。新規事業の典型である**ベンチャー**（venture）は，既存の技術や組織にはない新しい品質をもつ独創的な事業を起こすことであるが，成功のチャンスも失敗のリスクもある。新商品の役立ちが市場で実証されていない発明やサービスは，失敗のリスクもあるので，起業家がわずかな資本金からスタートして赤字状態から黒字状態に転換させるのが通常のパターンである。

　その際，会社の経営者は，会社をどのような方向に向かわせるかの正確な羅針盤をもって運営しなければならない。会社の事業基盤や特徴，強みを誰にでもわかりやすい言葉で説明し，会社の向かうべき方向性を示すことは，事業の開始に際して重要な一歩となる。

● パソコン市場に賭けたアップルの独創性

　インターネットの利用や電子メールが送れる携帯情報端末，デジタルオーディオプレーヤー，携帯電話の 3 つの機能を併せもつ **iPhone** の発売（2007年）で**スマートフォン市場**を席巻している**アップル**は，1976年に設立されたベンチャー企業である。当時のコンピュータは政府や大学，研究機関，大企業の計算処理機械として使用され，個人の情報処理に利用するコンピュータとして使用するには高価で重厚長大であった。1976年，IC（集積回路）技術の進歩により軽薄短小のパーソナルコンピュータの市場可能性に着目した**スティーブ・ジョブズ**（Steven Paul Jobs）と**ステファン・ウォズニアック**（Stephen Gary Wozniak）が共同してアップルを創業した。

1975年当時，IBM の年間収入は約144億ドル，純益は20億ドル，コンピュータ市場のシェアは60％を超え，ほぼ独占的な地位を確立していた。大企業や研究機関，政府を相手にコンピュータを販売していた IBM は，個人のゲームや趣味の道具にすぎなかったパソコンが将来の情報化の主役になるとは予想できなかった。

　1980年代に入って，パソコンがワープロソフト（Word）や表計算ソフト（Excel）を搭載できるようになると，ビジネスの重要なツールとして注目され社会的に認知されるようになる。コンピュータの巨人 IBM の弱点であるパソコンという独自の新しい市場を創造したことがアップル成功の大きな要因である。

● ニッチ戦略で優位に立つ

　潜在的な需要がありながら誰も手をつけずに隙間（ニッチ：niche）になっている分野や市場（セグメントという）に特化して，独創的な技術と販路を獲得し圧倒的な市場シェア（特定の産業の販売総額に占める自社の販売額の割合）を獲得する方策をニッチ戦略という。大きな資本をもたないが特定の技術では卓越した中小企業やベンチャーが得意とする戦略である。

　コインロッカーやたばこ自販機などの硬貨・紙幣処理機を製造するグローリーは国内シェア50％強である。天然コラーゲンとバイオマテリアルを組み合わせてエステサロンや美容外科向け化粧品に特化したメドスキン・ソリューションズ・ドクター・スベラック（本社はドイツ）は，コラーゲン市場では世界シェア100％である。国内の初詣や参詣の際にお馴染みの寺社に設置してあるおみくじを製造し販売している女子道社（本社は山口県）はおみくじ製造専門の会社で全国シェアは60％を超える。

3　ビジネスプランの作成と会社の設立

● 新市場の創造をビジネスプランに具体化する

　新市場を創造する製品が製造，販売され，利益を実現するには次のステップ

をたどる。経営理念やビジョンの作成→ビジネスプランの立案→定款の作成→有力な融資先企業や出資者の支援を得る→会社設立→会社役員が方針を立案し定款に沿って決定→商品の製造→商品の販売→利益の実現→配当や利子をステイクホルダーに還元→新規方針の立案と決定。

　上記の流れにあるとおり，経営理念や企業ビジョンを作成した後で，ビジネスプランを立案する。事業の企画書または設計図を示すビジネスプランが必要とされる理由は，新規事業の創業に対して，金融機関や**エンジェル**（創業時に資金を提供する富裕な個人投資家），**ベンチャーキャピタル**（venture capital）と呼ばれる投資家からの支援（資金援助）を獲得するためでもある。

　ビジネスプランは，バラ色に描かれた主観的な作文ではなく，他の会社にはない技術力やノウハウなど自社の競争上の強み（**コア・コンピタンス**という），あるいは事業を成功に導く客観的な市場調査結果やデータを示して，新規事業の成功可能性を論理的に説明する。創業を企画する者は，自身の知識や経験を総動員して事業成功への正確な設計図を描く作業にエネルギーを集中しなければならない。

　ビジネスプランの作成に際して，その新商品が今までになく画期的な役立ちをもっていてもその用途がわからない顧客に対して利用方法や新しい性能を説明する広告も大切になってくる。これを**プロダクツ・アウト**という。逆に，既存の技術が既にあって，品質の改良に属する新商品の開発と販売政策は**マーケット・イン**と呼ばれている。

　独創的な新商品からどのように新市場を創造していくのか，競合相手との差別化された競争でどのようにして優位に立ちうるかを構想するだけでなく，数年先までの原価と利益の推移をシミュレーションした**利益計画**も示す。スポンサーとなる金融機関や投資家からの支援を得ることや共同して創業するパートナーの合意を得るためにも，優れたビジネスプランの作成は重要な作業になる。「計画の立案は，事業家一生の大事である」（牟田学『社長の生き方』PHP研究所）。

　ビジネスプランの優劣を競うビジネスプランコンテストに学生や大学院生が応募して発表する方法は，経営の現場からの厳しい評価を直接受けることがで

き，経営実務力の習得や実業家との交流にも有効である。とくに，経営学部や商学部に学ぶ学生は，講義やゼミで学んだ理論や知識を応用して新規事業プランをプレゼンし，第3者の審査と評価を受けるという体験は，経営学を学ぶ意欲に刺激を与え，将来の起業を準備したり経営実務に強い社会人になるための得難い体験になるだろう。

●会社設立の手続きへ

　ビジネスプランができ，出資者や融資先が決まれば，具体的に**会社設立**の手続きに入ろう。個人営業なのか，会社営業なのかをまず決める。税務署に開業届を提出すればすぐに事業を始められる個人営業ではなく，ここでは，会社法人の主流であり社会的信用度の高い**株式会社**を想定する。会社名（商号），事業目的，事業の所在地，**定款**（組織，活動を定めた規則を記載した書面），資本金額と資本金調達の方法を決め，会社の印鑑もつくって，会社設立を登記する。パソコンや机などの事務用品や，オフィスの不動産契約などさまざまな初期費用も必要になる。現在の会社法では，**資本金**は1円でも良いことになっているが，多くの場合，実際には300〜1000万円程度を準備する。資本金額は銀行や金融機関など融資先からの信用のバロメーターなので，6ヵ月程度の運営コストを資本金にするのが無難であろう。

4　製品ライフサイクルとマネジメント

●製品ライフサイクルから経営をみる

　これまで，ビジネスの立ち上げまでの立案過程に注目してみてきたが，実際にビジネスを開始して，一定の期間が過ぎた段階ごとの経営判断がどのように変化するかを考えよう。図序-2の**製品ライフサイクル**（PLC：Product Life Cycle）は，製品の売上げや成長の動向を人間の寿命にたとえたもので，**成長曲線**ともいわれている。ある製品の成長動向を4段階のサイクルから把握する考え方である。水平軸は時間の流れであり，①導入期，②成長期，③成熟期，④衰

図序-2　製品ライフサイクル（PLC）モデル

売上高	少ない	急速に増加	ゆっくり増加	減少
利　益	マイナス	最高水準	ゆっくり減少	減少
資金需要	最高水準	最高水準	減少	減少
キャッシュフロー	マイナス	プラスへ	プラス	マイナスへ
PPMの分類	問題児	花形製品	金のなる木	負け犬

出所：波形克彦・小林勇治・青野忠義編『中小企業診断士合格完全対策〈3〉 企業経営理論』経林書房，2003年，p. 91より一部加工した。

退期へと移行する。その間の売上高は実線で描かれ，利益の出方は点線の曲線で描かれる。

また，各ステージの下の段には，売上高，利益，資金需要，**キャッシュフロー**（収入から費用を差し引いた後に残る手元の現金），各戦略のタイプ（ポートフォリオ戦略といわれ，問題児，花形製品，金のなる木，負け犬の4つに分かれる）について説明されている。

ポートフォリオ戦略（PPM：Product Portfolio Management）とは，1970年代初頭にボストン・コンサルティング・グループが提唱したもので，多角化した事業（製品別）を4つに分類し事業を再構築（リストラクチャリング）する手法である。

つぎにPLCの4段階に対応したマネジメントの特徴をみよう。

● **時間軸から事業を経営する**
① **導入期**では，新しく開発された製品が市場に出されたが，消費者や流通

部門の企業にも新製品に対する共通の認識はまだない。そのため，売上げ曲線は緩やかに上昇する。また，流通業者に製品を取り扱ってもらうように働きかけたり，消費者に試用してもらうなど製品を知ってもらう大量のコストが必要となる。はじめは利益は出ないが，売上げの拡大とともに損失（赤字）は徐々に縮小する。この段階は成長率は高いが市場シェアは低く成功の見通しが立たないので，**問題児**（problem child）と呼ばれる。

導入期の例として，1997年，トヨタは世界に先駆けて環境配慮型のハイブリッドカー，**プリウス**を発売した。究極のエコカーといわれる燃料電池車への「つなぎ」と位置づけられたプリウスは，発売当初の3〜4年間の売れ行きは芳しくなかった。プリウスと同じ馬力のガソリン車に比べて購入価格が高く，燃費改善による節約を考慮しても経済的には割高になる事情もあった。

だが，**エコモニター画面**による燃費の見える化の装置を搭載したことによりエコ的な運転をすれば燃料が節約できるので自動車ユーザーの環境意識を啓発したこと，ガソリン価格の上昇や地球温暖化の原因の1つとされるCO_2排出への規制強化の事情も加わって，次第にプリウスはエコカーの代表車種と認知されるようになった。2004年以降，プリウスは日米の自動車市場で大きく売上げを伸ばし，その後のトヨタの**環境ブランド力**を決定づけた。

② **成長期**では，製品の利用価値が確立し認知度が高まると需要が急激に増加して売上高は拡大する。同時に市場全体のパイの大きさも拡大する。市場シェアが高く収益性も高くなるが，次第に市場に参入する競合企業も増え，競争は激化する。競合他社に対抗してデザインやパッケージなども改良して**付加価値**（既存のものにはない新しい効用を追加した価値か利益を指す）を加えたり，生産設備や販路の拡大などの運転資金も増えるので潤沢な利益が残るとはいえない。そのため，自社の製品の中で花形製品（star：市場シェアも成長率も高い製品）となる事業に絞って集中投資する方策も考えられる。

③ **成熟期**では，市場の需要は鈍化し，売上げは大きく伸びない。限られた市場規模の中での熾烈な市場シェア競争の結果，少数の企業によるシェアの寡占が確立する。市場規模の成長が鈍化し，生産設備や営業拠点への大規模な投

資をする必要がないことから，勝ち残った企業の間で大きな利益が得られる。

こうして，リーダーとしての地位を確立した企業は，消費者の多様なニーズに応えた多様な製品系列をそろえて収益性をあげようとする。市場成長率は低いが市場占有率は高いので，「**金のなる木**」(cash cow) とも呼ばれる。この段階では余裕のある資金を新規技術への研究開発にまわして第2，第3の花形製品を育成する努力が求められる。

④ **衰退期**では，市場規模が縮小し売上げは右下がりになる。消費者にとってもはや新しい魅力はなく，購入動機は**買替え需要**が中心となる。

日本のお菓子市場の売上げ動向をみると，2012年実績で3兆1695億円で，近年，微減傾向にある。2011～2013年の過去3年間の売上げ実績をみると，チューインガムやせんべい，洋生菓子，ビスケット，油菓子，飴菓子が減少している。増加しているのは，米菓とチョコレートである。少子化の進行とともに子どもの成長と健康に対する関心が高まって虫歯予防対策が浸透していることがその背景にある。

この衰退段階は成長率も市場シェアも低いので，**負け犬**（dog）と呼ばれている。市場から撤退するか，大きな製品改良を行うか，あるいは培った技術や製品の魅力を海外に輸出して販路を開拓して新しい市場を拡大する方策が検討される。自社の本業の成長が鈍化し拡大が見込まれないときに，他の事業で将来の成長が有望視される企業を買収したり合併して新規事業に参入するケースもある。いわゆる **M&A**（Merger & Acquisition）**戦略**である。お金の力で，会社ごと他社を買収する方法はスピーディに異業種に参入できるメリットはあるが，買収後に「余剰人員」を解雇したり整理する**リストラクチャリング**（restructuring）の手段とされたり，買収された側の従業員あるいは解雇される従業員との軋轢が生じるケースもあるので，濫用すべきではない。M&Aによる多角化とその後の人員削減については労働者代表との十分な話し合いと合意のもとで慎重に扱われるべきである。

●ヤマト運輸の宅急便

　宅急便業界トップの**ヤマト運輸**は，運送業における大胆な**差別化戦略**で先代から継承した運輸事業を発展させた。1960～1970年代初頭まで，高度成長期に建設された全国の高速道路を利用して百貨店や大企業の大口の取引先の運送を受注する他社が利益を独占し成長していた。ヤマト運輸の2代目社長を継承した小倉昌男は，ヤマト運輸の経営の低収益の原因を分析しその状況を変革するために，郵便局を除いて競合他社のいない個人による小口貨物配送市場に着目した。ある一定数を超えて小口貨物を扱うと，1個あたりのもうけはわずかでも大量に集積すると多くの利益が生まれることに成功への確信をもち，1976年，「電話1本で集荷・1個でも家庭へ集荷・翌日配達・運賃は安くて明瞭・荷造りが簡単」という明確なコンセプトの商品「**宅急便**」を初めて販売した。その後，宅急便市場を主導したヤマト運輸は，2015年時点の宅急便市場のシェアで45.4％を占め，業界No.1の地位を確保している。

　序章では，経営学の基礎知識や理論を学んでそれを応用した事業構想を作成したり，ビジネスプランの発表体験や産学連携のとり組みなどを積極的に行って，社会的に役立つビジネスに挑戦する意義と仕組みについて学んだ。つぎに，広い視野から，ビジネスと利益の関係，会社組織の種類，製造業や商業の仕組み，非営利事業について考えてみよう。

設問

1. 外国人に比べて日本人は起業に対する関心は少ないと言われるが，それはなぜだろうか？ あなたの身の回りの友人や社会人を観察して，その原因が何かを考えてみよう。

2. 持続可能な経営を成功させるための大切なポイントを2点指摘しなさい。

初学者のための参考書籍

小倉昌男『小倉昌男　経営学』日経BP社，1999年。
- ➤ 宅急便という新商品で市場を開発した着想と顧客や従業員を尊重した経営の極意が述べられている。

坂本光司『日本でいちばん大切にしたい会社』あさ出版，2008年。
- ➤ 業績本位や利益第1主義ではなく，社員を大切にすることこそが会社成長の秘訣であることを豊富な調査事例から分析している。

牟田学『社長のいき方』PHP研究所，2015年。
- ➤ 日本を代表する社長専門の経営コンサルタントが，コンサルティングを通じてまとめた社長業の神髄，商売繁盛の秘訣などを語っている。

盛田昭夫『[新版] MADE IN JAPAN』PHP研究所，2012年。
- ➤ ソニー創業者の1人としてソニーの経営史を回顧し，世界に向けて日本的経営の優位性をアピールした名著。

足立辰雄編著『サステナビリティと中小企業』同友館，2013年。
- ➤ CSRに対する中小企業の理解と行動の実態を全国調査した結果とCSR優良企業の事例をとり上げ，CSRが企業成長に役立つことを分析している。

〈足立辰雄〉

第 I 部
ビジネスの基礎知識

第 1 章

会社経営の理念と仕組み

　われわれの生活にとって，企業は必要不可欠な存在である。のどが渇いたときに，ペットボトルのお茶であったり，水であったり，ジュースであったりを買うとき，あるいは何か新しい服を買うとき，欲しいものを買うお金を手に入れるためにコンビニでアルバイトをするとき……。では，いったい企業とは，どういう存在なのだろうか。どのように活動しているのだろうか。

　本章では，こういった基本的な問いについて考えてみたい。一般的に企業は「利潤追求のために製品やサービスを生産・販売する組織」と説明される。しかし，企業は社会のニーズや欲望を正当な方法・活動を通じて充足した結果として，公正な利益を持続的に獲得できるととらえることができる。このような点について考えるために，企業は何を目指してどのようにして動いているのか，どのような仕組み（会社形態）をもって活動しているのか，みていくことにしよう。

1　企業は，何を目指して活動しているのか

　企業は，人間によって意図的につくり出された存在＝人為的存在である。意図的というからには，その企業が存在するのには何らかの理由がある。この理由こそが，**企業の目的**である。企業の目的とは，いったい何なのか。この点を考えておかなければ，ビジネスをデザインしていくための基礎を準備できない。そこで，企業の目的をめぐるさまざまな考え方と，その根底にある論理についてみていくことにしよう。

● 企業の目的としての価値創造

　われわれは，つねに何らかの欲望や欲求を抱いている。睡眠や食欲など，生命維持のための基本的欲望もあれば，「誰かとつながっていたい」といった社会的な欲望もある。もちろん，「○○（＝商品名）がほしい」というような欲望もある。人間は，さまざまな欲望や欲求に直面しながら生きている。しかし，それらの欲望や欲求のうち，個人単独で充たすことができるものは，それほど多くない。ここに交換が発生する。

　交換においては，自分が欲しい何かを得ようと思えば，相手が欲しい何かを生み出し，提供しなければならない。つまり，自分の欲望を充たすためには，他者の欲望を充たす必要がある。他者の欲望を充たすことで，自分の欲望をも充たしえている状態を**価値創造**と呼ぼう。この価値創造を具体的に推し進めていくこと，言い換えれば，誰かが欲しいと認識するような製品やサービスを創出・提供することが，事業＝ビジネス（business）なのである。そして，このビジネスを実際に展開していくメカニズム（仕組み）を，われわれは企業と呼んでいるわけである。

● 価値創造と収益獲得——企業の目的は"金儲け"？

　「企業は，金儲けだけを考えている」。これは，しばしば企業を批判的にとらえる際に用いられる表現の1つである。たしかに，企業は"お金儲け"をしている。なぜか？　とくに，今述べた価値創造とどのようにかかわってくるのか？　この点について考えてみよう。

　先ほどふれたように，人間は交換を通じて自らの欲望を充たすことができる。この交換，もともとは物々交換が基本であった。ところが，交換の複雑化などによって，交換する際に財を評価するための共通尺度が必要となった。そうして，**貨幣**が生まれたわけである。貨幣は，一般的に3つの機能をもつ。まず何より，交換の際に生じる財の評価のための尺度として機能する（貨幣の機能①：価値尺度）。これによって，われわれはまったく質の異なる製品やサービスなどを容易に交換できるようになる（貨幣の機能②：交換手段／媒介）。加えて，

貨幣は蓄積が可能である（貨幣の機能③：価値貯蔵）。したがって，蓄積した貨幣を将来の欲望充足のために使うこともできる。このような貨幣の役割を考えると，人間の欲望充足にとって貨幣がきわめて重要な意味をもつことは容易に理解できる。

では，これが企業の場合はどう説明できるのか。企業は他者の欲望を充たすことで，その存在を維持できる。そのためには，さまざまな**資源**を用いて，他者の欲望を充たしうる製品やサービスを創出・提供しなければならない。ここでの"さまざまな資源"とは，具体的には人間のアイデアなどを含む労働（ヒト），原材料や機械・設備など（モノ），さらには資源がどこに存在するのか，あるいはどのように使えばいいのかなどの情報である。これらの資源を手に入れる必要がある。しかし，企業は人為的な存在であり，もともと何かの資源をもっているわけではない。となれば，誰かから手に入れなければならない。つまり，ここにも交換が発生する。価値創造のための交換，これを**価値交換**と呼んでおこう。

この価値交換において，資源を手に入れるには貨幣が必要である。貨幣の蓄積なしには，価値創造も価値交換も不可能となる。労働に対して支払う対価としての賃金・給与，原材料や機械・設備の購入に必要な対価，情報を得るために必要な対価……。さまざまな対価＝支出が発生する。企業は，これらをまかなわなければならない。そのために貨幣を蓄積すること，これを**収益獲得**という。収益とは，ある会計期間に資本取引（金融機関からの借入れや社債による資金調達など）以外の活動によって得られた資産の増加のことをいう。具体的には，その会社の主な営業活動によって得られた営業収益（売上高と基本的に同じ），営業活動以外の経常的な（＝定期的な）活動によって得られた非営業収益，営業活動以外で非経常的な活動によって得られた特別収益などがある。

これまで何度も述べてきたように，企業は他者の欲望を充たすような製品・サービスを創出・提供する。ここでいう他者とは，顧客あるいは消費者のことである。顧客は，企業が創出・提供する製品やサービスを購入する。その際に，企業に対価を支払う。それが企業に入ってきたとき，これを売上げ（売上高）

と呼ぶ。まさに，企業が提供した製品やサービスの価値に対して支払われる貨幣額である。このように，企業が"金儲け"＝収益を獲得できたかどうかは，顧客の欲望充足に成功したかどうかによって決まる。つまり，収益は企業の活動結果を測定する指標なのである。

ただ，その際，しばしば収益獲得が目的となって，企業活動の正当性や公正さが損なわれたり，さらには企業をとりまくさまざまなステイクホルダーに損害がもたらされたりしてしまうことがありうるという点に注意しなければならない。それを抑制し，価値の創造と交換を持続的に展開するためには，どうすればいいのか。これについて，次節以降で考えることにしよう。

2　価値の創造と交換のデザイン──ビジネス・リーダーシップ＆マネジメント

前節で明らかにしたように，企業は他者の欲望充足を実現することによって，その対価としての成果を獲得し，存続・発展への可能性が拓かれる。となれば，企業を立ち上げ，ビジネスとしてデザインしていくためには，「いかなる欲望を充たそうとするのか」「いかにして欲望を充たそうとするのか」を考えなければならない。それを考えるのが，ビジネス・リーダーシップとマネジメントである。日本語では，一括して経営管理と呼ばれることも多い。

● 経営理念からコンセプトへ

価値創造を実現していくための出発点となるのが，環境に対する認識とそこから生み出される期待である。企業，あるいはその構成員が，自らをとりまく環境をどのように認識するのかは，「顧客が何を求めているのか」「われわれは何を提供したいのか」という問いに対する回答としてあらわれる。その軸となるのが理念であり，さらに具体化されたものがコンセプトである。もちろん，理念やコンセプトなしに「儲かりそうだから」というだけでビジネスを展開することも可能ではある。しかし，長期的な持続を前提とするならば，「何のために」「誰のために」という点を抜きにビジネスを進めていくことは難しい。

加えて，多くの企業，あるいはビジネス活動が個人単独のみでなされることはきわめて少ない。ここに**協働**が発生する。協働においては，参加する個人や個々の主体の欲求が充たされなければならない。その一方で，「何のために」という点もまた，個人だけでやる以上に重要な意味をもつ。

　このように考えれば，協働にもとづいてビジネス活動を持続的に展開していくためには，「何のために」「誰のために」を参加メンバーの共通認識として醸成していかなければならない。ここで浮かび上がるのが，**経営理念**である。経営理念は，ビジネス実践においてさまざまな名称でとらえられている。たとえば，企業理念，経営信条（クレド），社是・社訓，ウェイ，フィロソフィなどなど。これらに共通しているのは，「その企業の社会経済的な存在意義を明確化する言葉による表現」であるという点である。

　これは単に経営者の信念として保持されるだけでなく，参加メンバーにとっての共通認識になる必要がある。そのためには，メンバー間のコミュニケーションを通じて，浸透・共有が図られ，実践のための指針となることが求められる。

　経営理念においては，創業の際の"志"などが込められることが多い。創業者の想いをビジネスの軸に据えて活動を持続させたいというのは，経営理念の設定において珍しくない。ここで考えなければならないのが，時間の展開である。時間とともに社会経済的環境——より具体的には顧客をはじめとする他者が企業に対して抱く欲望や欲求——は変化する。そのような変化に対応することを考慮すれば，経営理念の表現には一定の抽象性やあいまいさが求められる。つまり，時間の変化の中で，解釈に幅をもたせておく必要がある。しかし，実際にビジネスを展開していくときは，より具体的に考え，実践しなければならない。

　そこで設定されるのが，**コンセプト**（**構想**）である。コンセプトにおいては，より具体的な企業や事業の理想像が描き出される。ここで，本田技研工業株式会社（ホンダ）について考えてみよう。ホンダの経営理念は，〈人間尊重〉と〈3つの喜び〉からなる基本理念と，社是，そして運営方針の3つからなる。

ここには，ホンダがどのような企業を目指し，何を重視して活動していくのかが示されている。しかし，具体的にどのような事業を軸とする企業として存在したいのかまでは述べられていない。ホンダの『会社案内2015』を見てみると，「自由に移動できる喜び」という言葉を数多く拾い上げることができる。これを表現するのが，「モビリティ」（＝動力，移動可能性）というキーワードである。このキーワードを軸として，二輪事業，四輪事業，汎用事業，ロボット技術，航空技術などが展開されている。ホンダといえば，一般的には二輪（バイク）や四輪（自動車）のイメージが強く，ロボット（アシモ）や航空機（ホンダジェット）などへの展開が公表されたときは，驚きをもって受けとめられた。しかし，ホンダの基本コンセプトを「モビリティ」と位置づければ，これらの事業展開も自然なものといえる。

このように，企業が価値創造活動を展開していくためには，まず自らの存在意義を明確化することが重要となる。それが，理念とコンセプトとして提示される。これらを軸として，具体的にどのような製品やサービスを，誰に，どのように提供していくのかを考えていくことになる。これが，経営戦略である。

● 経営戦略の策定──価値創造のグランドデザイン

経営戦略（business/corporate strategy）においては，経営理念やコンセプトを具体化していくための目標や方針，その策定プロセスが課題となる。では，企業が設定しなければならない目標や方針とは，どのようなものか。いうまでもなく，究極的には「いかにして，価値創造を実現するのか」である。前節でみたように，企業は欲望充足を最重要課題として活動している。その際には，顧客／消費者の欲望やニーズを充たす製品・サービスを創出・提供することで収益を獲得しようとするという価値創造の側面と，価値創造を遂行していくために必要な資源や能力を誰かから獲得するという価値交換の側面をもつ。

ここに共通するのは，企業をめぐって，さまざまな財や貨幣が動いているという点である。財というのは，有形・無形を問わず，誰かに何らかの効用をもたらすモノやコトを指す。効用をもたらすというのは，「価値がある」という

ことである。つまり，企業はさまざまな「価値ある何か」が動きまわるメカニズムである。これは具体的には，価値創造と価値交換の2つの側面からなる。これら2つをどのように目標や方針へと落とし込んでいくのかをみておきたい。

価値創造の過程とメカニズムのデザイン

価値創造過程とは，顧客の欲望を描き出し，それを製品やサービスとして生産・販売し，それらが顧客によって消費される一連の流れをいう。価値創造メカニズムとは，それを実現する仕組みを指す。価値創造過程では，さまざまな財，具体的には多様な資源や能力が結びつけられ，また状態転換（転態）される。カフェであれば，コーヒー豆や牛乳，水，ガス，電気，カップ，砂糖など，コーヒーなどに転態される諸資源や，それを消費する場としての店舗を構成するさまざまな設備，そしてそこでの従業員の労働などがあげられる。自動車メーカーであれば，鉄などの鋼板や塗料，シートに使う繊維，プラスチック類，速度計などの諸部品や材料，車を組み立てるための工場設備，そしてここでも同様に従業員の労働などが想定できる。これらの資源や能力が，それぞれの時間的順序で結合され，転態されているわけである。この流れをどうデザインするかは，企業にとっての根幹となる問題である。

価値創造過程それ自体は，製品やサービスの特性によって異なるし，同じ製品やサービスであっても企業ごとに異なるケースもある。しかし，一般的に共通する部分はある。それを描き出したのが，次頁の図1-1である。

ここにある名目財とは，貨幣など交換を可能にするための資源を指す。実質財とは，製品やサービスへと転態される資源である。そして，知識財には個人レベルに蓄積される技術やノウハウなどの知識，そして情報やブランド，名声などが含まれる。これらのさまざまな資源や能力が，図の下部にある左から右への流れの中で，製品やサービスへと姿を変えていく。なお横方向の流れのうち，上は製品の場合，下はサービスの場合をあらわしている。状況によっては，資金調達と研究・企画開発＆企画・アイデア，そして実質財調達や設備調達の順序が変わることもある。サービスの場合には，従業員が顧客に対して直接に

第Ⅰ部　ビジネスの基礎知識

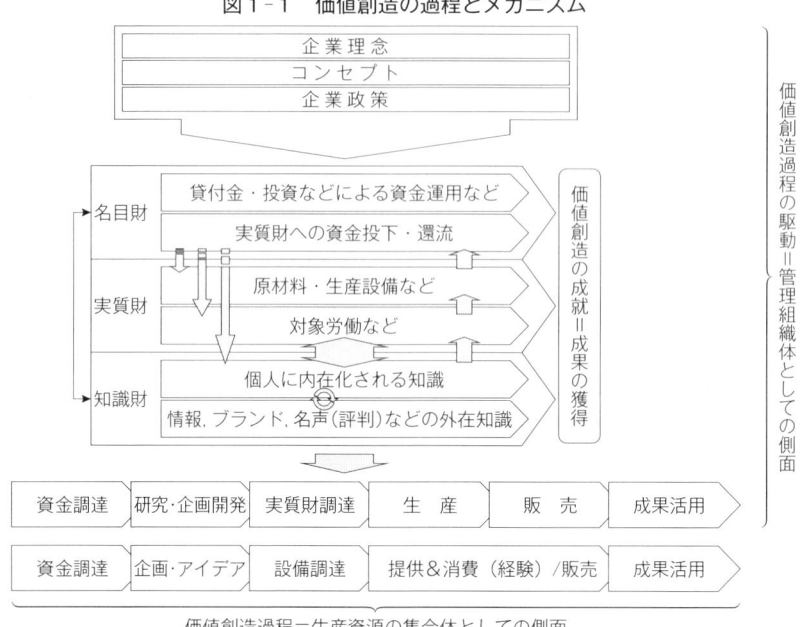

図1-1　価値創造の過程とメカニズム

```
┌─────────────────────┐
│     企 業 理 念      │
│     コンセプト       │
│     企 業 政 策      │
└─────────────────────┘
```

企業理念／コンセプト／企業政策

名目財	貸付金・投資などによる資金運用など
	実質財への資金投下・還流
実質財	原材料・生産設備など
	対象労働など
知識財	個人に内在化される知識
	情報，ブランド，名声（評判）などの外在知識

価値創造の成就＝成果の獲得

価値創造過程の駆動＝管理組織体としての側面

| 資金調達 | 研究・企画開発 | 実質財調達 | 生産 | 販売 | 成果活用 |
| 資金調達 | 企画・アイデア | 設備調達 | 提供＆消費（経験）／販売 | 成果活用 |

価値創造過程＝生産資源の集合体としての側面

提供し，顧客はそれを同時に消費する（生産と消費の同時性）。

　価値交換関係のデザイン

　価値創造過程やメカニズムを構成するさまざまな資源や能力は，もともと企業それ自体に備わっているものではない。誰かによって，企業に提供されたものである。この"誰か"を**ステイクホルダー**（stakeholder）という。ステイクホルダーは，具体的にいかなる資源や能力を企業に提供するのか，そしてその見返りとしてどのような効用を受け取るのかによって，さまざまである。それをあらわしたのが，図1-2である。

　ここに描き出されている価値交換関係は，一般的なものである。現実には，企業ごとにその関係は異なる。なぜなら，企業にとって必要な資源や能力には違いがあるからである。たとえば，従業員のアイデアや能力，熟練度などが企

第1章　会社経営の理念と仕組み

図1-2　価値交換関係の全体像

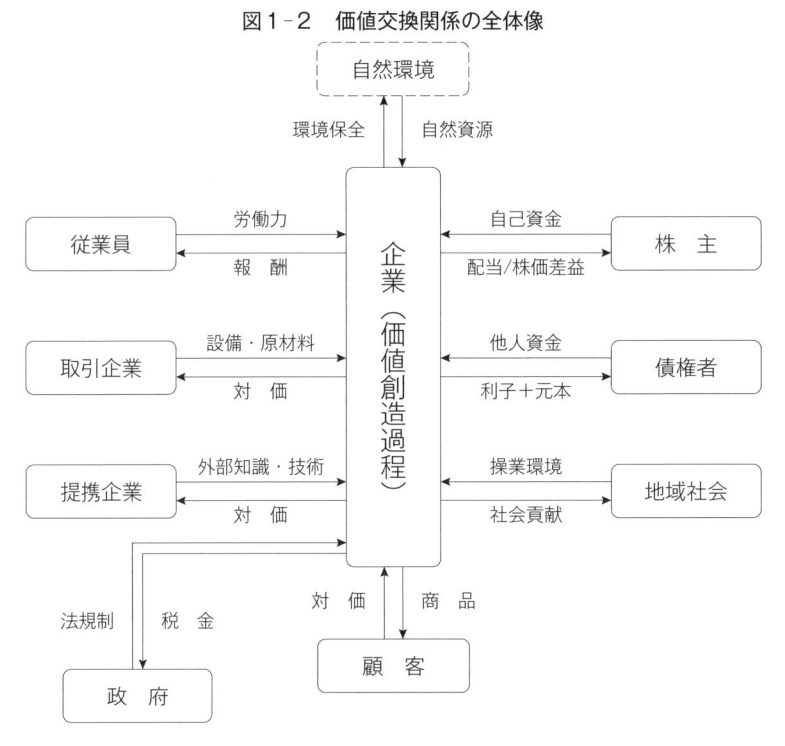

```
                          自然環境
                    環境保全 ↑ ↓ 自然資源
          労働力 →         ┌──┐         ← 自己資金
従業員   ←─────   企   │         株主
          報　酬 ←         │業              配当/株価差益 →
                          │（
          設備・原材料 →    │価
取引企業 ←─────   値              他人資金 →
          対　価 ←         │創              債権者
                          │造              利子＋元本 →
          外部知識・技術 →  │過
提携企業 ←─────   程              操業環境 →
          対　価 ←         └──┘         地域社会
                                          社会貢献 →
              法規制 ↑ 税金  対価 ↑ ↓ 商品
                政　府        顧　客
```

業にとってきわめて重要であるときには，従業員との価値交換関係は他のステイクホルダー以上に強くなる可能性がある。近年，その働き方が注目されているグーグル（Google）で，従業員のアイデアを引き出すための施策や，福利厚生の充実が図られているのは，まさにこのような事例の1つである。また，必要な資源や能力，さらには知識などの多様化にともなって，取引企業とのネットワークを通じた価値交換関係が構築されているケースも増えている。アウトドア用品のメーカーとして注目されているスノーピークは，その地元である新潟県燕市・三条市の伝統産業である鋳造技術を活かして，高品質な製品を提供している。スノーピークの場合，顧客との関係性を「スノーピーク・ウェイ」というイベントを通じて，より強固なものとする試みも行っている。

　加えて，自然環境もまた，今では考慮すべきステイクホルダーの1つとみる

25

ことができる。自然環境それ自体は人間のように意思表示をするわけではない。図の中で，自然環境だけが点線で囲まれている理由はここにある。しかし，われわれの生活にとって，自然環境から享受している資源はきわめて重要である。にもかかわらず，近代以降の天然資源の過剰使用や，人間活動を通じた有害物質の排出によって，自然環境を破壊しつづけている実態がある。近年では，自然環境の保護や維持に対する世界的な意識は，以前に比べて向上したといえる。自然環境保護を重視した企業が支持されつつあるのは，このような動向のあらわれといえよう。

ステイクホルダーとの価値交換関係それ自体は，経営学ではもちろんのこと，経済学でも分析されている。その際には，しばしば**取引**（transaction）という言葉が使われる。ここでは，交換に参加する双方にとってメリットをもたらすようにするためには，どのようにこの関係を設計すればいいのかが課題となる。とくに，社会科学全般において普及しつつあるゲーム理論や契約理論，なかでも長期的な関係性に注目する関係的契約理論などは，価値交換関係を分析する有効な理論である。

なかでも，ゲーム理論は経営学でも活用されているアプローチの1つである。これは，複数の活動主体がどのような状況で競争や協調といった判断を下すのかを考えるところに主眼がある。とくにここで注目したいのは，利害が対立しやすい相手との間に協調関係が生まれるという点である。協調とは，交換に参加する双方が相手を裏切ることなく，相手に必要な活動を行うことをいう。では，なぜ協調が生まれるのか。一般的に，取引や価値交換は繰り返し行われる。その際，相手をだまし，裏切るような行為をすると，ネガティブな**評判**（reputation）が立つ。これが多くの活動主体に共有されると，相手をだまし，裏切るような行為をした主体は，価値交換関係を構築することが難しくなる。

ここに，企業の社会的責任（Corporate Social Responsibility：CSR）や**共有価値の創造**（Creating Shared Value：CSV）の合理性がある。CSRはかつて，企業の経済活動とは別の社会的側面であるととらえられることもあった。しかし，ここまでの考察からもわかるように，企業と取引や価値交換を行っているステ

イクホルダーをだまして，短期的に得をしたとしても，結果的に企業の持続的な発展には悪影響をおよぼす。CSVに注目が集まっているのは，まさにこの点に理由がある。また，ソーシャルビジネスや自然環境に配慮したビジネスが打ち出されているのも，道徳的・倫理的に善いという点だけでなく，それが経済的にみても合理性をもっているからなのである。

　このように，企業は価値創造と価値交換という2つの側面が相互に関連しあいながら動いている。価値の創造と交換という概念を軸にビジネスを考えると，近年の社会貢献型あるいは環境貢献型ビジネスは理に適ったモデルであることが理解できるだろう。ステイクホルダーとの関係をふまえた価値の動きのメカニズムを，どのようにデザインするのか。この点が，これからのビジネスにとって重要なポイントとなる。

3　企業は，どのような形態をもっているのか

　ここで，あらためて企業とはどのような存在かについて考えてみよう。われわれが，たとえば"トヨタ"，"日産"，"ホンダ（本田技研）"，"パナソニック"，"ソニー"，"アップル"，"スターバックス"などなど，ある企業の名前をあげるとき，そこに何をイメージしているのだろうか。その企業が創出・提供している製品やサービスだろうか。その企業の本社の建物だろうか，あるいは工場だろうか。それとも，その企業で働いている従業員だろうか。経営者だろうか。企業のロゴマークだろうか。たしかに，どれもその企業をあらわす構成要素の1つではある。しかし，それらがその会社そのものかといわれれば，それは違う。では，企業とは何か。

●企業とは「つながり」である

　一言でいうなら，企業とはさまざまな要素を結びつける関係の束である。契約の束と呼ばれることもある。もう少しかみくだいて言うなら，「つながり」である。見ず知らずの人が，ある企業に参加することでその人たちは"その企

業の従業員"となる。そういった人と人とのつながりだけではない。株主から提供された自己資本や，債権者から調達した他人資本が企業の活動のための資金となって，原材料や設備などをへて最終的には製品やサービスへと姿を変えていくのも「つながり」である。企業は，このような「つながり＝関係」の集合体＝束なのである。

　ところが，この関係の束はそれ自体として，個人（＝法律用語でいうところの"自然人"）のように脳や神経系統などをもっているわけではない。そこで，自然人とは別に，この関係の束に独自の権利や義務，あるいは自由や責任を認める必要がある。そこで浮かび上がるのが，**法人**という概念である。これは，本来は自ら意思決定できない関係の束が，法律上で自然人と同等の活動を行うことができるようにするための制度である。個人が自らの権利や義務，自由，責任において財産を用いて，事業を営むときには，法人である必要はない。このような企業を個人企業と呼ぶ。しかし，個人の権利や義務，自由，責任と切り離して事業を展開するときには，法人としての企業を設立することになる。この法人としての企業を**会社**と呼ぶ。

　では，会社企業にはどのような種類があるのか。これが，会社形態あるいは企業形態の問題である。現在の会社法では，株式会社，合名会社，合資会社，合同会社の４種類が認められている。このうち，株式会社以外の会社形態は持分会社と総称される。ここでは，**株式会社**と**持分会社**のそれぞれについて，簡単に特徴を見ておくことにしよう。

● 企業の形態１　株式会社

　日本でもっとも主流となっている会社形態である。その最大の特徴は，会社が事業を営むための元手となる資金（＝資本金）を**株式**を発行することで調達するという点である。株式は１単位（＝１株）あたりの金額が均等に分割されており，出資しようとする個人や集団の資力に応じて出資できる。これによって，社会に散在している遊休資本（＝使われずにいる資金）を効果的に集め，大規模に事業を展開することができる。そのため，現代企業にとって主流の会社

形態となっている。

　株式会社に出資した個人や集団は，**株主**と呼ばれる。株主は出資額＝株式保有数に比例して，株式会社の最高意思決定機関である**株主総会**での投票権をもつ。政治における選挙のように，1人1票ではない。したがって，出資額が多いほど，株式会社の経営に対して自らの意思を反映させやすくなる。また，株式会社が利益を株主に配分する際にも，1株あたりの配当額が定められ，株式保有数に応じて利益の分配がなされる。

　なお，その株式会社が経済的に行き詰まるなどして解散・清算される際，まずは**負債**を処理することが優先される。ただ，その負債が企業の自己資本金の総額を上回ったとき（＝債務超過）でも，株主は自らが出資した額が戻ってこないという以上の責任を負わない。これを**有限責任制度**という。しかも，株式会社の場合には，会社設立までにすべての出資を済ませていなければならないので，解散・清算時に新たな負担が発生することはない。ただ，会社の抱える負債に対して債権をもつ主体にとっては，それを回収できない危険性が生じる。そのため，会社法で財産の維持が求められているほか，企業，とりわけ経営者の行為をチェックする仕組みとしての**コーポレート・ガバナンス**が重視されているわけである。

　なお，負債とは，将来的に相手に対して金銭・物資などの支払いや提供を行う義務のことを指す。これには，①法律上で定められた負債と，②期間損益計算を合理的に行うために，将来必要となる金銭や物資を負債として計上するものとに分けられる。①には，借入金や買掛金などの確定債務，退職給付引当金などの条件付債務，法人税等引当金などの金額不確定債務などがある。②には，設備の保全などを目的とした修繕引当金などが含まれる。

　また，会社形態を考える上で，この責任という概念はきわめて重要である。しかも，限定された意味で使われている。一言でいえば，会社を解散・清算する際に，その会社が抱えている負債をどこまで返済しなければならないのか，である。一般的に，自然人の場合には，その負債をすべて返済しなければならない（それが不可能な場合に，その自然人を救済するのが"自己破産"である）。この

29

ような考え方を**無限責任**という。それに対して，自己資本提供者が自ら出資した額以上の返済責任を負わないというのが，**有限責任**である。

さて，株式は資本市場でその取引が公開されている場合，自由に売買することができる。これは，株式会社の場合，自ら出資した資金を回収することができないためである。出資者が出資額を回収するためには，自らが保有する株式を他者に譲渡し，その対価を得る＝株式の売買以外に方法はない。その際，株式の売買においては，その時点での株式に対する評価額が必要になる。これが，株価である。株価はその会社の業績やその予想，社会経済全体や業界の現状や将来性など，さまざまな要因から影響を受ける。しかも，将来に対する予想や期待に左右される部分も大きい。ここに"バブル"発生要因の1つがある。

● **企業の形態2　持分会社**

持分会社には3つの形態が存在する。**合名会社，合資会社，合同会社**である。会社法が制定される以前には，有限会社という会社形態も存在したが，現在では新設できない。基本的に，これらは債権者に対する責任の範囲によって分類できる。なお，ここで注意しておいてほしいのが，以下に出てくる「社員」という概念である。会社法における社員は出資者のことを指し，日常的に用いられる従業員という意味ではない。

合名会社では，出資者としての社員全員が会社の債権者に対して，出資の限度に関係なく責任を負担する。合同会社の場合は，出資者である社員全員が有限責任である。そして，合資会社は無限責任社員と有限責任社員のそれぞれ1名以上からなる。なお，無限責任社員に関しては，その出資は必ずしも金銭などの財産でなくても，労務や信用などでも可能である。それに対して，有限責任社員の場合は，金銭などの財産による出資に限定されている。ここまでの会社形態の内容を整理したのが，表1-1である。

このほかにも，法人ではないが**協同組合**や**有限責任事業組合**など，組合形態をとる企業も存在する。協同組合の場合は，非営利（＝獲得された利益を分配しない）であることや，構成員に課税がなされることなど，会社企業とは大きな

表1-1　会社形態の特徴比較

		株式会社	合名会社	合資会社	合同会社
構成員		1名以上の有限責任社員（株主）	1名以上の無限責任社員	無限責任社員と有限責任社員それぞれ1名以上	1名以上の有限責任社員
構成員の責任		有限責任	無限責任	無限責任と有限責任	有限責任
出資の制限		金銭その他の財産による出資に限る	制限がない（労務や信用の出資も可能）	・無限責任社員には制限がない ・有限責任社員は金銭その他の財産による出資に限る	金銭その他の財産による出資に限る
会社の管理・運営	業務執行	取締役または執行役	すべての社員または定款で定めた1名以上の業務執行社員		
	業務に関する意思決定	・取締役の過半数 ・取締役会設置会社の場合は取締役会 ・指名委員会等設置会社の場合は取締役会，執行役	・社員の過半数 ・業務執行社員の定めがあるときはその過半数		
	会社の代表	取締役，代表取締役，代表執行役	すべての業務執行社員または会社を代表する者として定められた者		
定款変更の方法		株主総会の特別決議	総社員の同意（定款による要件の軽減も可）		
利益等の配当	配当規制	配当に関する制限あり	利益額を超える配当も可能	利益額を超える配当も可能（利益額を超えて配当を受けた有限責任社員は，配当額相当額を会社に支払わなければならない）	配当に関する制限あり
	分配方法	出資割合に応じて分配（非公開会社の場合には，定款で別段の定めも可）	出資割合と異なる分配が可能		
会計監査		必要	不要		
計算書類の開示		必要	不要		必要
株式・持分の譲渡		原則自由（定款で譲渡制限の定めも可）	他の社員全員の承認（定款で別段の定めも可）	・他の社員全員の承認 ・業務を執行しない有限責任社員の場合は，業務執行社員全員の承認 ・いずれの場合についても定款で別段の定めをすることができる	他の社員全員の承認（定款で別段の定めも可）
構成員の退社の許否		原則として株式譲渡による（例外：株式買取請求など）	やむを得ない事由があるときには，いつでも退社することができる		

出所：永井和之編著『よくわかる会社法［第3版］』，ミネルヴァ書房，2015年，p. 189より。

違いがある。しかし，スペインのモンドラゴン協同組合企業のように，きわめて強い経済的競争力と社会性や連帯の両立を実現している企業もある。有限責任事業組合は，どちらかといえば会社企業に近いが，組合であるために，構成員に課税がなされ，法人としての地位はもたない。したがって，比較的，構成員それぞれの活動が重視される形態である。どちらかといえば，弁護士・公認会計士・税理士など専門性の高い資格をもつ人間が共同で事業を営むコンサルティング・ファームといった構成員各自による活動（業務執行）が意味をもつ場合にとられうる企業形態である。

第 I 部　ビジネスの基礎知識

4　ビジネスをデザインするための視点

　企業という存在は，われわれの生活にとって必要不可欠である。それゆえにこそ，多くのメリットをわれわれにもたらすと同時に，デメリットをも惹き起こす。その点を見据えてビジネスをデザインしていくためには，企業がどのように存在し，活動しているのかをとらえる必要がある。

　とくに，価値の創造と交換をいかにして適切かつ円滑に実現していくのかが，近年の最重要課題の1つとなっている。企業の社会的責任や共有価値の創造といった点が重視されているのは，そのあらわれである。企業とは，どのような存在であるのか。この点を基礎に，さまざまな企業における諸活動を考え，また実践していかなければならない。

設　問

1．2015年に発覚した東芝の不正会計問題では，その原因の1つとして「チャレンジ」と称した利益の水増しが，日常的に行われていたと指摘されている。この問題を，2節で論じた価値創造と収益獲得の関係から議論してみよう。貨幣数値目標を絶対化してしまうと，どのような問題が起こるのだろうか。

2．さまざまなステイクホルダーと良好な関係を構築し，経済的な成果も獲得できている企業の事例を，新聞や雑誌記事などさまざまな情報源から探してみて，価値の創造と交換がどのようになされているのか分析してみよう。そして，成功の要因がどこにあるのか考えてみよう。

初学者のための参考書籍

　影山知明『ゆっくり，いそげ――カフェからはじめる人を手段化しない経済』大和書房，2015年。

第 1 章　会社経営の理念と仕組み

➤本章で考えてきた価値の創造と交換のモデルと，きわめて整合性が高い事例。

小池和男『なぜ日本企業は強みを捨てるのか』日本経済新聞出版社，2015年。

➤生産現場や人材育成について長年研究してきた著者による日本企業論。本章で議論したテーマも，多く含まれている。

前間孝則『ホンダジェット――開発リーダーが語る30年の全軌跡』新潮社，2015年。

➤この本から，ビジネス・リーダーシップにもとづいて，具体的な事業へと展開するプロセスを知り，考えてほしい。

森摂＋オルタナ編集部『未来に選ばれる会社――CSRから始まるソーシャル・ブランディング』学芸出版社，2015年。

➤2節でふれたCSRやCSVにかんする企業の事例が豊富に紹介されている。

ジョン・マッキー＆ラジェンドラ・シソーディア（鈴木立哉訳）『世界でいちばん大切にしたい会社――コンシャス・カンパニー』翔泳社，2014年。

➤企業とステイクホルダーとの関係を良好に構築することが，企業の成功につながることを理論的に説明している。

〈山縣正幸〉

第 2 章

新商品をつくるビジネス

近年,インターネットを介した電子商取引市場の拡大,新興工業国の台頭,生産技術の発達などにともなって,世界的に多くの商品市場が供給過剰な状態にある。こうした中,既存顧客の確保と新たな市場の開拓を通して生き残るために,企業間での商品開発競争は激化し続けている。

しかしながら,そうした商品開発競争は,過剰な高付加価値化が「ガラパゴス現象」を生んだり,製品プラットフォームや部品の行きすぎた共通化が製品差別化を難しくしたりすることで,「コモディティ化」に陥るケースも少なくはない。

そこで,本章では,商品開発をめぐる基本的な考え方を学んだうえで,こうした市場状況の中でもしたたかにブルー・オーシャン戦略を展開する企業の事例をとり上げ,その商品開発戦略における要点を探る。

1　商品開発の目的と方法

●商品開発の目的

18世紀後半から19世紀初めにかけてイギリスで始まり世界に波及した産業革命は,繊維産業を中心とした世界の商品市場での過剰生産とそれにともなう景気循環をもたらした。資本主義諸国が経済成長に沸いた1960年代には,新興工業国が台頭し,工作機械の技術革新と普及が,商品市場における過剰生産・過剰供給傾向を常態化させた。そして,生活レベルの上昇とともに消費者の需要は高度化・多様化していった。

さらに,1990年代以降には,先進資本主義国の国内経済の閉塞状況,旧共産

圏の国々の市場経済化，ICT（Information and Communication Technology：情報通信技術）の発達とモバイル端末の普及など経済のグローバル化が，商品市場における過剰生産・過剰供給とそれにともなう需要の高度化・多様化に拍車を掛けた。

　こうした中，企業には，変化する消費者の需要に合った商品，新たな市場を開拓しうる商品を開発して消費者に供給し続けることが求められる。すなわち，商品開発の目的は，既存顧客の需要を満たしつつ新たな顧客を開拓するための価値を創り出すことで，自社の社会的責任を果たすのと同時に経営の持続性を担保しうる収益を獲得することにある。なお，企業が市場に供給する財やサービスは**商品**，企業が市場に供給する前（出荷前）の財は**製品**といわれる。

● 商品開発の方法

　商品開発とマーケティング

　企業は，消費者の需要に合う商品がどういったものであるのかを把握するために，**マーケティング**（marketing）を行う。マーケティングとは，どういった消費者が（Who），どういった商品を（What），いつ（When），どこで（Where），どのくらい（How much）需要しているのかを調査・分析して，それに合った商品を企画・開発する活動のことである。

　マーケティングの前提となる顧客情報の収集・分析は，**CVS**（Convenience Store）などで普及している**POS**（Point of Sales：販売時点管理）データの解析，電子商取引における顧客の商品購入履歴や商品閲覧履歴の解析などを通じて行われる。ICTの発達とパソコンやスマートフォンなどの情報端末の普及は，電子商取引市場を飛躍的に拡大させたのと同時に，マーケティング手法を劇的に進化させた。電子商取引の拡大は，**ワン・トゥ・ワン・マーケティング**（One to One Marketing）と呼ばれる顧客ごとの商品購入履歴，商品閲覧履歴などの情報を管理するマーケティング手法の普及を促した。

　顧客が欲しがる商品を企画，開発して市場に供給したとしても，十分な売上げと利益を確保することができなければ，自社を存続させることも継続的に社

会的責任を遂行することもできない。

そこで，企業には，マーケティングとともに，自社が生き残ることが可能な**事業ドメイン（領域）**を見極めて経営資源を投入したり，競合他社の商品に対する差別化をしたりすることで，事業活動を通して利益を確保するための戦略が必要になる。

その過程では，しばしば，**SWOT 分析**を通して，自社の強み（Strength），自社の弱み（Weakness），市場参入のタイミング（Opportunity），競合他社の脅威（Threat）を見極めたうえで，自社の事業領域の絞り込みが行われる。

商品開発の流れと PDCA サイクル

商品開発を進めるうえでは，通常，つぎのようなプロセスを経ることになる。①マーケティング情報にもとづく商品企画の策定，②製品の設計，③試作品の制作，④試作品を用いた市場調査の実施，⑤市場調査をフィードバックした製品の設計変更，⑥量産の可否あるいは量産規模を決定，⑦自社の経営資源や技術力を考慮して内製，外注（アウトソーシング：outsourcing），部分外注のいずれかを決定，⑧量産化。

こうしたプロセスを経て量産化が行われたとしても，企業は，商品の売れ行き，消費者の反応を受けて，商品の企画，設計や量産規模，価格設定，販売方法などの修正を逐次迫られる。こうした過程は，「**PDCA**（Plan-Do-Check-Action）**サイクル**」といわれる。

● **商品開発と生産過程**

製造業に携わる企業では，商品の開発とともに生産も行われる。生産において企業がもっとも重視するべき要素は，顧客の需要に応じて **QCD**（Quality：品質，Cost：費用，Delivery：納期）を最適化することにある。QCD は，いずれかの要素を極めようとすると他の要素を犠牲にせざるをえないというトレードオフの関係にある。

QCD を最適化するための生産管理は，①工程管理，②品質管理，③原価管

理，④設備管理，⑤作業管理，⑥資材管理に分類される。

　①**工程管理**は，生産計画と生産統制に分けられる。**生産計画**とは，需要予測，受注状況にもとづいて生産計画を立ててPDCAサイクルを回すことである。**生産統制**とは，生産計画にもとづいて，工場，サプライヤー（supplier：納入業者）に部品，原燃料などを発注し，生産の進捗状況を管理する活動である。

　②**品質管理**とは，製品の品質を高水準で維持するための設計ミスの排除，製造現場での工程改善，製造現場から設計段階への品質情報のフィードバック，工程での不良品検査，品質管理のための改善提案などを推進する諸活動である。

　③**原価管理**とは，製造原価をおさえるための合理化活動である。原価管理の方法は，製造のために投入した資材，原料，燃料の削減，機械による製造と人による製造とのバランス，設備投資の費用対効果や作業能率の向上，内製か外注かの決定など，製造原価を低くおさえるためのあらゆる活動が含まれる。一般的には，規格化された量販品の製造工程の自動化率を高めに設定する一方で，需要変動の大きな多品種少量品の製造工程については自動化率を低めに設定することで，固定費（生産・販売量の関係なくつねに一定に発生する費用：工場や店舗の賃貸料，設備投資の減価償却費など）を抑制する措置が取られる。

　④**設備管理**とは，生産設備の**可動率**（運転したいときに可動できる状態になっている機械設備の割合）を高水準で保つために，機械設備を保全（保守，点検，異常復帰，改善）する活動のことである。そのためには，TPM（Total Productive Maintenance：生産技術部技術員，工場技術員，生産技能員などの製造にかかわるスタッフすべてが参加する設備保全活動）を推進する必要がある。

　⑤**作業管理**とは，品質不良や生産性低下を防ぐために，生産技能員の作業範囲，作業方法（作業内容，作業手順），作業組織などを管理して最適な状態に保つ活動のことである。そのためには，IE（Industrial Engineering：生産工学）を駆使して，人，設備などの作業効率性を向上させるための技術（ムダ減らし，人減らしの手法）が追求される。

　⑥**資材管理**とは，製品の製造に必要な原材料，燃料，部品の種類と数量を必要なときに外部のサプライヤーから調達し，在庫の管理をする活動のことである。

しかしながら，市場の変化が激しい近年では，企業は，製造工程を内製化したり自動化したりした場合，扱う商品の需要が急速に縮小した際に設備投資を回収できないリスクを抱えやすい。とりわけ，大企業に比べて財務基盤が弱い中小企業では，製造工程を内製化することで固定費が上昇すると，財務状態が悪化して経営危機に陥りやすい。

そこで，近年では，中核的な技術を要する部品のみを内製して他を外注したり，人手による作業工程を残すことで固定費を抑制して需要の変動に柔軟に対応したりする製造業企業が多い。また，流通・小売業でも，自社店舗をもたずにインターネットを介した通信販売に特化する企業が多い。

このような設備や店舗を「もたない」経営あるいは「極力もたないようにする」経営は，とくに中小企業で有効性が高い。「極力もたないようにする」経営は，のちに本章3節の事例研究で紹介するハードロック工業，京でん，食一にも共通してみられる。ハードロック工業では一部の製造工程を契約した企業に外注し，京でんでは生地製作，縫製，染色，絵付けの工程を外注し，食一では漁を専業漁師に委託している。

2　商品開発の戦略

ここまで，なぜ商品を開発するのか，といったことや具体的な商品開発のプロセスをみてきたが，それでは，企業は自社の置かれた状況のなかで，販売まで視野に入れながらどのように商品開発の方針を立てるのだろうか。この節では，営利企業にとって不可欠な商品開発戦略について，いくつかの考え方を紹介し，最後に近年注目されているブルーオーシャン戦略についてみていく。

● 製品 - 市場戦略（product-market growth strategy）

イゴール・アンゾフ（H. Igor Ansoff）というアメリカの経営学者は，企業が成長するための戦略について，企業が扱う商品とその対象となる市場を4象限のマトリックスを用いて説明した（図2-1）。

図2-1　アンゾフの製品-市場マトリックス

	現在の製品	新しい製品
現在の市場	市場浸透戦略	（新）製品開発戦略
新しい市場	市場開拓戦略	多角化戦略

市場浸透戦略（market penetration strategy）

　現在の市場（ある企業がすでに参入している市場）で現在の商品（その企業の既存の商品）を販売する際に，市場での認知度を高めるための戦略。これは，宣伝広告，サービス強化，価格優位性の獲得，販売網の拡大などを通したリピーター顧客の獲得を目的とする。

　携帯電話やスマートフォンを新規契約者には機種変更者に比べて大幅に低い価格で販売することで新規契約者を開拓しようとするケース，開店当初の店が開店セールで商品を特価販売することで地域の消費者の認知度を高めようとするケースなどがこれに当たる。

市場開拓（開発）戦略（market development strategy）

　新たな顧客の獲得を目的として，現在の商品（その企業の既存の商品）を新しい市場（その企業がその商品を販売してこなかった市場）で販売する戦略。年配女性を主な市場としていた「ババシャツ」をお洒落にアレンジすることで若年女性市場を開拓したケースなどがこれに当たる。

（新）製品開発戦略（new product development strategy）

　現在の市場（ある企業がすでに参入している市場）で新たな商品（その企業がそれまでに扱ってこなかった商品）を販売する戦略。携帯電話にワンセグ受信機能

を搭載して新商品として売り出したケース，電子レンジにインターネット受信機能を搭載してレシピをダウンロードして調理法を提案する機能を付加することで新商品として売り出したケースなどが，これに当たる。市場に供給される新商品の大半がこの戦略にもとづくといえる。

多角化戦略（diversification strategy）

新たな市場（ある企業が参入してこなかった市場）で新たな商品（その企業が市場に供給してこなかった商品）を販売する戦略。成功すれば高い成長を見込むことができてリスクの分散にもなる一方で，自社の資源が乏しく競争が激しい市場に参入した場合には，失敗するリスクが高くなる傾向がある。

多くの場合，企業は，既存の自社商品のリピーターを確保するために市場浸透戦略を打ち出し，さらに既存商品をアレンジして異なる市場で販売する市場開拓戦略を展開して，それでも既存商品の売れ行きが頭打ちになるようであれば，（新）製品開発戦略や多角化戦略を選択する。

● 競争戦略（competitive strategy）

ハーバード・ビジネススクール教授の**マイケル・ポーター**（Michael E. Porter）は，著書『競争の戦略』の中で，企業が市場での競争優位を築くための戦略のあり方を提唱している。それは，概ね，つぎのような内容である。

コスト・リーダーシップ戦略（cost leadership strategy）

コスト，価格競争力で競合他社（の商品）に差別化をはかる戦略のこと。この戦略では，**規模の経済性**（scale merit：大量生産・大量仕入れによって単位あたりの生産・流通費用を低下させる効果），**経験曲線効果**（experience curve effect：累積生産・販売量の増加にともなって単位あたりの生産・流通費用が低下していく効果）が追求されるケースが多い。

また，近年では，実店舗をもたずにインターネットを介した通信販売を行う小売業者が増えている。こうした事業者は，中間流通マージン，店舗運営コス

ト，人件費をあまり費やさないで済むことから，大手企業よりも低い単価で消費者に商品を供給しやすくなる。

しかしながら，コスト・リーダーシップ戦略を競合企業同士が打ち出した場合には，価格競争が激化して競合する企業がともに収益性を悪化させるリスクがある。こうした状況は，日本マクドナルドとロッテリアとの間で繰り広げられたハンバーガーの価格競争，ユニクロとシマムラなどの間で展開されるジーンズの価格競争，吉野屋や松屋などの間での牛丼の価格競争などでみられた。

差別化戦略（differentiation strategy）
コスト・リーダーシップ戦略に適さない企業や商品は，価格やコストとは別の要素で競合企業の商品に対して差別化を行う必要性がある。そこで，商品の機能，品質，デザイン，販売方法，付加的なサービスなどで自社商品の競争優位を生み出す戦略がとられるようになる。これは，差別化戦略と呼ばれている。近年では，多額の開発投資を費やすことなく自社商品に価値を付加する手段として，商品のデザイン性による差別化が注目されている。

また，差別化を追求して自社商品に独自の価値を付加することで価格競争を回避する戦略は，**ブランド戦略**（brand strategy）と呼ばれる。

その一方で，近年，日本の家電業界では，薄型テレビなどの商品分野で機能面での差別化を追求した結果，製品開発コストが膨張して主要部品の生産を外注に依存せざるをえなくなった。そして，主要部品を外注に依存した商品では，高性能でありながらも競合他社の商品に対して機能面での差別化が難しくなるという本末転倒な状態となり，最終的には価格競争に陥るケースが多くみられた。同じカテゴリーに属する各社の商品の機能や品質が均質化することで価格競争に陥るこのような現象は，**コモディティ化**（commoditization）と呼ばれる。

日本の大手家電メーカーの多くは，コモディティ化の一方で，必要以上に商品の機能や品質を追求することで開発・設備投資が増した結果，収益性を悪化させた。さらに，過剰品質で相対的に高価格な日本の家電商品は，新興国において富裕層には受け入れられたものの大衆市場での苦戦を強いられた。

第Ⅰ部　ビジネスの基礎知識

　日本の家電メーカーが独自の高付加価値・高コスト路線を歩むことで収益性を悪化させた現象は，南米大陸から離れたガラパゴス諸島で生物が独自の進化を遂げたことになぞらえて，**ガラパゴス化**（Galapagosization）といわれる。

集中化戦略（concentration strategy）
　市場を細分化したうえで，競合他社に対して競争優位を確保できる市場を選択し，そうした市場に経営資源を集中的に投入する戦略のこと（**選択と集中**）。市場細分化（market segmentation）の要素は，顧客の年齢，性別，所得水準，居住地域，趣味，嗜好，商品の使用目的などと多様である。
　大企業が参入しにくい隙間市場で競合他社に対して競争優位となる事業・商品を展開する戦略は，**ニッチ戦略**（niche strategy）と呼ばれる。経営資源の制約が大きな中小企業では，こうした戦略がしばしば選択される。
　これに対して，自社が展開する商品分野のあらゆる仕様・価格帯に商品を揃えたうえで，トータルで利益を生むことを指向する戦略は，**フルライン戦略**（full line policy）と呼ばれる。フルライン戦略では，自社ブランドに対する顧客の**ブランド・ロイヤルティ**（brand loyalty：特定ブランドへの顧客のこだわり）にもとづいて，顧客に買い替えを促すことが重要になる。経営資源を豊富にもつ大企業のみがフルライン戦略を選択できる傾向がある。
　トヨタ自動車や資生堂などでは，商品カテゴリーごとに宣伝方法，流通経路を変えることで，複数の自社ブランドを共存させる巧みなブランド戦略が展開されている。

ファイブ・フォース分析（five forces analysis）
　企業が展開する事業の競争環境を規定する要因を**競合他社の脅威，新規参入業者の脅威，代替品の脅威，売り手の交渉力，買い手の交渉力**という5項目に分類し，自社が競争優位を築くための事業戦略を策定するための分析ツールのこと。
　新規参入企業の脅威：参入障壁の高い業界では，新規参入業者の脅威は低くなる傾向がある。たとえば，①特定企業が重要な製品技術の特許を取得してい

図2-2　ファイブ・フォース分析

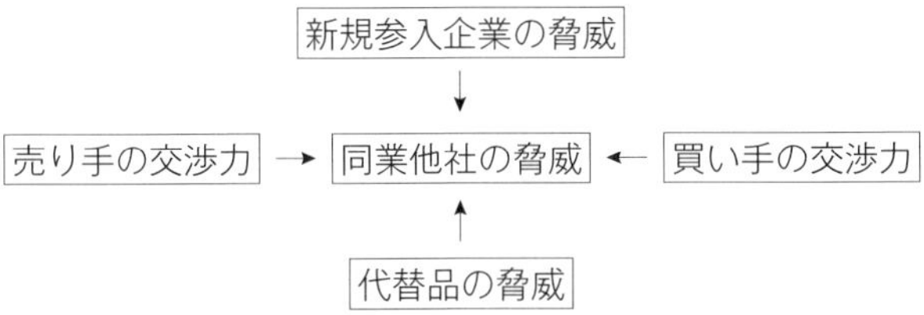

```
                    ┌─────────────────┐
                    │  新規参入企業の脅威  │
                    └─────────────────┘
                            ↓
┌──────────┐    ┌─────────────┐    ┌──────────┐
│ 売り手の交渉力 │ → │  同業他社の脅威  │ ← │ 買い手の交渉力 │
└──────────┘    └─────────────┘    └──────────┘
                            ↑
                    ┌─────────────────┐
                    │   代替品の脅威    │
                    └─────────────────┘
```

るケース，②特定の技能者でなければ製造できない商品を特定企業が独占的あるいは優先的に扱っているケース，③収穫量の少ない地場産品の流通ルートを特定の事業者が独占的に確保しているケース，④電力事業や携帯電話事業のように公的規制によって新規参入が難しいケースなどが，これに当たる。本章3節の事例でみれば，①にはハードロック工業，②には京でん，③には食一が当てはまる。

逆に，参入障壁の低い業界では，新規参入業者の脅威が高くなる傾向がある。たとえば，汎用的で特許がオープンにされた技術にもとづく製品を扱う業界のケースなどがこれに当たる。

代替品の脅威：既存商品に対する代替品の市場への参入は，既存商品の市場における地位を脅かすことがある。製品技術の革新が激しい業界などでは，代替品の脅威が高まる傾向がある。たとえば，携帯電話からスマートフォンへの移行が急速に進んだ携帯端末事業などがこれに当たる。

売り手の交渉力・買い手の交渉力：商品の販売先が特定の買い手に限定されている場合には，売り手の（価格決定などにおける）交渉力が弱くなり，買い手の交渉力が強くなる傾向がある。逆に，商品に複数の買い手がある場合には，特定の買い手への依存度が低くなることから，売り手の交渉力が強くなり，買い手の交渉力が弱くなる傾向がある。

また，商品の仕入れ先を特定の売り手に依存している場合には，買い手の交渉力が弱くなり，売り手の交渉力が強くなる傾向がある。逆に，商品の仕入れ先が複数存在する場合には，買い手が取引先を選択することが可能になることから，買い手の交渉力が強くなり，売り手の交渉力が弱くなる傾向がある。

第Ⅰ部　ビジネスの基礎知識

● ブルー・オーシャン戦略（blue ocean strategy）

　INSEAD（欧州経営大学院）教授のW.チャン・キム（W. Chan Kim）とレネ・モボルニュ（Renée Mauborgne）は，競争が少ない未開拓市場を「ブルー・オーシャン」（blue ocean：碧い海）にたとえて，こうした市場で価値を創造し，消費者に高付加価値な商品を低コストで供給することを通して利益を最大化（極大化）させることの重要性を説いた。彼らは，こうした戦略をブルー・オーシャン戦略と名づけた。逆に，彼らは，競争が激しく競合企業同士が消耗しあう既存市場を「レッド・オーシャン」（red ocean：血の海）にたとえた。

　小さな市場であっても，競合他社が出現しえない状態を創り出すか，競合他社が現れたとしてもこれに対し長期継続的に自社の圧倒的な競争優位の基盤を築くことは，企業が安定した売上げ，利益を確保し続けるうえで，非常に重要である。ブルー・オーシャン戦略は，これらを実現しうる究極の戦略といえる。

　ちなみに，集中化戦略とブルー・オーシャン戦略の違いは，前者が単に自社の競争優位が見込まれる市場に経営資源（人，物，金）を集中させる戦略であるのに対して，後者は事業を展開する市場で他社の追随を許さない条件（技術，技能，流通ルートの独占）を満たすことで他社の市場への参入を排除する戦略であることにある。

　また，ニッチ戦略とブルー・オーシャン戦略の違いは，前者が単に他企業が参入しない（できない）隙間市場に自社の経営資源を投入することで小さな市場に自社商品を展開する戦略であるのに対して，後者は市場の規模とは関係なく自社独自の資源にもとづいて進出した市場での競争優位と独占的地位を築く戦略であることにある。

3　商品開発をめぐるブルー・オーシャン戦略の事例

　この節では，企業の事例をとり上げて，ブルー・オーシャン戦略を実現するための商品開発の方法を分析しよう。とりわけ，大手企業に比べて経営資源の制約が大きな中小零細企業，ベンチャー企業の事例を分析することで，ブル

ー・オーシャン戦略による持続可能な経営のあり方について考えたい。

● 中小製造業企業の事例——ハードロック工業

ハードロック工業株式会社は，1974年に設立された大阪府東大阪市に本社を置く「緩み止めナット」の専業メーカーである。

同社は，「ハードロックナット」という「絶対に緩まないネジ」を開発してそれにかかわる数多くの特許を取得し，さらに戦略的な広報・営業活動を展開することで，鉄道や橋梁，鉄塔，風力発電装置などの緩むことが許されない部位に使用するネジを幅広く供給してきた。ハードロックナットは，新幹線の車輛，東京スカイツリー，明石海峡大橋といった国内の大型物件に加えて，イギリス，中国，韓国，台湾，ドイツの海外高速鉄道車輛にも幅広く採用されている。

ハードロックナットは，創業社長である若林克彦氏が独自の創意，工夫を重ねて開発した，同社のオリジナル商品である。ハードロックナットは，凹型と凸型の2種類のナットから構成されており，偏芯加工した締付けナットである凸型ナットに真円加工した凹型ナットを締め込むことで，ボルトと凹凸ナット間に楔（くさび）を打ち込んだような緩み止め効果が発揮される。その効果は，同業他社製品に対し，さまざまなネジ緩み試験で，圧倒的な優位性が認められ，ASME（アメリカ機械学会）においても，その有効性が高く評価されている。

その特徴は，秀でた緩み止め機能に加え，再使用が可能で，どんな劣悪な環境下でも対応できる材質で表面処理もできることである。同社は，それを可能にするJISQ9100（航空宇宙防衛分野の品質マネジメントシステム）の認証を取得し，高い品質保証体制を確立している。さらに，顧客満足に向けた継続的改善のとり組みとして，製品に改良を加え続けて製造に必要な関連特許を順次取得していくことによって特許の有効期間を戦略的に延長させることで，販売開始から40年を経た現在でも，同業他社が代替，複製しがたいオンリーワン商品を製造，販売し続けている。

ハードロック工業では，「緩み止めナット」の市場におけるオンリーワンとしての地位を確立するのとともに，性能の高さの割には低価格でユーザーに商

第Ⅰ部　ビジネスの基礎知識

写真2-1　ハードロックナットの原理

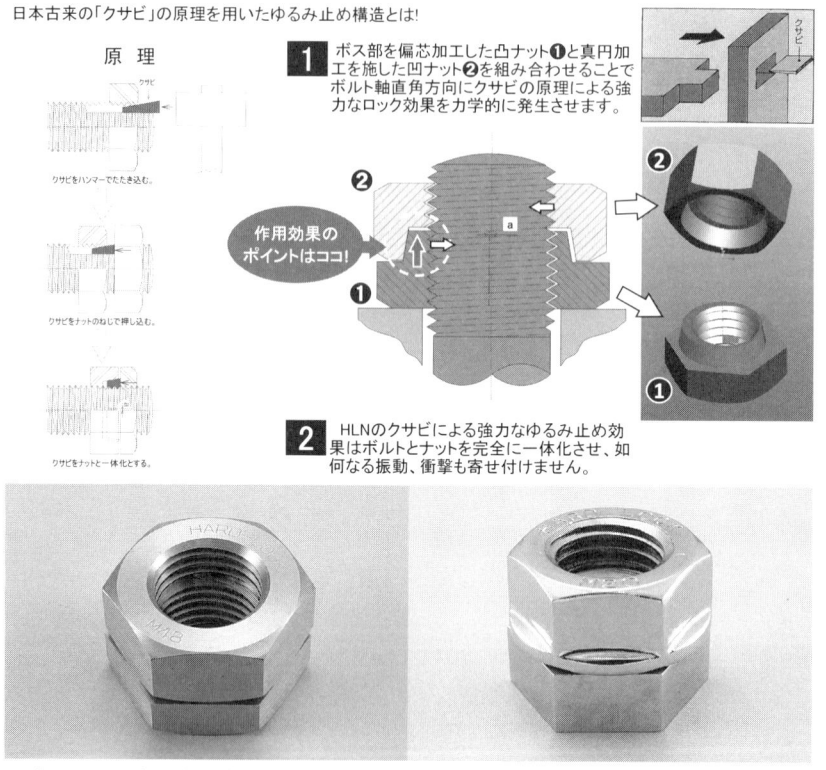

日本古来の「クサビ」の原理を用いたゆるみ止め構造とは!

原理

クサビをハンマーでたたき込む。

クサビをナットのねじで押し込む。

クサビをナットと一体化とする。

1　ボス部を偏芯加工した凸ナット❶と真円加工を施した凹ナット❷を組み合わせることでボルト軸直角方向にクサビの原理による強力なロック効果を力学的に発生させます。

作用効果のポイントはココ!

2　HLNのクサビによる強力なゆるみ止め効果はボルトとナットを完全に一体化させ、如何なる振動、衝撃も寄せ付けません。

上下ナットを同時に締める恐れがある　　上ナットにフランジを加え同時締付けを防止

提供：ハードロック工業（株）

品を供給していることが、世界の市場にも通用する要因となっている。このようなことから、同社は、ブルー・オーシャン戦略を展開する日本の中小製造業企業の事例といえる。

● 地域ブランド・アパレル企業の事例──京でん

　株式会社京でんは、2005年に竜田昌雄氏が創立した、主に京都の伝統的な和柄をモチーフとしたジーンズや革小物、アクセサリーなどを企画、販売する京

第 2 章　新商品をつくるビジネス

写真2-2　京でんオリジナルブランドのジーンズ

提供：(株) 京でん

都市を拠点とする企業である。同社は，「禅（ZEN）」「達磨（DARUMA）」「Yorito」という3つのオリジナルブランドをもっており，小規模のアパレル企業としては異彩を放っている。

　特筆すべき商品は，友禅染の絵師が京都伝統の和柄を直接手描きして制作するオリジナルジーンズのシリーズである。京でんでは，これまでに，こうしたオリジナルブランドのジーンズを累計約150種にわたって展開してきた。

　京都に拠点を置く企業が京都伝統の和柄を京友禅の絵師に描かせたジーンズは，他の地域に拠点を置く企業では模倣することが難しい強力な地域ブランド商品といえる。しかも，手描きジーンズの企画・制作に協力する京友禅の絵師が業界に数人しか存在しないうえに，手作業による工程であることから生産量にも大いに制約がある。京でんは，そうした絵師たちとの強い結びつきから，同業他社に対して強力なコア・コンピタンスをもつといえる。また，その商品には，その個性の強さから顧客層が限定される一方で，大衆市場にターゲットを絞らざるをえない大手量販メーカーとは競合しにくいという特徴がある。

　そして，京でんでは，生地製作，縫製，染色，絵付けといった工程を契約している職人や零細業者に委託して分業することで固定費を抑制し，完成品を主にインターネットを通して販売することで中間流通コストを抑制しているのに加えて，受注生産を基本とすることで過剰在庫を抱えるリスクを極少化させている。こうしたコスト抑制効果により，オリジナルジーンズは，その工程の手

間の多さや芸術性の高さにもかかわらず，1着あたり概ね3万円前後という廉価で販売されている。

このように，同業他社が複製，模倣をしにくい価値のある独自商品をつくり出し，そうした商品を品質の割には低価格で消費者に提供することで長期的に持続可能な事業を展開していることから，京でんもブルー・オーシャン戦略を実践する企業といえる。

● 水産業ベンチャー企業の事例——食一

株式会社食一は，「食を通じて社会を愉快に」という経営理念にもとづいて，同志社大学の学生であった田中淳士氏が2008年に創業した「珍魚」を全国の飲食店，小売店や消費者に販売する京都市を拠点とするベンチャー企業である。食一は，魚類の産地直送，産地直送イベントの受託，地域活性化事業を手がけるなどして，事業を拡張しつつある。

漁師が水揚げした魚の一部には，大衆消費者になじみが薄く買い手が付きにくいという理由から，食せば美味しいものであったとしても，市場で流通することなく廃棄されるものがある。佐賀県で120年以上も続く水産業の仲買人の家系で育った田中社長は，そうした状況に疑問をもった。

そこで，田中社長は，そうした魚のうち安全で美味しいものにレシピをつけて販売をすれば，漁師の収入が増え，全国の食卓に美味しい魚を安価で送り届けることができることに着目した。しかしながら，こうした事業を興すためには，各地の漁師たちを訪ね歩いて魚を卸してもらえる関係を築き，「珍魚」を食する習慣のある地域に赴いてそれらの調理法，食べ方を学び，そうした魚を販売する取引先を開拓しなければならない。

そのために，田中社長は，2008年に大学を休学した後，約1年間をかけて主に九州，四国の漁港，漁師町を巡って各地の漁師たちとの関係を築き，それぞれの地域に伝わるさまざまな魚の調理法を学んだ。そして，田中社長は，起業後，彼の理念に共感した社員とともに取引先となる飲食店や小売店を開拓して回った。このように，田中社長は，自らの出自を活かした他社にはなかなか模

写真2-3　食一が手掛ける「珍魚」の1つ：ミシマオコゼとその調理例

提供：(株) 食一

倣ができない地道なとり組みによって，現在の事業の基盤を築いた。

　この事業は，社会的意義の面から特筆すべきものであると同時に，その戦略のしたたかさという面でも興味深い。こうした事業には，さまざまな産地の漁師たちと良好な関係を築くことで希少魚種を優先的に卸してもらわなければならないという点で，大きな参入障壁がある。また，「珍魚」は漁獲量が少なく食材としての認知度も低いことから，同社が大衆市場のボリュームゾーンを主な顧客とする大手水産卸売業者と競合するリスクも低い。さらには，こうした事業をいち早く手がけて各種メディアで数多くとり上げられていることから，同社には，知名度や信頼度の面での創業者利得もある。

　食一では，もともと捨てられていた魚を買い付けていることから，「一般的なブランド魚」よりは安値ではあるものの「捨てられていた魚」としては高値で買い付けることで，漁師たちの売上げ増加に貢献をしている。そして，食一では，そうした魚を「一般的なブランド魚」よりも安値で飲食店や小売店に販売できることから，飲食店や小売店の利益に貢献するのとともに，消費者に美味しい魚を安く提供することができる。

　このように，他の業者ではなかなか扱うことができない価値のある希少魚種を比較的安価で取引先や消費者に提供する持続可能なビジネスを展開しているという点で，食一も，ブルー・オーシャン戦略を実践するベンチャー企業とい

えるであろう。

4 持続可能な商品開発戦略の要点

　本章では，商品開発の目的，方法，戦略を概説したうえで，中小規模の製造業企業，地域ブランド・アパレル企業，水産業ベンチャー企業でのブルー・オーシャン戦略の事例を紹介した。

　企業の目的は，社会的責任の遂行と利益の獲得にある。両者を実現させるためには，「顧客満足」（CS: Customer Satisfaction）につながる「価値創造」（VC: Value Creation）とその「持続可能性」（sustainability）が肝要となる。これらを実現させるためには，競合他社には代替，複製，模倣が難しい自社独自の商品を開発し，その競争優位性を堅持しなければならない。そして，本章でとり上げた事例が示すように，こうした条件を満たすことは，創意工夫と戦略，実行力次第では，中小零細企業であっても十分に可能である。

　シュンペーター（J. A. Schumpeter）という経済学者は，「新しい財貨の生産」「新しい生産方法の導入」「新しい販売先の開拓」「原料あるいは半製品の新しい供給源の獲得」「新しい組織の実現」を「イノベーション」（innovation）あるいは「新結合」と呼んだ。そして，シュンペーターは，既存の財貨，生産方法，販路，供給源，組織の「創造的破壊」を通じて経済が発展することを説いた。

　ブルー・オーシャン戦略を展開するうえでは，価値創造とその持続可能性を担保する何らかのイノベーションがしばしば必要となる。多くの場合，イノベーションは，これまでに存在しえなかった画期的な財貨，生産方法，販路，供給源，組織を実現することではなく，既存の諸要素を「新たに結合し直す」ことから生まれる。

　それゆえに，中小零細企業であっても，革新的な自社独自の商品を開発することが可能なのである。ハードロックナット，京都伝統の和柄を描いたオリジナルジーンズ，珍魚なども，既にある技法や資源を新たに組み合わせることによって生み出されたオンリーワン商品といえる。

第 2 章 新商品をつくるビジネス

　企業が社会的責任の遂行と利益の獲得を実現して持続可能な経営を展開するための商品開発の鍵は，顧客満足につながる価値を創造しうる「新結合」にあるといえる。

設　問

1．ブルー・オーシャン戦略を展開する企業やイノベーションを実現した企業における商品開発の事例をあげて，その成功要因を分析してみよう。

2．既存事業にはないブルー・オーシャン戦略やイノベーションを実現する商品開発について考えてみよう。

初学者のための参考書籍

北川史和・海津政信『脱ガラパゴス戦略──台頭する新興国市場の攻略法』東洋経済新報社，2009年。
　➤日本の製造業がガラパゴス化から脱却してグローバル市場で生き残るための処方箋を記した指南書。

藤本隆弘・東京大学21世紀COEものづくり経営研究センター『ものづくり経営学──製造業を超える生産思想』光文社新書，2007年。
　➤豊富な事例分析をもとに産業の構造変化，国際化に対応するものづくり戦略のあり方を析出する労作。

W. チャン・キム＆レネ・モボルニュ（有賀裕子訳）『ブルー・オーシャン戦略──競争のない世界を創造する』ランダムハウス講談社，2006年。
　➤ブルー・オーシャン戦略の発案者がそれを体系的に説明した画期的な書籍。

〈小松史朗〉

第 **3** 章

商品を販売するビジネス

> 「商業」とは，生産と消費の間にあって，生産を行わず商品の売買だけをくり返す存在であり，卸売業と小売業に大別される。多数の商品売買を集中させて商品流通の効率化を実現するという商業の役割を，もっとも消費者に近い流通の末端で担当しているのが小売業である。また，小売業は，卸売業と違い最終消費者と対面せざるをえない。このことによって，小売業はいつの時代も消費者の変化に素早く対応することを求められ，消費者の情報を流通システム全体に知らせる役割を担ってきたといってもよい。
>
> そうした基本的な特徴を前提にしながら，小売業は時代とともにその具体的な姿を変化させてきた。一般小売業，百貨店，スーパーマーケット，コンビニエンスストア，ディスカウントストア，カテゴリーキラーなどである。これら業態の発展は，社会経済的な変化や人々の暮らしの変化と密接にかかわっているといえるだろう。

1　小売業の役割

●商業が存在する理由と小売業

　メーカーが生産した商品は，商業である卸売業者や小売業者を経由して消費者のもとに届く。売買が行われることで商品の所有権が生産者から消費者へと移動することになる。この商品の流れとは逆方向に，貨幣は消費者からメーカーへと移るのである。

　一見しただけでは，メーカーと消費者の間に介在する商業がどのように役立

っているのかを知ることは難しい。流通に介在する業者に手数料が発生するのは事実であるし，これら業者が無駄な存在と感じられたとしても不思議ではない。実際に，商業をなくしてしまった方が，商品の流通はスムーズに行えるしコストはかからず商品の値段も安くなるのだと信じている人たちも少なくない。

　視点を変えてみよう。それではなぜ街にはこんなにも商業があふれているのだろうか。それにはやはり理由があるのではないか。第1に，商業は多数の生産者と多数の消費者の売買を仲介することができる。これを**売買の集中**という。メーカーは，売買活動を商業にゆだねることによって生産活動に専念することができる。第2に，商業は売買活動の専門家としてメーカーよりうまく売買活動を実施することができる。消費者にとっても，1ヵ所で複数メーカーの商品を比較検討しながら購入できるのであれば探索活動を大幅に縮小できるはずだ。

　以上のように，一見するとスムーズな商品流通の流れを邪魔しているかのようにもみえるが，実際には，売り手と買い手双方に利益をもたらす形で商業は生産者の販売過程から分離・独立＝**自立化**するのである。このようなプロセスをモデル化したものにマーガレット・ホール（Margaret Hall）の**取引数量最小化の原理**がある（次頁，図3－1）。商品流通に，商業が介在する場合とそうでない場合を取引回数によって比較しながら，商業が介在する場合のコスト上の優位性を示している。1回あたりの取引にコストが生じる場合，図の右側の商業が存在する場合には，それが存在しない場合よりも取引数量が減少することによって社会的なコストの削減につながる。

　もっとも，売買の集中原理や取引数量最小化の原理は，メーカーと小売業者の中間にあってコストの引き下げに大きく貢献する卸売業者の存在意義を説明するのには適しているが，地域に根ざし，消費者に寄り添いながら存在している小売業者を説明する場合には，いくらかの説明が必要だろう。消費者と直接売買する商業は消費地にあって，個々の消費者に対して販売を行うため，彼らの特性や刻々と移り変わる流行のトレンドに付き合わざるをえない。そうしたことを背景にして，商業は卸売業者と小売業者に分離する。これを**商業の段階**

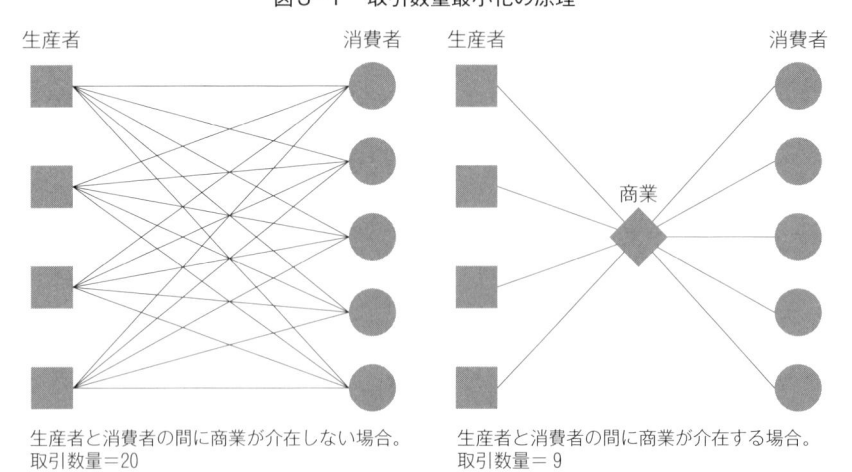

図3-1 取引数量最小化の原理

生産者と消費者の間に商業が介在しない場合。
取引数量＝20

生産者と消費者の間に商業が介在する場合。
取引数量＝9

出所：マーガレット・ホール（片岡一郎訳）『商業の経済理論――商業の経済学的分析』東洋経済新報社，1957年より作成。

分化という。

2　小売業の種類

●商店数の減少傾向と規模別動向

　伝統的な商業論に，**商業排除の法則**という考え方がある。発展した資本主義経済では，メーカーが大規模化し商業の必要性は低くなるという考え方である。メーカーの生産規模が拡大することで小規模生産者から収集を行う卸売業が無用になるからだ。さらには，大規模メーカーは，売買集中の原理によって自立化した商業の存在のあり方そのものをみずからの事業の阻害要因と考えるようになり，商業を排除するようになっていく。自立化した商業は自らの才覚で価格決定や品揃えを行うが，これは巨大メーカーによるブランド戦略などマーケティング努力と衝突するからだ。この法則に従えば，発展した資本主義諸国では，商業の数は少なくならざるをえない。また，商業の中にも一部に規模が巨大化するものが現れるとこの傾向はより顕著になる。実際に日本でも商業の数

は減少の傾向にあるといわれる。小売商業について，商業統計の数値を見ながら規模別に長期的な動きを確認してみることにしよう（次頁，表3-1）。

まず，事業所数の変化に注目すると，20年間に実に50万店近くが減少したことがわかる。規模別にみると，この減少の大半が従業員規模1～2名の零細小売業者で，40万店近い減少を示している。20年間一貫して減少しているが，とくに1990年代後半以降加速度的に減少していったことがわかる。同じく，従業員規模3～4人の規模の事業所も減少しており，20年間の小売事業者数の減少は，この2つの規模の階層が担ったといえよう。従業員規模5人以上の小売業者は，横ばいか増加をみせているのである。

つぎに従業者数についてみてみたい。ここでも，従業員規模1～2人および3～4人の事業所で働く従業者が著しく減っている。これに対して従業員規模が10人以上の事業所で働く従業者は，逆に著しく増加しているといってよい。1990年代後半以降でみると，とくに伸びが著しいのが，50～99人および100人以上の事業所である。事業所数でみればもっとも少ない従業員規模100人以上の事業所が，ここでは3番目の規模になっていることがわかる。

商品販売額でみると少し違った側面がみえてくる。従業員100人以上の規模で一貫した伸びがみられるかというと，1990年代の後半には伸びがなくなり横ばいに転じていることがわかる。これに対して好調を持続してきたのは，従業員10～19人の規模であった。また50～99人規模にも一貫した伸びがみられる。

最後に，売場面積でみてみよう。ここでも他の項目と同じく従業員規模が4名以下の規模で大きな落ち込みがあった。これに対して，その他の従業員規模では，すべて増加傾向にあることがわかる。とくに従業員規模100名以上の大規模小売業者がその売場面積を急拡大しているといえよう。売場面積では，この規模の小売業者が最大の面積を占めることとなった。

商業統計をみながら過去20年間の小売業者の動向を概観した。ここから読み取れることは，第1に，日本でも商業の排除が確実に進行していることであり，第2に，小売業者内部での競争が激化していることである。小売業者の減少は明らかに存在するが，それは均一に現れるのではなく，小規模零細な小売業者

表3-1　小売業における規模構造の変化

従業者規模(人)	事業所数（1000店） 1988	1997	2007	従業者数（1000人） 1988	1997	2007
1～2	874.4 (54.0)	709.0 (49.9)	503.8 (44.3)	1,437.7 (21.0)	1,146.0 (15.6)	795.1 (10.5)
3～4	422.1 (26.1)	350.3 (24.7)	252.7 (22.2)	1,424.0 (20.8)	1,186.6 (16.1)	859.1 (11.3)
5～9	214.0 (13.2)	212.4 (14.7)	201.8 (17.8)	1,337.0 (19.5)	1,342.5 (18.3)	1,302.2 (17.2)
10～19	70.0 (4.3)	93.5 (6.6)	114.4 (10.1)	923.6 (13.5)	1,248.3 (17.0)	1,543.1 (20.4)
20～29	19.2 (1.2)	27.5 (1.9)	32.4 (2.8)	451.8 (6.6)	644.5 (8.8)	757.8 (10.0)
30～49	12.3 (1.0)	15.8 (1.1)	17.2 (1.5)	457.6 (6.8)	587.7 (8.0)	646.0 (8.5)
50～99	5.4 (0.3)	7.9 (0.5)	10.8 (0.9)	352.8 (5.1)	529.3 (7.2)	737.7 (9.7)
100以上	2.1 (0.1)	3.2 (0.2)	4.7 (0.4)	466.8 (6.8)	665.8 (9.1)	938.4 (12.4)
小売業計	1,619.8(100.0)	1,419.6(100.0)	1,137.8(100.0)	6,851.3(100.0)	7,350.7(100.0)	7,579.4(100.0)

出所：経済産業省『商業統計表』（1988年，1997年，2007年版）より作成。
(注)　括弧内は構成比（％）。四捨五入を行っているため，各年の合計は若干の誤差を生じる場合

は著しく減少し，大規模小売業者はむしろ拡大していることがわかった。次にビジネスのあり方に目を向けて，さらに小売業者間の競争に着目してみよう。

● 小売業の業態

　小売業者の発展にかんして，マクネア（M. P. McNair）の小売の輪仮説をはじめとして，次々に現れる新しい業態の発生のパターンを説明しようとする理論がある。いうまでもなく新業態の発展は，小売業をとりまく外部環境の変化によって大きく影響されるのであり，歴史的に，その時代を代表する小売業態が出現してきた。

　58頁の表3-2は，小売業の売上高ランキングを示している。「業態」として示されているHD，ス，専，百，通，コは，それぞれ，持ち株会社，スーパー，専門店，百貨店，通信販売，コンビニエンスストアである。このほかに生活協同組合などがあり，ドラッグストアやカテゴリーキラーなどが業態を表す用語として使われることもある。小売業態とは，店舗による小売サービスの提供様式の違いにもとづく小売業の分類と考えてよい。小売業者は，購入した製品を一般消費者向けに再販売することによって利益を獲得するのであるが，小売サービスのあり方はそれぞれの業者あるいはチェーン組織によって異なっている。たとえば，スーパーマーケットは，当時の既存小売業者にはなかった買い物カゴを用いて客が自ら商品をレジまで運ぶセルフサービスという新しい小売サー

年間商品販売額（100億円）			売場面積（1万m²）		
1988	1997	2007	1988	1997	2007
1,283.3 (11.2)	1,248.5 (8.5)	725.1 (5.4)	2,596.6 (25.4)	2,532.2 (19.8)	1,969.6 (13.2)
1,934.6 (16.8)	1,957.3 (13.2)	1,189.1 (8.8)	2,098.2 (20.6)	2,143.2 (16.7)	1,680.3 (11.2)
2,409.5 (21.0)	2,855.9 (19.3)	2,401.2 (17.8)	1,688.2 (16.5)	2,108.0 (16.5)	2,339.6 (15.6)
1,694.8 (14.7)	2,605.1 (17.6)	2,748.8 (20.4)	957.1 (9.4)	1,449.3 (11.3)	2,160.1 (14.4)
844.6 (7.5)	1,301.5 (8.8)	1,273.1 (9.5)	446.5 (4.4)	701.7 (5.5)	1,012.9 (6.8)
855.2 (7.4)	1,218.3 (8.2)	1,212.2 (9.0)	481.8 (4.7)	776.4 (6.1)	1,222.0 (8.2)
749.4 (6.5)	1,108.1 (7.5)	1,463.8 (10.9)	540.5 (5.3)	911.9 (7.1)	1,612.1 (10.8)
1,722.6 (15.0)	2,479.7 (16.8)	2,457.3 (18.2)	1,396.1 (13.7)	2,185.6 (17.1)	2,970.0 (19.8)
11,494.0(100.0)	14,774.4(100.0)	13,470.6(100.0)	10,205.0(100.0)	12,808.3(100.0)	14,966.6(100.0)

がある。

ビスのあり方によって，新業態として台頭してきたといえよう。

　コンビニエンスストアは，スーパーマーケットと同じくセルフサービスを特徴とするが，長時間営業，小規模店舗，基本的には定価販売を行うといった特徴をもつ。アメリカで開発され，その後日本に導入され独自の発展を遂げることとなった。

　アメリカでコンビニエンスストアの生みの親としてセブンイレブンを開発したサウスランド社が1991年に経営破綻した際に，日本にそのシステムを導入して成功を収めていたイトーヨーカ堂グループがサウスランド社を買収し再建して話題になった。川辺信雄（『セブンイレブンの経営史』有斐閣）によれば，1970年代から1980年代にかけてコンビニエンスストアをめぐる環境が変化し，市場では消費者の嗜好や価値観が重視されるようになった。これに対応する必要に小売業者は迫られたのである。一方で米国セブンイレブンは，19世紀末以来の大量生産・大量販売のシステムによってこれに対応しようとした。他方で，日本のセブンイレブンは，コンピュータや通信機器の発展を用いて個々のニーズに対応することが可能な高度な経営システム，すなわち第3次産業革命の成果を用いてこれに対応した。結果的には，時代の変化に対応することができた日本のセブンイレブンが成功を収めることになったのである。

　SPA（Specialty store retailer of Private label Apparel）は，コンビニエンスストアと同様の時代の波に対応しながら成長を続けている業態といえよう。

表3-2 小売業売上高ランキング

順位	社名	連/単	業態	本社	売上高（百万円）
1	イオン		HD	千葉	6,395,142
2	セブン&アイ・ホールディングス		HD	東京	5,631,820
	イオンリテール	単	ス	千葉	2,140,100
3	ヤマダ電気		専	群馬	1,893,971
4	三越伊勢丹ホールディングス		HD	東京	1,321,512
	イトーヨーカ堂	単	ス	東京	1,311,988
5	J. フロントリテイリング		HD	東京	1,146,319
6	ファーストリテイリング		HD	山口	1,143,003
7	ユニーグループホールディングス		HD	愛知	1,032,125
8	高島屋		百	大阪	904,179
	ダイエー		ス	東京	813,645
9	ビックカメラ		専	東京	805,378
	そごう・西武	単	百	東京	801,535
	ユニー	単	ス	愛知	771,487
10	エディオン		専	大阪	766,699
11	アマゾンジャパン	単	通	東京	740,000
12	ケーズホールディングス		専	茨城	701,198
13	ヨドバシカメラ	単	専	東京	690,814
	ユニクロ	単	専	山口	683,314
	セブンイレブン・ジャパン	単	コ	東京	679,560
	大丸松坂屋百貨店	単	百	東京	678,286
	三越伊勢丹	単	百	東京	675,315
14	エイチ・ツー・オー リテイリング		HD	大阪	576,852
15	ドンキホーテホールディングス		専	東京	568,377
16	イズミ		ス	広島	556,852
17	ライフコーポレーション		ス	大阪	534,923
18	しまむら		専	埼玉	502,901
19	マツモトキヨシホールディングス		専	千葉	495,385
20	ローソン		コ	東京	485,247

出所：日経MJ編『流通・消費2015 勝者の法則——日経MJトレンド情報源』日本経済新聞社，2014年より作成。

（注） アマゾンジャパンの売上高は，年平均の為替レートで換算。

GAPによって最初に導入されたとされ，比較的低価格で流行の衣料を提供する業態であり，ユニクロもこの業態に位置づけられる。小売業者から展開した業態であるが，製造段階までを統合的に管理して消費者需要の変化に迅速に対応しようとしている点は，コンビニエンスストアと共通している。しかし同時に世界各地に生産拠点をもつなどグローバル経済の進展に連動した業態である

といった点で，より新しい特徴をもっているといえよう。

さらに，インターネットを用いた通信販売業者の急進展は，単に通信販売業態の成長というにとどまらず，コンビニエンスストア業態の出現およびその発展を導いた第3次産業革命とはさらに段階的に異なる情報化段階への小売業者の側からのアプローチである。この点について，次節で述べてゆくことにしたい。

3　情報化時代の小売業

●物語形成から品揃え形成への回帰──ロフト

　コンビニエンスストアが徹底して商品の「売れ筋」と「死に筋」を分類しているということはよく知られている。とはいえ，このビジネスモデルをほかの小売業態に当てはめた場合に，どこでも成功が保証されるのかというとそうではない。

　経済の成熟化にともない，1970年代中頃から消費者行動にも変化がもたらされ，1980年代には消費社会といわれるようになり消費者はより個性的な消費を求めるようになる。これに対応して企業のマーケティング活動では市場細分化やブランド戦略が活発になっていった。個性的とされる消費者行動は，一見すると多様でバラエティに富んだものにみえても，企業のマーケティング活動によって対応可能な範囲にあると考えられていた。マーケティングは，それぞれの消費者のライフスタイルを知り，それに合わせて物語形成を行いブランド戦略を実施してきたといえよう。ところが，1990年代に入りバブル経済が崩壊すると，マーケティングの現場では「消費者が見えない」の大合唱となった。従来型のマーケティング努力によっては対応することができない消費者のライフスタイルが急速に増大していたのである。

　近年では，時間帯や出没する場所などによってつぎからつぎにお手玉のように暮らしのあり方を変える消費者が増えているという。たとえば，朝食の準備をして家族を送り出すまでの暮らしと，昼過ぎにスポーツカーを運転してスポ

ーツジムに通う姿は同一人物のものとは思えない主婦の暮らしぶりであったりする。このような複数のライフスタイルを使い分ける人々にとって，企業戦略から生まれた「お仕着せ」のファッションや消費は魅力的なものには思えない。彼らはこのような消費から逃れるために，ブリコラージュと呼ばれる一風変わった消費のあり方を創造したりする。これは，自分たち自身の手でさまざまなアイテムを組み合わせることによって創り出される独自のスタイルであるといえよう。もはや物語を創り出すのは，マーケティングの仕事ではなく，消費者自身の手に移っているといえるのかもしれない。

　このようなライフスタイルの変化に対応する動きが小売業にある。生活雑貨の専門店チェーンであるロフトは，その品揃えの「深さ」に定評がある。それは，コンビニエンスストアのように売れ筋商品に特化した品揃えを行うものではなく，カテゴリーごとに網羅的に徹底してありとあらゆる商品を揃え，消費者の選択の楽しみに応えようとするものである。ロフトの取扱い商品は，「インテリア」「バラエティ雑貨」「文具」「健康雑貨」「家庭用品」の大きく5つのカテゴリーに分類される。旗艦店とされる池袋，新宿，梅田の各店では，すべてのカテゴリーで「深い」マーチャンダイジングが実施される。その他の店舗では，カテゴリーの縮小が行われ，品揃えを含む商品計画の深さにおいて妥協はない。つまり5つのカテゴリーを3つのカテゴリーに絞り，それぞれのカテゴリーにおいては旗艦店とほぼ同様の網羅的ともいえる深い品揃えを目指すのである（三田村蕗子『論より商い』プレジデント社）。

　ロフトは経験的に，収益率の向上を目的にしてコンビニエンスストアと同様の単品管理を実施した場合，主要顧客であるOL層が逃げて行くと考えている。売り場の楽しさが損なわれてはならないという。もっともロフトが表現する「楽しさ」は，多くのマーケティング戦略で用いられているブランドの物語性によって表現されるものではない。1つのカテゴリーで300坪を使う（同上書）とされ，深く掘り下げた品揃えこそがロフトにおける楽しさを表現するツールであるといえよう。

　ここでは，百貨店やファッションビルのように，それぞれのブランドの売り

場がブランド独自の物語を表現して，その物語に共感する消費者の購買を促すという従来のマーケティング手法は用いられていない。むしろ消費者のライフスタイルの変化に対応し，消費者自身が物語づくりを楽しむための素材を提供することに徹しているといえよう。こうした小売業態の変化を象徴しているのは，実はこれまでに述べてきたようなリアルな小売業態ではなく，ヴァーチャルな小売業態である。

● インターネット時代の小売業――アマゾン

　コンビニエンスストアなどの小売業で形成された POS (Point of Sales) 情報を起点として卸売業者や製造業者を結ぶ流通情報システムは，急速に流通過程全般に波及した。きまぐれな消費者行動やライフスタイルの変化に日常的に直面し対応を迫られた小売業での革新が，流通過程全般に受け入れられていったのである。この流通情報システムの中心には，顧客情報の獲得があった。顧客情報の獲得とそれへの対応という点では，インターネット化が進んだ現在の流通過程でも引き継がれ情報化を推進している。もっとも，インターネット化が進む前において流通情報システムの開放性は限定的なものであった。

　多数生産者や多数消費者に対して開放的な流通情報システムを用いた流通経路の事例として注目されているのは，インターネット上の書店としてスタートした通信販売サイトであるアマゾンである。アマゾンは，無数の出版社と消費者をインターネット上の店舗で結びつけ，大手書店の存在をも脅かしかねない存在に成長している。アマゾンの電子書籍を含む取扱い書籍タイトル数は1000万を超えるといわれ，多くても数十万タイトルにとどまるといわれる大手書店の店舗在庫とは比べものにならない。ヴァーチャルなインターネット世界でアマゾンという商業資本が社会的な売買の集中を起こそうとしているともいえよう。大手書店も含めたリアル社会の書店が，売り場面積の制約から売上高上位の書籍に依存した品揃えを迫られるのに対して，アマゾンは売上高下位の書籍から多くの利益を得ることができるようになっている。またウェブサイトでは書籍について出版社側の一方的な情報を見ることができるだけではなく読者か

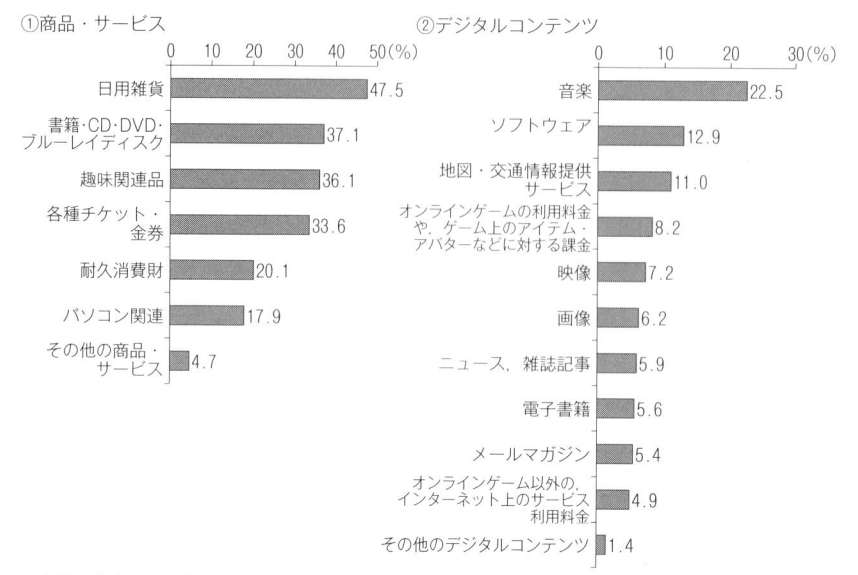

図3-2 インターネットで購入された商品・サービス・デジタルコンテンツ（2013年）

①商品・サービス

項目	%
日用雑貨	47.5
書籍・CD・DVD・ブルーレイディスク	37.1
趣味関連品	36.1
各種チケット・金券	33.6
耐久消費財	20.1
パソコン関連	17.9
その他の商品・サービス	4.7

②デジタルコンテンツ

項目	%
音楽	22.5
ソフトウェア	12.9
地図・交通情報提供サービス	11.0
オンラインゲームの利用料金や、ゲーム上のアイテム・アバターなどに対する課金	8.2
映像	7.2
画像	6.2
ニュース，雑誌記事	5.9
電子書籍	5.6
メールマガジン	5.4
オンラインゲーム以外の，インターネット上のサービス利用料金	4.9
その他のデジタルコンテンツ	1.4

出所：総務省HP「平成25年通信利用動向調査（世帯編）」より作成。
（注）調査対象は，インターネットによって商品・サービス・デジタルコンテンツを利用した15歳以上の人。

らのコメントが寄せられ，さらにそのコメントへの評価がなされるなどして，消費者が参加できるウェブサイトづくりが取り入れられている。

　インターネットの開放的な側面と情報収集力を活かしている点では，価格.comも同様である。インターネット上で電気製品の価格比較を行い，「最安値」を確認できる。さらに情報を閲覧した消費者はウェブサイトにリンクしているショッピングサイトから商品を購入することができる。設立当初からの最安情報に加えて，消費者による口コミなど商品購入にかんするさまざまな情報を提供するなどして先駆的なウェブサイトとなった。価格情報を中心に据えながら生産者と消費者を媒介する社会的な機能をはたしている。価格.comは，商品の売買そのものを行うわけではないものの，インターネット企業が情報の集約という点で中間商人的な役割をはたしている事例である。

　インターネットの普及による情報ネットワーク環境の充実は，消費者までも

が参加できるような販売経路の開放化を押し進める可能性を高めている。多数生産者と多数消費者をヴァーチャルな店舗で媒介する流通業者の登場は，多品種少量販売の可能性を劇的に高めているといえよう。

　図3-2は，インターネット上で購入される商品やサービス，デジタルコンテンツをまとめたものである。アマゾンという企業の成長が示しているように，インターネット上で取引される商品は，当初，書籍やCDなど趣味性が高くそもそもタイトル数が多い商品にかぎられていた。しかし，近年では図にみられるように，日用雑貨や耐久消費財までもが一般的にインターネット上で売買されるようになってきている。さらに，地図・交通情報といったデジタル情報などこれまで人々があまり売買の対象とはしてこなかったようなモノまでが取引されるようになっている。現在，リアルな小売業とヴァーチャルな小売業はともに人々のライフスタイルに合った品揃えという点で，その情報力を競い合っているといえよう。

4　地域社会と小売業

● 環境問題への対応——イオン

　商業一般と小売業を分けているのは，さきにも述べたように小売業は消費者と直接的にかかわるという点である。ヴァーチャル空間で売買が行われるインターネット通販においてさえも，小売業者はネット上とはいえ消費者と直に接触することになる。小売業者は消費者が暮らす生活圏でビジネスを営むという点が大きな特徴だといえよう。

　地域の小売業といえば伝統的な商店街に連なる小売業者などが想起されるが，どれほど自覚的であるかどうかは別としても，全国にチェーン展開を行うスーパーやコンビニも地域と関係せざるをえない。グローバル経済化によって世界進出を実現してきた企業を中心に，進出先での社会貢献活動の重要性を認める企業が増加しているが，国内の地域社会でも小売業による社会貢献活動がみられるようになっている。

第Ⅰ部　ビジネスの基礎知識

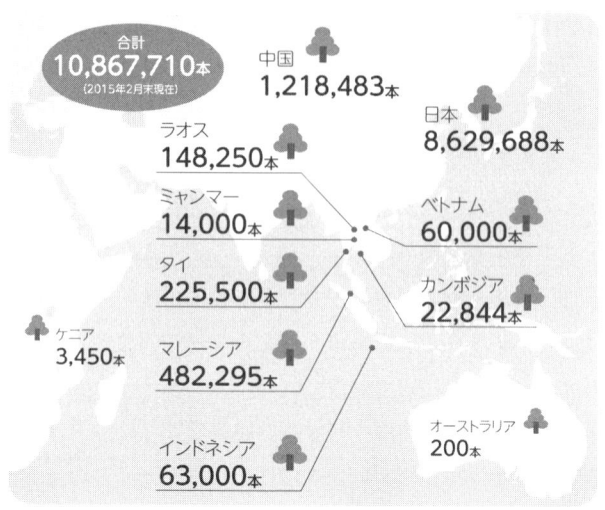

図3-3　イオンによる国別植樹本数

合計 10,867,710本（2015年2月末現在）
中国 1,218,483本
日本 8,629,688本
ラオス 148,250本
ミャンマー 14,000本
ベトナム 60,000本
タイ 225,500本
カンボジア 22,844本
ケニア 3,450本
マレーシア 482,295本
インドネシア 63,000本
オーストラリア 200本

出所：イオン（株）『イオン環境・社会報告書2015』より。

　先にみた小売業売上げランキングで1位のイオングループは，**社会貢献活動**でも高い評価を得ている。イオンの環境・社会報告書によれば，イオンによる社会貢献活動は，経営の拡大とともに拡大して整備されている。2011年には「サステナビリティ基本方針」を策定し，サステナブル経営を実現することを社内外に発表している。重点分野としてあげられているのは，低炭素社会の実現，生物多様性の保全，資源の有効活用，社会的課題への対応の4分野である。

　生物多様性の保全分野のなかに，定評の高い「ふるさとの森づくり」という植樹プロジェクトがある。1991年に始められ，2013年には植樹1000万本を達成している。植樹は，新店舗ができるたびに進出先の地域住民とともに行っている。プロジェクトは店舗のグローバル化と並行して拡大しており，植樹数は，日本863万本，中国122万本，タイ23万本，マレーシア48万本などとなっている（図3-3）。植樹は地域の自然環境にもっとも適した樹木で行われており，地域の消費者が苗木を1本1本植えるとされている。

　イオンは，今後林業後継者の育成や木材を使った店舗開発や商品開発にもと

り組むとしている。日経BP社が実施している環境ブランド調査（2015年）によれば，イオンは全体で5位，小売業者では1位の成績を上げている。調査では，それぞれの企業ブランドの環境にかんする活動が一般消費者やビジネスパーソンにどのように伝わっているのか，いくつかの指標から明らかにしている。イオンは，地域社会への貢献を企業理念に取り込むことで，ブランドの強化につなげようとしている。

　地域に目をやれば全国津々浦々にイオン系のショッピングセンターやショッピングモールが目につく。他グループの店舗も含めたショッピングセンターやスーパー間の共喰いともいえる状況に批判は多い。また，地域の人々の働き先になるとはいえ，パートタイムの労働がほとんどであり，そのような観点からみたときに地域への貢献は必ずしも大きいとはいえない。はたしてショッピングセンターは私たちの生活を豊かにしているのか，意見は分かれるところである。小売業は地域社会で事業を営まざるをえない。場合によっては地域住民にはからずも迷惑をかけることもある。だからこそ，**持続可能な社会**を標榜しその実現に向けCSR活動を行うことが，小売業者の発展やそのブランド戦略にとって重要になっていることを知っておきたい。

● 再生を目指す商店街

　地方の小都市で自然に生まれてきた小規模な商店街はいうまでもなく，比較的大きな都市や大都市においてさえ，地域商店街は壊滅的な状態に追いやられている。ロードサイドに立ち並ぶ大規模商業施設や，人工的につくり出された独特の景観をみせるショッピングセンター，そして異国の名所にでも迷い込んだかのようなショッピングモール，これらが地域商店街の直接の競争相手となっている。

　このような地域小売業がおかれている状況は，1つの産業の衰退という視点だけでは推し量ることができない，より大がかりな変化によってもたらされている。たとえば，外資系の大規模小売業者の直接的な進出を筆頭に，外資系のモールデベロッパーの進出，はては外資系ファンドによる商業施設投資など，

グローバル経済の進展は，地域商店街の競争環境を一層厳しいものにしている。さらには，ファーストフード店の乱立なども含めた買物環境の画一化もグローバル化の1つのあらわれ方とするならば，これも既存小売業とその集積に大きな影響を与えているはずである。

　地域小売業が壊滅的な状況に追いやられるなかで，街にとって商店街が果たしてきた意味をどのように考えたらよいのだろうか。商店街は，街そのものではなくその一部にしかすぎない。しかし街に欠かすことができない買い物の場であるのと同時に人々のコミュニケーションの場である。現在，街の持続可能な発展を希求する多くの人々が，商店街の維持について考えるようになっている。熊本市中央区の観光スポットでもある水前寺公園界隈の街づくりを推進するグループである「新水前寺にぎわせ隊」は，近隣の若手商店主などで組織されている。地域コミュニティでの祭りを開催するなど市民との交流を図ると同時に，近接地域にある大学や高校との関係づくりを模索するなど幅広い活動で注目されている。市電で都心から約10分であり，JR線と市電が交差する利便性によって県内外からの移入者も多くマンションが林立するこの地域を副都心として位置づけ，それにふさわしい街づくりを推進しようとしている。

　店の大半が閉店したり撤退してしまった**シャッター街**ともいわれる既存商店街の窮状への直接的な支援がどれだけ行われようとも，社会経済的な環境変化に対応できなければ商店街の再生はできない。それは，小売業がそれぞれの時代の変化に合わせて業態を発展させてきたことに思いを馳せれば明らかである。それが誕生し繁栄していた時代には商店街は時代にマッチして輝いていたし，街の人々に新しい商品やライフスタイルの情報を提供する場として役割を果たしていたはずである。再度商店街が人を呼び戻すためには，商店街という狭いエリアに閉じられた視点からではなく，それをとりまく地域の人々の暮らしに目を向け，時代の変化に対応した柔軟な視点から再生のアイデアが生みだされる必要があるだろう。

　いつの時代にも小売業は必要である。私たちは日々生活するためにさまざまな商品を必要とするし，その直接的な購入先が小売業にほかならないからであ

る。もちろん，これまでに述べてきたように小売業にはさまざまな種類が存在するし，時代とともにそのあり方は変化してゆく。今後どのような小売業が発展するのか，そして地域社会におけるその組み合わせはどのように変化してゆくのか，ヴァーチャル空間における小売業はどこまで活動範囲を広げるのか，興味深い問題は多い。私たちの持続可能な社会にとって，そしてより豊かな社会にとっての小売業とはなにか考えていく必要がある。

設 問

1．小売業の業態を5種類選び，それぞれの販売方法やビジネスの特徴をまとめてみよう。

2．住まいの近くにある商店街を観察・分析し，自分自身のライフスタイルにマッチする商店街活性化策を考えてみよう。

初学者のための参考書籍

阿部真也『流通情報革命——リアルとバーチャルの多元市場』ミネルヴァ書房，2009年。
　➤インターネット社会が生み出す商品流通の変化を展望する予見の書。
加藤義忠・齋藤雅通・佐々木保幸編『現代流通入門』有斐閣，2007年。
　➤卸売業，小売業，マーケティングについて概観できる基本テキスト。
川辺信雄『セブンイレブンの経営史』有斐閣，1994年。
　➤日本におけるコンビニエンスストアを考える際の必読書。
吉村純一『マーケティングと生活世界』ミネルヴァ書房，2004年。
　➤マーケティングとライフススタイルの相互関係から商品流通を解明。
和田充夫・恩蔵直人・三浦俊彦『マーケティング戦略［第4版］』有斐閣，2012年。
　➤マーケティング初学者に必要不可欠な内容を網羅的に紹介する良書。

〈吉村純一〉

第 4 章

社会的利益を追求するビジネス

社会的利益を追求するビジネス（非営利事業）の担い手として非営利組織（NPO：Non-Profit Organization）に期待が寄せられている。しかし，この活動は非営利組織に限られたものではない。営利（企業）の事業も「社会的利益」の追求を怠れば，最終的に市場での信頼を失うことになる。今日では，政府をはじめとする公的機関はもちろんのこと，企業ですら日常的に非営利事業を行うようになっている。

そもそも非営利事業とはどのような事業なのだろうか。「利益がない事業」なのか，「利益を追求しない事業」あるいは「利益の追求を目的にしない事業」なのだろうか。NPO が行う事業と政府および公的機関が行う事業，そして企業が行う非営利事業は，どこが異なるのだろうか。

本章では，これらの問題について，NPO の事例を交えながら考えることで，今後，私たちが非営利事業を通じて「社会的利益」を実現してゆく方向性を明らかにしてみよう。

1 非営利事業とは

非営利事業は，「利益が見込めないビジネス」なのか「利益を目的としないビジネス」なのか。両者ともに非営利事業であるというのが正解だろう。この場合，利益とは金銭的利益のことを指している。

● 「利益が見込めないビジネス」としての非営利事業

「利益が見込めないビジネス」としては，どんなビジネスが考えられるだろ

うか。そのビジネスによって提供される財やサービスが多くの人たちに必要とされていない，つまりニーズが存在しない。そんな場合，利益を目的とする事業主体なら，通常，そのビジネスには着手すらしないだろう。

ところが，ニーズが存在するにもかかわらず，「利益が見込めないビジネス」が，私たちの世界には存在するのである。これらのビジネスは，公共サービス（公的機関による非営利事業）や民間の非営利事業の形をとって行われている。

年末によく目にする，ホームレスの人たちに対して無料の食事や宿泊サービスを提供するNPOの事業はその典型であろう。このような非営利事業は慈善（チャリティー）事業と呼ばれてきた。暖かい食事や快適な宿泊場所に対するニーズはすべてのホームレスの人たちがもっている。だからといって，このニーズをあてにした営利事業が成り立つだろうか。誰が考えても結論は自明であろう。支払い能力をともなうニーズ（**有効需要**）に対してでなければ営利ビジネスは成り立たない。有効需要とは適正な利益を含む代価を支払うことができる需要のことを意味しているのである。

いま1つの例は，**公共財**である。経済学の定義によれば，公共財とは，**非排除性**と**非競合性**を有する財である。具体的な例としては，一般道路や橋がその典型としてあげられる。これらの財は，その財の購入者以外の人の使用を排除することが不可能に近いものである。こうした財の性質を非排除性と呼ぶ。一般道路や橋の使用を特定の人（会員）に限定しようとすると膨大な時間と労力，つまり費用を必要とする。にもかかわらず完全に非会員の使用を阻止することには困難が予想される。

しかも，会員か非会員かを問わず多くの人々が同時に使用したとしても，使用する人々の便益は，1人で使用するときとそれほど変わらない。この性質を非競合性と呼ぶ。りんごと比べてみればよくわかるだろう。自分のりんごを横から他人が食べたら，得られるはずの便益あるいは満足が大きく減少する。大喧嘩になるだろう。ところが，一般道路や橋ではそんなことはめったに起こらない。

一般道路や橋を提供する営利事業は成り立つだろうか。経済学では成り立た

ないとされている。なぜなら，公共財に対するニーズにも支払い者が現れないからである。**ただ乗り**（フリーライド）しても財の使用から排除されない，代金を支払っている人の便益あるいは満足を侵害しないので，誰からも批難されることもない。この場合，皆さんならどんな行動を選択するだろうか。おそらく，多くの人がフリーライダーを決め込むのではないだろうか。

このような事業に参入する民間企業はないだろう。しかし，道路や橋は社会にとっての生活基盤，産業基盤であり，その充実が社会発展にとって不可欠である。したがって，政府が供給・管理主体となり，その資金は広く国民から税を徴収することでまかなっている。

● 「利益を目的としないビジネス」としての非営利事業

「利益を目的としない」とは，通常，「利益を度外視する」といった意味に解釈される。それゆえ，「利益を見込めないビジネス」であっても，事業主体が「利益を目的としない」場合には，それは実施可能だという理屈になる。実際に，先の2つの事業事例は「利益が見込めない」にもかかわらず，「利益を度外視」して事業を行っている。

ところが，非営利事業はこれにとどまらないのである。そうした事例としてアメリカのNPO，センター・フォー・エルダーズ・インディペンデンス（Center for Elders' Independence）の事業を紹介しよう。

このNPOはカリフォルニア州アラメダ郡のバークレイおよびオークランド周辺で3つの高齢者介護センター（プライマリ診療所，デイケアセンター，在宅介護センター機能をもつ）を経営する非営利組織である。3つのセンターは，24時間365日，480名の高齢者にケアを提供できる。このNPOが存在する地域は典型的なアフリカ系アメリカ人の居住地域である。NPOの本部施設がある通り名はマーチン・ルーサー・キング通りと呼ばれ，NPOの経営者によれば，廃墟も多く，治安もけっしてよくない地域であるという（写真4-1）。

このNPOの事業目的は，高齢者に対する介護および介護予防サービスと医療サービスを統合的に提供することで医療費を抑制し，そのことによって収益

写真4-1　マーチン・ルーサー・キング通りとその街並み

率を高め，そこから生じた利益を活用してケアの質を高め，最終的には，支払い能力の高い中間層を含む，すべての高齢地域住民による医療・福祉相互扶助システムを実現することである。

　現在，顧客の98％が高齢（65歳以上）の低所得者であり，全員がメディケア（Medicare）とメディケイド（Medicaid）の有資格者である。さらにそのうち68％が生活保護対象者となっている。メディケアはアメリカの高齢者医療保険であり，メディケイドは貧困者向けの医療扶助制度である。つい最近（オバマ政権）まで皆保険制度がなかったアメリカでは，医療の恩恵にあずかることができない貧困層がいまだ多数存在する。

　ここでの料金の支払いは包括的であり，定められた医療サービスと介護および介護予防サービスに対して月極定額料金となっている。医療サービスが行われても行われなくても一定額を支払うのが定額料金制度である。その支払いは，基本的に政府が行い，顧客の支払い能力に応じた一部自己負担が存在する。普通，医療サービスと介護および介護予防サービスにかかる費用は，医療＞介護＞介護予防の順であるとされる。医療サービスにかかる費用は他の2つのサービスに比べると数倍高い。病気によっては数十倍高くなる。したがって，包括的な定額料金制のもとで，質の高い介護と介護予防サービスによって病気にかかる高齢者を減らすことができれば，医療サービスにかかる費用を節約することが可能であり，結果として収益性を高めることができる。つまり，利益を生

み出すことが可能なのである。この利益は，通常の営利企業とは違い，サービスの拡充やサービスの質の改善にだけ向けられる。サービスの質が高まれば，より高度なニーズをもっている中間層を顧客として取り込むことができる。中間層は支払い能力の高い人たちである。中間層の支払いによって収益性はさらに高まり，その利益によって低所得者へのサービスを拡大できることになる。結果的に，中間層と低所得層を含めた広範な住民による相互扶助のシステムを実現して，地域ケアに好循環を生み出すことができるわけである。

● 社会的利益の追求を行う事業としての非営利事業

　非営利事業には，2つのタイプがあることがわかった。1つは，「利益が見込めない」が社会的利益を実現するために，誰かが「利益を度外視して」実施しなければならない事業である。いま1つは，利益を生み出すことが可能であるが，その利益は社会的利益の追求にのみ使われる，その意味で「利益を目的としない」事業である。

　非営利事業は，かならずしもNPOに限られた事業ではない。このような事業は，政府をはじめとする公的機関や企業にもできるものである。実際，多くの企業が「利益が見込めないビジネス」や「利益を目的としないビジネス」に本業から得られた利益を使い，多様な社会貢献活動を行っている。非営利事業とは，政府が行う事業や，NPOが行う事業といったことではなく，社会的利益を追求する事業なのである。

2　非営利組織が追求する社会的利益とは

● NPOの非営利性

　日本では民間非営利組織をNon-Profit Organization（NPO）と表記することが多い。アメリカでは，Not-for-Profit Organizationと表記する方が多い。すなわち，「利益を目的としない」組織である。この言葉が普及したこともあり，今日，NPOが非営利事業の主たる担い手であるとみなされるようになった。

日本のNPOには，大別して，特定非営利活動促進法によって認証されたNPO法人と任意団体（法人格をもたない団体）の2つがある。前者は，2015年1月時点で4万9873団体ある（「内閣府NPOホームページ」）。任意団体の数は公式な統計が存在しない。しかし，圧倒的多数は任意団体として活動していると思われる。少数のNPO法人が大きな仕事をしているが，その他多くのNPO法人は，組織運営が素人のボランティアによって担われ，財政的基盤も弱く，発展途上の団体であるといえる。社会的利益を担う財やサービスの提供を量の面でみれば，公的機関や企業の社会貢献活動が圧倒的に大きな比重を占めているだろう。それなのに，なぜNPOが非営利事業の主役であるという認識が一般化したのであろうか。その秘密は，NPOが追求する社会的利益の内容の他との違いにある。

　NPOの非営利は「利益を目的としない」という意味である。この意味は，たとえ事業活動から利益が生じたとしても，その利益を私的に使用しないということ，また，実現を目指している目的の達成以外には使用しないことを意味する。このことを「利益の非分配拘束」と呼ぶ。この場合「利益」とは，本章の最初で述べたように，金銭的利益を指している。原則として，この非営利性＝「利益の非分配拘束」を自発的に守って事業活動を行う組織がNPOである。NPOの場合，たとえ金銭的利益の獲得を行ったとしても，それは社会的利益を追求するための手段として金銭的利益の獲得を行っているにすぎない。「非分配拘束」こそ，NPOが社会的利益をつねに追求することを保証する要件であるとされる。この非営利性にかんする考え方，そして，それにもとづくNPOの定義が世界の共通認識になっている。

● **NPOが追求する社会的利益**

　ホームレスの救済，地震など災害被災者の救援，飢えや疾病に苦しむ子どもの救済など，非営利事業にはNPOだけでなく企業や政府も参画している事業がある。これらの事業は，誰もが，それを社会的利益であると認めているもの，すなわち**公共の利益**（public interest）を生み出すものである場合が多い。この

第Ⅰ部　ビジネスの基礎知識

事業を担うNPOは，日本では，極少数であり，組織力にも資金力にも恵まれた大規模な団体である。

　こうした公共の利益に加えて，NPOが追求する「社会的利益」には，政府や企業が提供できないニッチ（隙間）または社会の誰もが認めているわけではない利益，すなわち，将来，公共の利益となる可能性を有したものが含まれている。つまり，NPOは，その事業を通じて「新たな社会的利益」を創造するとともに，それが公共の利益であるということを世に問うのである。今日，世界中で台頭しつつあるNPOのほとんどが，新たに公共の利益を創造するものであると期待されている。このことがNPOを非営利事業の主役にしたといえる。

　以下の事例は，筆者が暮らす高知県で活動するNPOの簡単な紹介である。いずれのNPOも，新しい社会的利益の実現に向けて地道に事業を推進している団体である。

◉NPOの事例1──日高わのわ会

　NPO法人「日高わのわ会」は，「行政のサービスがかからない（「と重ならない」の土佐弁）所」，すなわちニッチを埋めることで社会的利益の追求に成功している団体である。高知市内から自動車で20分の距離にある「シュガートマト」の生産で有名になった，人口5300人強の村，高岡郡日高村にある。暮らしに身近な問題の解決方法を発見し，それをソーシャルビジネスの立ち上げにつなげる。その結果，すべての村民が個人個人の状況と意思に応じて働ける場をつくる。つまり，「働く」と「暮らす」を統合する地域内システムをつくり出すというミッションの達成に地道に挑戦しているNPOである。

　代表的な事業は，日高の農産物を使ったメニューを提供する2つの喫茶店の営業，一時預かり託児所である「チャイルドルーム」の運営，障害者の就労支援等のサービス，住民の余暇や健康維持のサービス，そして「はねもののシュガートマト」を活かした特産品開発である。このシュガートマトを使った商品には，トマトソース，トマトソフトクリーム，トマトアイス，シフォンケーキ，

クッキー，ジャムがある。喫茶店や特産品開発の事業は，障害者の就労訓練の場や短時間働く人に就労の場を提供している。徹底的にニッチを追求することでニーズに合わせた就労の場を子育て中の父母，障害者（知的・精神・身体障害者・難病）など多様な住民に提供している。また，特産品開発はNPOとトマト生産者との協働による地産地消システムの構築および豊かな食材を活かした村づくりの起爆剤となっている。

ニッチはいつまでもニッチのままでいるとは限らない。商品市場ではニッチ市場がメジャー市場に「化けた」例は多数ある。「わのわ会」の事業は，地域内の色々なモノや人を協働へとつなぎ合わせて地域内経済循環の隙間（ニッチ）を埋めることで，地域の再生に向けた地域経済の拡大循環モデルを広く世に提示できるかもしれない。

● NPOの事例2──ワークスみらい高知

もう1つの事例は，その事業実践と成果によって目指す利益の公共性を世に問うているNPOの紹介である。

高知市内で，多くの女性に人気を博しているカフェとレストランがある。土佐のお茶と一緒にスイーツを提供する地産地消カフェ「ひだまり小路　土佐茶カフェ」，和カフェ「甘味茶寮さくらさく。」，スイーツ製造工場併設カフェ「sweet factory STRAWBERRY FIELDS」，カフェレストラン「m's place」である。これらの店舗を経営するのは，障害者の就労支援を行うNPO法人「ワークスみらい高知」である。このNPOは，ほかにも，お弁当とケーキ屋さん「m's kitchen」，惣菜・うどん工場併設店舗「m's factory」の2店舗を加えて6店舗を経営している。年間の売上げは5億円を超える。そこでは，約100人の障害者が就労している。毎年，ここを巣立って一般企業に就職する障害者も10人以上いる。

実は，この6店舗はいずれも就労支援サービスを行う機能をもっている。店舗に行けば，障害者が働いているのだが，よほど意識的に見ないと障害者が働いていることを感じないそうである。つまり，来店者から見るとオシャレなカ

フェにしか見えない。「障害者の店」ではなく，ただ「障害者が普通に働いている店」なのである。障害者が普通に働く機会を得て，普通に就労を継続する状況をつくり出す。これが，このNPOが掲げるミッションである。このことは，以下に示す基本理念によっても明らかである。

　Not Charity But Chance！（保護より機会を！）
　障害の有無に関らず，自分自身を精一杯生きることが自立だと考えます。既成の障害者観・福祉観にとらわれることなく，その可能性に挑戦できるあらゆる機会を提供します。

　このNPOが実現しようとする当面の目標は，障害者が最低賃金以上で働ける状況の創出である。そのため障害者のキャリア形成支援や受け入れ企業を支援する活動も行うが，その中心事業は，障害者が最低賃金で就労可能な事業を自ら構築することにある。このNPOは，そのことを通じて広く社会にノーマライゼーション（normalization）の進め方を提示しようとしている。「既成の障害者観・福祉観にとらわれることなく」という言葉がそのことを象徴している。「ノーマライゼーション」という障害者福祉にとって普遍的なスローガンの実現に向けて，障害者福祉のイノベーションを自らの事業実践を通して社会に示しているわけである。

　以上2つの事例からわかるように，NPOが追求する社会的利益の中で重要なものは，今までにない，またはいまだ実現していない社会的利益なのである。そして，NPOに期待されていることは，それを創造することである。企業の社会貢献活動や政府などの公的機関が，多くの人に社会的利益だと認められていない事業にとり組むことは困難であるとされる。それゆえ，NPOへの期待は大きくならざるをえないのである。

3 非営利組織の経営——何がポイントか

　新しい社会的利益を創造して，その公共性を世に問う事業，それがNPOの行う非営利事業の特質である。こうした特性をもつ事業を遂行するにはどのような経営を行うべきなのか。最後にこのことを考えてみよう。

●広報がNPO経営の「命」である

　NPOの事業の目的が，「新しい社会的利益を創造して，その公共性を世に問う」ことであるとすれば，その経営が，どういった状況を達成したときに「成功」したといえるのか，もう皆さんにもわかっているだろう。そう，そのNPOの事業が「社会的利益を生み出す事業である」と広く社会から認知されたときである。では，どのようにすれば，そんな認知を得られるのだろうか。

　社会的利益を生み出す活動を地道に続けていれば，そのうち社会が認知してくれる。これも1つの考え方だろう。実際に，この考え方は，NPOの活動家（経営者）の間で根強く残っている。社会的利益を追求するような活動は，それが社会にとって「よいこと（＝利益）」であると「厚かましく」主張するべきではない，人知れずひっそりと実践すべき崇高な行いでなければならない，というわけである。筆者は，批判を覚悟で，この事業のあり方をNPOの「成り行き管理」と呼んでいる。

　NPOといえども，確実な経営の成果を目指すのであれば，「近代的管理」を行うべきであろう。NPOは企業経営から学ばねばならないというドラッカーの主張がある。では，一番大事なもの，NPO経営の「命」とは何か。その1つは広報である。NPOは，自らの事業が社会にもたらす利益をわかりやすく伝えて多くの人の理解と支持を得ることなしに事業の目標を達成できない。たぶん，人知れずひっそりと地道に活動を続けることができる胆力に優れたスーパーマンには目標達成が可能かもしれないが，普通の人には困難だろう。しかし，現在のNPO活動は普通の人が担う時代になっている。

● **事業の成果を具体的にわかりやすく示す**

　NPO は，自分たちの事業に広く関心をもってもらうための**広報**（public relation）活動，そして，事業が社会的利益を生み出すものであることを広く理解してもらう広報活動を行う必要がある。

　重要なことは，事業の**ビジョン**をわかりやすく示すことである。ビジョンとは事業を通じて実現される人や社会の状態を描いたものであり，事業構想とも呼ばれる。「地域福祉の向上を目指す」と「○○地域に住む△△名の高齢者が介護サービスを必要とせず自立して，日々生きがいをもって暮らせる地域を実現する」，いずれもビジョンを描いたものであるが，どちらが関心をもってもらいやすいだろうか。おそらく後者であろう。ビジョンをわかりやすく示すとは，できるだけ具体的な達成状況を描いてみせるということだろう。

　さらに重要なことは，NPO の活動が社会的利益を実現するものであることを理解してもらう広報活動，すなわち事業成果を具体的に示すことだ。なぜなら，自分たちが創造している社会的利益を広く社会に認めてもらうことが，NPO のミッション（使命）だからである。そのためには，事業が生み出す成果をわかりやすく社会に向けて説明することが必要である。しかし，このことは簡単ではない。というのは，NPO が目指している成果には，**質的な側面**に重点を置いたものが多いからだ。

　たとえば，「障害者が普通に働く機会を得て，普通に就労を継続する状況を作り出す」が質的な達成目標にあたる。そして「就労意思のあるすべての障害者が就労を継続する」というときの「すべて」が量的な達成目標になる。量的目標はわかりやすい。しかし，「普通に働く」や「普通に就労」は，実に，抽象的でわかりにくい。「普通」とはどのような状況だろうか。この場合，NPO は「普通に働く」という状況を具体的に定義して，それを自分たちが実現しているということを証明して，活動が生み出す社会的価値を社会に認知してもらう必要があるのだ。実にややこしいことである。

　だが，NPO はこうした広報活動を行わねばならない。それは，ミッションだからというにとどまらず，事業を支えるための寄付やボランティアを動員す

るためにも不可欠なのである。その意味で，事業成果を伝える広報活動は，**関心を支援に転換**する広報活動であるといえる。

● 協働をマネジメントする

　NPO の経営にとって，いま 1 つ重要な課題は**協働**（collaboration）をマネジメントすることである。組織の活動は，人が何らかの形で協力しあうことで成り立つ。近年，組織における協力のあり方（働き方）として，従来からあった**協同**（co-operation）とは別に，協働が注目されるようになった。

　協働については，いまだ定まった定義は存在せず，多様な考え方がある。さしあたり，ここではつぎのように考えておこう。協働とは，「自律した人や組織同士が，それぞれの立場や利害を越えて共に考え行動し，単独では解決できない共通の課題を調和的に解決し，新しい価値や創造物（成果）を生み出すことである」。要点は，協働がクリエイティブな活動を支える働き方であるということだ。新しい価値や創造物（成果）を生み出すには，同質の考え方をもった集団よりも異質な（多様な）考え方をもった集団のほうが得意であるとされている。

　NPO は，新たな社会的利益を追求する事業である。そこでは，当然ながら，クリエイティブな活動が不可欠である。それゆえ，NPO が成果を出して社会の期待に応えるには，協働をマネジメントする必要があるのだ。おそらく，NPO の経営では，何かを組織的に実行するときに必要な協同と何かを組織的に創造するときに必要な協働の両方を調和的にマネジメントすることが求められている。しかし，協働は，今日，生まれ出たばかりであり，そのマネジメントについては，実践的にも理論的にも一層の研究が必要である。

　本章では，社会的利益の追求の意味に照らして，主要と思われる NPO の経営課題を検討してきた。わが国の NPO は，まだ発展途上にある。しかし，検討したような課題を克服できれば，新しい社会的利益を実現する組織として期待できそうである。皆さんはどのように考えるだろうか。

> **設 問**
>
> 1．なぜ広報活動がNPO経営の「命」になるのだろうか。その理由を考えよう。
>
> 2．インターネットなどを活用して複数のNPOを調べて，「新しい社会的利益を追求できる組織」としてNPOが期待できるものかどうか考えよう。

初学者のための参考書籍

島田恒『NPOという生き方』PHP新書，2005年。
　➤ NPOが台頭する社会的背景を理解するための基本テキスト。
ピーター・F.ドラッカー（上田惇生訳）『非営利組織の経営』ダイヤモンド社，2007年。
　➤ NPOの経営と企業の経営の違いなどにかんする理解を得るための基本テキスト。
レスター・M.サラモン（江上哲監訳）『NPOと公共サービス──政府と民間のパートナーシップ』ミネルヴァ書房，2007年。
　➤ NPOと政府の関係を理解するための基本的テキスト。

〈上田健作〉

第 II 部
ビジネスを展開する

第 5 章

顧客と社会を満足させるマーケティング

> マーケティングという言葉は，ビジネスにおいてよく使われているが，どのようなイメージをもつだろうか。マーケティングは，市場調査，宣伝，販売促進活動など多様な場面で使用されているが，それらは，マーケティングの一部にすぎない。
>
> マーケティングという概念は，1900年代初頭に出現し，メーカーが消費者に商品を流通（販売）させることにかんする活動とされていた。だが，社会・経済の発展とともにこの定義は進化してきている。現代のマーケティングとは，顧客と社会を満足させる「売れる仕組みづくり」としての企業の基本的機能である。
>
> 本章では，現代におけるマーケティングの基本的理論を理解することを目的とする。

1　マーケティングはビジネスの基本である

●マーケティングの役割

　ドラッカー（P. F. Drucker）は，企業の基本的機能として「マーケティング」と「イノベーション」の2つを指摘し，「マーケティングは，販売のように限定された特殊な活動ではない。それは，むしろもっと広範囲な活動であり，事業全体のどの部分にも関わりのある重要な活動である。顧客の観点からみれば，マーケティングはまさに事業そのものである。それゆえ企業のあらゆる領域においてすべての人々がマーケティングに関心を持つ必要がある」と述べている。
　マーケティングは，基本的に企業（売り手）と市場（買い手）との関係におけ

る相互作用であり，企業は市場に対し「製品・サービス」を「コミュニケーション」を通じて提供し，市場は企業に対し製品・サービスの対価として「貨幣」を支払い，同時に「市場情報」を提供する。この両者の循環活動を円滑にすることがマーケティングの役割である。

　現代におけるマーケティングの主体（マーケター）は，メーカー（企業）に限らない。マーケティング論の考え方は，あらゆる経営主体にとって重要である。

● マーケティングの定義の変遷

　マーケティングの定義は，時代により変化しており，また論者によってさまざまに定義づけられているが，代表的なものは次の通りである。

①1910年（バトラー〔R. S. Butler〕「Marketing Method」）

「製品のプロモーターがセールスマンや広告を実際に用いる前になされなければならないすべてに関する研究」

②1948年（A. M. A.: American Marketing Association）

「商品やサービスの生産者から消費者またはユーザーまでの流れ（flow）を指揮するビジネス諸活動の遂行」

③1985年（A. M. A.）

「個人及び組織目的を満足する交換を創出するために，アイデア，商品，サービスの考案，価格，プロモーション，流通（distribution）を計画し実行する過程」

④1990年（日本マーケティング協会）

「企業および他の組織（教育，医療，行政などの機関，団体なども含む）が，グローバルな視野（国内外の社会，文化，自然環境の重視）に立ち顧客（一般消費者，取引先，関係する機関，個人，および地域，住民を含む）との相互理解を得ながら，公正な競争を通じて行う市場創造のための総合的活動（リサーチ，製品，価格，プロモーション，流通，および顧客，環境関係などにかかわる諸活動）」

⑤2004年（A. M. A.）

「マーケティングとは，顧客への価値を創造，コミュニケート，提供し，組

織とステイクホルダーのベネフィットをもたらす顧客との関係性を管理するための組織的な機能であり，一連のプロセス」

この定義におけるキーワードの1つは，**関係性**であり，組織（企業）と顧客との直接的な関係のみならず，社会を含む**ステイクホルダー**との関係性を考慮しなければならない。

⑥2007年（A. M. A.）

「マーケティングとは，顧客，クライアント，パートナーおよび社会全体にとって価値のある提供物を創造，コミュニケート，流通，交換するための活動，一連の制度およびプロセス」

マーケティング・コンセプト（概念）は，「販売志向」（つくったモノを売るプロダクト・アウト）の時代から「**顧客志向**」（売れるモノをつくるマーケット・イン）へと移り，そして，現在は「**社会・環境志向**」すなわち，「売るべきモノ」を作り（提供し），顧客満足だけでなく，**社会的利益**（価値）を創造することが求められている。

● ソーシャル・マーケティング

ソーシャル・マーケティングとは，従来の企業マーケティングを超える次元であり，経済的目的と社会的目的を達成するための問題である。企業は，社会と関連をもち，売上高と利益のほかに，多くの要因に影響を及ぼす全体システムの中で，マーケティングの機能と貢献を果たす。ソーシャル・マーケティングでは，社会，社会的費用，社会的価値，社会的製品，社会的利益といった要素が評価の基準となる。

コトラー（Philip Kotler）は，ソーシャル・マーケティングを提唱する一方，長期にわたる利益の生じる売上高を獲得するための鍵として，顧客満足と長期的な消費者福祉を生み出すことを意図した総合的マーケティングによって顧客志向を求める「ソサエタル・マーケティング」を提唱した。それは，①消費者志向，国内外の諸資源，環境の質などを均衡させる，②環境的，道徳的に両立しうる製品の設計，③消費者教育や情報を目的とし，虚偽的広告や下品な広告

第Ⅱ部　ビジネスを展開する

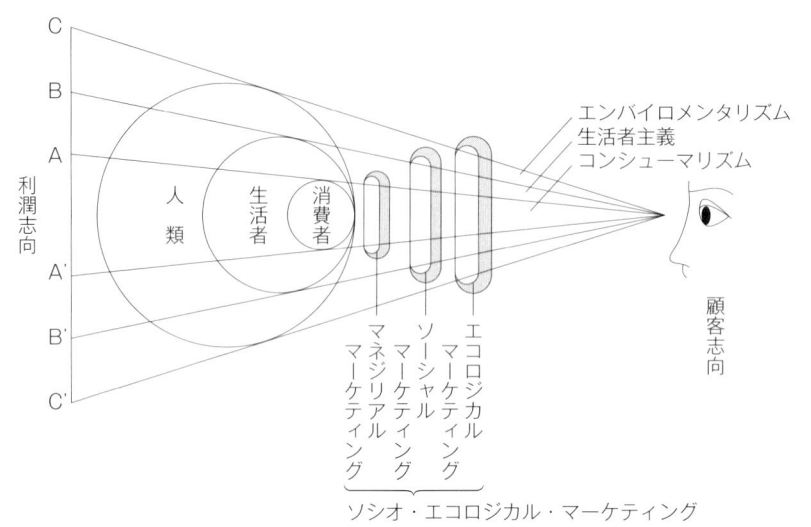

図5-1　ソシオ・エコロジカル・マーケティング

出所：宇野政雄監修，片山又一郎著『生態的マーケティング』ビジネス社，1975年，p. 152より作成。

訴求を避けたコミュニケーション・プログラムの設計，などの要素をもっている。

　図5-1に示されるように伝統的なマーケティング（マネジリアル・マーケティング）の対象に考えられていたのは消費者で，生活者を対象に考えられるのがソーシャル・マーケティングであり，エンバイロメンタリズム（環境志向）に対応するマーケティングが**エコロジカル（生態的）・マーケティング**である。そして，これら3つを統合した考え方がソシオ・エコロジカル・マーケティングと呼ばれている。

　ソシオ・エコロジカル・マーケティングにおいても顧客志向・利潤志向の考え方は変化するものではない。消費者に焦点を当てることによってAA'という利潤を得ることができたが，焦点を生活者さらに人類へと拡大することによってBB'からCC'という利潤を実現していく。

　人間は生態システムの中の人類という立場から，自然環境の汚染，破壊，資源の枯渇による生存の危機を感じ，自らの生存を脅威にさらすことのないよう

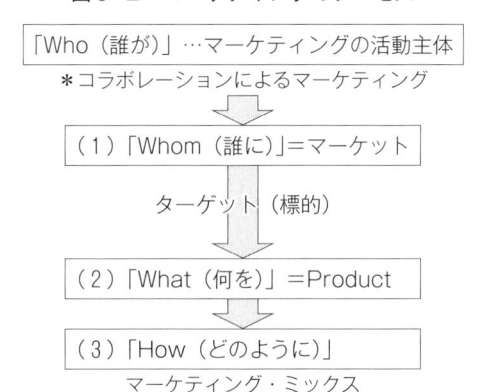

図5-2 マーケティングのプロセス

```
┌─────────────────────────────────┐
│「Who（誰が）」…マーケティングの活動主体│
└─────────────────────────────────┘
     ＊コラボレーションによるマーケティング
              ↓
┌─────────────────────────────────┐
│（1）「Whom（誰に）」＝マーケット      │
└─────────────────────────────────┘
           ターゲット（標的）
              ↓
┌─────────────────────────────────┐
│（2）「What（何を）」＝Product        │
└─────────────────────────────────┘
              ↓
┌─────────────────────────────────┐
│（3）「How（どのように）」            │
└─────────────────────────────────┘
          マーケティング・ミックス
```

マーケティングに要求している。これがエンバイロメンタリズムであり，これに対応するのがエコロジカル・マーケティングである。ソシオ・エコロジカル・マーケティングはこうした新しい人間の要求にも応えることを通して社会的責任を遂行していくものである。

2　マーケティング戦略をデザインする

●マーケティングのプロセス

　マーケティングは，事業の初めに考えなければならない。まず，マーケティング活動の主体であるマーケター（Marketer）は「誰か（Who）」，そして，マーケティングのプロセスは，図5-2に示すように，第1に，買い手（市場）として「誰に（Whom）」，第2に，「何を（What）」提供するのか（Product戦略），第3に，「どのように（How）」展開するのか（マーケティング・ミックス）という順序をふむ必要がある。

　マーケターを担うのは誰か。それは，企業だけに限らない非営利組織（行政・大学など）・個人などでもマーケティング理論を活用でき，異業種連携や企業・産業界・行政・大学・地域住民・NPOなどのコラボレーションによる地域（まちづくり）のマーケティングも考えられる。

第Ⅱ部　ビジネスを展開する

　マーケティングの第1のプロセスである「マーケット」を明確にするために，市場環境を認識（市場分析・競合分析）すべくマーケティング・リサーチが必要になる。そして，マーケットに対して，3つのアプローチをとることができる。

　1つ目は，マス・マーケティングであり，1つの製品を大量生産，大量流通させ，あらゆる買い手に販売する。2つ目は，製品多様化マーケティングであり，スタイル，特徴，品質，サイズなどで差別化した複数の製品をつくり，買い手に多様性をアピールする。3つ目は，**ターゲット・マーケティング**であり，セグメントに狙いを定め，製品を開発していくことであり，究極的には1人ひとりに対応するカスタマイズ（個客）マーケティングである。ここでは，ターゲット・マーケティングについて説明したい。

　ターゲット・マーケティングの第1ステップは，**マーケット・セグメンテーション**（市場の細分化）であり，セグメントのプロフィールを描き出す。セグメントの基準は，人口統計的（性別，年齢別，職業別など），社会心理学的（社会階層別，生活様式別など），行動科学的（購入機会や購入動機別）基準などである。第2ステップは，市場ターゲッティングで，各セグメントの魅力度を評価し，1つないし複数のセグメントを選定する。第3ステップは，製品ポジショニングであり，各ターゲット・セグメンテーションについてターゲットにアピールできるコンセプトを明確化し，選定し，開発し，伝達する。

　市場は，現実の顧客としての「**顕在市場**」と，新たな需要創造によって将来顧客となりうる「**潜在市場**」としてとらえられる。また，大企業にできないニッチ（隙間）**市場**をターゲットにし，新市場を開拓することも可能である。

● マーケット・セグメンテーション

　多様な市場セグメントを評価する際には，セグメントの「規模と成長性」，セグメントの「魅力度」，そして「自社の目的および経営資源」の3つの要素に注目する。長期的な収益上の魅力度を決定する要因としては，「競合他社」「新規参入者」「代替品」「買い手の交渉力」「売り手の交渉力」の5つで，これらが引き起こす脅威の強さについて考慮する。

第5章　顧客と社会を満足させるマーケティング

　競合他社を分析する場合，3つの要素を観察する。第1は，**マーケット・シェア**（市場占有率），第2は，「当業界で最初に思い浮かべる企業名は？」の問いに競合他社の社名を答えた顧客の割合で示される**マインドシェア**，第3は，「その製品を買いたいと思う会社名は？」の問いに対する競合他社の社名を答えた顧客の割合で示される**ハートシェア**である。マインドシェアとハートシェアを拡大している企業は，必然的にマーケット・シェアと利益も伸ばすことになる。

　なお競合関係は同業種（水平的）だけとは限らない。異業種，異業態さらにはメーカーと流通業者の統合などによる垂直的競争関係など，多元的競争も視野に入れなければならない。競争力とは，そのセグメントにおける自社製品とそれ以外の経営資源である。それは，特許や新用途開発など自社商品そのものの同種あるいは類似商品との競争力と，自社の研究開発力・ノウハウ・価格・販売力など経営資源の強みである。

　各セグメントを評価したら，「単一セグメント集中化」「選択的特定化」「製品特定化」「市場特定化」「全市場カバー」の5つのパターンを検討することになる。

● ポジショニング戦略

　参入する市場セグメントを決めたら，そのセグメントにおいて自社製品がどのようなポジション（競争地位）を占めるのが望ましいかを明確にしなければならない。ポジショニングとは，自社製品を競合製品と比較した場合に顧客の意識の中でどのような位置を占め，なぜその製品を買うべきなのかに対して説得力のある理由をつくり上げることである。

　マーケターは，次の7つのポジショニング戦略をとることができる。

　第1は，製品特性によるものであり，たとえば，低価格，あるいは高性能を訴求する。第2は，製品が充足させるニーズや提供するベネフィットによるものであり，たとえば，歯磨きでは虫歯予防，あるいは美白効果の訴求である。第3は，使用される状況によるものであり，たとえば，飲料水は，夏は水分補

89

給用として，冬には医師から大量の水分摂取を言われたときの飲料として訴求する。第4は，使用者のグループによるもので，たとえばベビー用シャンプーを大人用の髪にやさしいシャンプーに再ポジショニングする。第5は，競合製品に対してであり，「わが社はナンバー2です。だからもっと努力します」と最大手に対して自らポジショニングする。第6は，競合製品から離れることであり，たとえばセブン・アップは，コカ・コーラやペプシ・コーラとは違う「un-cola」としてポジショニングした。第7は，製品のグループによるもので，たとえばマーガリンはバターに対して，あるいはクッキング・オイルに対してポジショニングされている。

あるセグメントにおいて品質で有名な企業は，新しいセグメントにも品質を求める購買者が十分にいれば，同じポジショニング戦略をとることができる。しかし多くの場合，複数の企業が同じポジションを狙っている。そこで各社は，「低価格で高品質」や「高品質と優れたサービス」などという，ポジショニング戦略をミックスさせ，さらに進んだ差別化を図ることになる。

セグメント内に存在するグループに訴求する独特の競争優位の束を築き上げなければならない。そのためには，ポジションを築くのに可能な競争優位の集合の確認，その中からの競争優位の選択，そして選択されたポジションをどう効果的にマーケットに認知させるか，の3段階がある。

3 製品をデザインする

● マーケティング志向の製品とは

マーケティングは，4PすなわちProduct（製品・商品・サービス財），Price（価格），Place（場所）／Channel（流通経路），Promotion（marketing communication）がミックスされ展開される。これをマーケティング・ミックスと呼ぶ。

とりわけProductは，マーケティング・ミックスの構成要素のなかで最も中心的な課題であり，事業の存続・発展の基礎であり，経営活動の中心である。製品は，提供するアイデアやサービス財なども商品としてProduct概念に含

めて考えなければならない。また，ICT 時代の新しい商品概念として PC ソフト，音楽，電子出版物，e ラーニング，金融取引など，商品がデジタル形式になっており，「情報そのもの」が商品としてインターネット上で配信・決済が完結する「デジタル・コンテンツ」もある。

製品は，第1に顧客の求める中核的便益（core benefit）を中心とした**コア製品**レベル，第2に製品の特徴・品質・スタイル・ブランドなど物理的属性を形成する製品そのものである**実際的製品**レベル，そして，アフター・サービスや保証などを付加させた**拡張的製品**レベルを含めてトータルに階層的にとらえることができる。

マーケターとしては製品を実際的製品としてとらえやすいが，顧客は物理的属性よりもコア・ベネフィットを求め，さらにそのベネフィットを高める心理的無形的なベネフィットを重視し，これらのニーズを満足（消費・使用・所有）するためにトータルに製品をとらえ購買する。

コトラーは，ホテル業を例に製品の5つの次元を説明している。そのもっとも基本的な次元は，コア・ベネフィットであり，客に「休息と眠り」を提供する。次の次元は一般的製品であり，フロントと客室からなる建物をもつということである。第3の次元は，買い手が購入するとき期待する製品であり，買い手は，清潔なベッド，石鹸とタオル，電話，浴室とトイレなど，そしてある程度の静けさを期待している。第4の次元は，競争企業と差別化できるような付加的なサービスとベネフィットを含む拡大された製品であり，きれいな花，チェック・インとチェック・アウトの早さ，美味しい食事，ルーム・サービスなどである。そして，第5の次元は，その製品の将来のあり方を示す潜在的製品であり，環境志向の省エネルギーの設備やバリアフリー化など，また健康志向の食事提供などが考えられる。

現代におけるソーシャル・マーケティング志向の製品は，物理的性質や客観的属性の視点からだけではなく，顧客・社会の視点から定義すべきである。

第Ⅱ部　ビジネスを展開する

●ユビキタス社会における製品開発

　かつての大量生産・大量消費の時代からICTの進展により，現代のユビキタス（ネットワーク）社会では，カスタマー・コンピタンス（企業独自の技術や能力といった競争力）による製品開発として，製品開発過程へ顧客を取り込む，あるいは，「個客」（パーソナライズド）に適応するため，製品・サービスの対象とするセグメントを個人レベルまで細分化するパーソナライズド・マーケティングが可能となっている。

　個客対応多品種大量販売（マス・カスタマイゼーション）は，つぎの4つのアプローチが考えられる。

　その1つは，コラボレーション・カスタマイゼーションであり，企業と顧客1人ひとりとのインタラクションを通して顧客ニーズや嗜好を明らかにし，これに合致するオプションを見定め，カスタマイズ製品を提供する。

　2つ目は，適応型カスタマイゼーションであり，顧客が標準仕様品に自分自身でカスタマイズできるように設計されていて，顧客自身が手を加えていくアプローチである。

　3つ目は，表層型カスタマイゼーションであり，標準仕様品にちょっとした加工を施して，個々の顧客に提供するアプローチである。

　4つ目は，深層型カスタマイゼーションであり，顧客1人ひとりのニーズを汲み取って，カスタマイズした製品やサービスをカスタマイズしたことがわからないように提供するアプローチである。たとえば，ホテル宿泊客1人ひとりの要求したサービスや嗜好，行動パターンを観察し，その情報を顧客データベースにインプットしていくことでカスタマイズされたサービスが提供できるようになる。

　ICT時代においては従来のベネフィットに加え，インターネット利用上の新たなベネフィットが発生し，求められてきている。それは，効果的なウェブ・ナビゲーション，ネット取引の安全性の確保，ユーザーのプライバシーの保護，無料の情報提供やサービスなどである。

4　マーケティング・ミックスをデザインする

● 価格をデザインする

　価格は，市場において需要と供給の均衡点によって，また販売者と購買者の交渉によって決定されることもある。マーケティング・ミックスにおいて価格は，収入を生み出す唯一の要素であり，購買者にとっては製品やサービスによって得られるベネフィットに対する交換価値の合計である。価格決定は，企業のマーケティング目標，マーケティング・ミックス戦略，コスト，組織における価格決定者などの内部要因と市場および需要の特性，競争，その他経済情勢，政府などの外部環境要因の影響を受ける。

　企業は，これらいくつかの要因と製品特性や市場セグメントの違いに応じた価格設定をするが，基本的には，3つのC，すなわちCost, Customer's demand（顧客需要），Competition（競争）の考慮するポイントがある。コストは価格の下限を規定し，競合他社の価格や代替品の価格は参考ポイントになり，自社製品の独自の特徴に対する顧客の需要（評価）は，価格の上限を規定する。一般的な価格設定はつぎのような方法で行われる。もっとも基本的な方法は，**コスト志向の価格**決定であり，コストプラス法あるいはマークアップ法とも呼ばれる。製造原価や仕入原価にマージン（粗利・利幅）を加算し，販売価格とする。当然ながら，マージンがそのまま最終的な利益になるのではなく，人件費や営業コストなども考慮しなければならない。

　つぎに**需要志向の価格**決定であるが，顧客にとっての価値や顧客心理を利用した方法である。名声価格法とは，高級ブランド品などは，価格が高いほど品質が良いと判断しがちであり，高価格製品を所有することが社会的ステータスととらえる消費者心理を利用した高価格設定法である。慣習価格法では，ある商品に対し一定の価格が維持されている場合，消費者はその価格で購入することが慣習化されている。そのため僅かな値上げにも抵抗を示す。端数価格法とは，1000円ではなく，980円などのように端数価格で設定し，割安感を与え，

販売数量の増加を狙うものである。

新製品の価格政策としては，高所得者と新製品に反応するマーケットをターゲットにした早期投資資金回収のための**初期高価格政策**と，需要に対して価格弾力性が大きい商品でシェアを確保する**初期浸透低価格政策**があるが，前者が有効なのは，競争者の市場参入までの時期である。

差別価格とは，子ども料金，学生割引や高齢者割引など需要者別の価格設定であり，また，季節（オンとオフ）や時間（早朝，深夜），時期（早期予約による割引），地域によっても価格設定をすることがある。

オープン価格は，メーカー希望小売価格を示すことなく，流通業者に自由に価格設定を委ねる。「リバース（逆）オークション」により，顧客が求める商品の希望購入価格を設定し，それに対し売り手が提供できる価格を示し，最も安い相手と売買する方法もある。一括販売（バンドリング）とは，製品・サービスを組み合わせたセット販売方式である。

● **チャネル（流通経路）をデザインする**

チャネルとは，製品を生産者から消費者へ届けるための流通経路であり，一般的に卸売業は中間流通機関，小売業は最終流通機関ということができ，小売業の立地（販売場所）は，実際の買い物の場（リアル店舗）として重要である。

チャネル・メンバー（卸売業・小売業）は，多くの重要な機能を果たしているが，もっとも本質的な機能は需給結合機能であり，商的流通あるいは商取引機能といわれる。これは，1つは**取引**であり，生産された製品の所有権の移転であり，生産者から製品を購買し，消費者に販売するという売買の連鎖である。また，2つ目は生産と消費の数量的・質的な隔たりを結びつけるため，卸売業者や小売業者がそれぞれの多数の供給業者を選別し，それぞれの顧客需要に合った仕入れ，品揃え，再販売を行う**マーチャンダイジング機能**を果たす。

チャネル機能の第2は，**物的流通**（物流）であり，生産と消費の間に存在する場所的な隔たりを結びつける「輸送」と，生産と消費の時間的隔たりを結びつける「保管」である。

そして，商的流通・物的流通の機能を助成・促進する機能として，情報流通，流通金融，流通危険負担などがある。

チャネル・デザインは，チャネルの幅と長さ（流通段階）に分けて考えることができるが，幅とは，チャネルの各段階でどのくらいのメンバーを配置するかにかかわる決定で，つぎの3つの政策に分類できる。

第1は，自社製品を供給する販売先を限定せずに，仕入れ意思のあるすべての販売先に対し，可能な限り販売する**開放的チャネル政策**である。第2は，自社製品を取り扱う販売経路を限定し，特定の販売先のみに製品を販売していく**限定的（排他的）チャネル政策**であり，新車，ブランド品などに適用される。そして第3は，ある特定の製品を取り扱いたいと思っている複数の中間業者を活用する，開放的チャネル政策と限定的チャネル政策の中間に位置する**選択的チャネル政策**である。

以上のような伝統的チャネル・システムに対して，**垂直的マーケティング・システム（VMS）**（サプライチェーンマネジメントあるいはロジスティクス）は，生産者，卸売業者，小売業者からなる統合されたチャネル・システムである。VMSのメンバーは目的を共有し，協力し効率的な流通に努力する。具体的には，プロモーション・コストや在庫コスト，1回ごとの取引関係においてそのたびかかる取引相手の探索，交渉，締結にかかわるコストなどが削減される。

近年のICTの進展により，EC（電子商取引）の増加やバーチャル・ショップの出現など，伝統的な流通構造の変化に対応したチャネル・マネジメントも求められている。

また，エコロジカル・マーケティングの視点からReduce, Reuse, Recycleといった消費者からのバックワード（逆流）・チャネル（情報流通含む）の確立・管理が求められ，そこには新たなビジネス・チャンスも生まれている。

● マーケティング・コミュニケーションをデザインする

マーケティングには，優れた製品を開発し，魅力的な価格設定を行い，標的顧客がそれを手に入れやすくしたりすること以上のものが要求される。それは，

顧客とのコミュニケーションであり，プロモーションは，顧客（市場）情報としてマーケティング戦略にフィードバックされる**マーケティング・コミュニケーション・システム**の一環であるということができる。**プロモーション・ミックス**は，大別して広告，セールス・プロモーション（狭義の販売促進），パブリシティ，人的販売の4つの手段によって構成される。

広告の機能は，購買動機の刺激のみならず新製品や新用途の普及，信用の維持・増進などがあり，広告媒体の選定には，その目的，標的市場に合わせ，1つの媒体（たとえば新聞・雑誌・TV・ラジオ）からさらにほかの媒体（たとえばインターネット）の広告への誘導を狙うことも考えられる。

セールス・プロモーションとは，陳列，展示会，実演，サンプル，モニター，コンテスト，会員特典（FSP）などである。

パブリシティとは，自社や自社製品が新聞・TV等のマス・メディアによってニュースや記事としてとり上げられることであり，無料の広告といわれ，スポンサーによる商業的な広告と違い，第3者によるものであり，信頼性や説得力が高い。

人的販売は，セールスマンや店員が取引先や見込み客と直接対話し，商品の説明，購入の説得のみならず，アドバイスやコンサルティング（相談・提案）を行い，顧客からの情報を収集し，マーケティング活動にフィードバックさせる機能も果たす。

「最もよい広告は，満足した顧客によってなされる」（コトラー）といわれるように，「口コミ」やインターネットによる「アフィリエイト」（Webサイトやメールマガジンに企業サイトへのリンクを張り，ユーザーがそこを経由して商品を購入したりすると，サイトやメールマガジンの管理者に成功報酬が支払われるシステム）などは，最も効率的で効果の高いプロモーションの1つということができる。

プロモーションの手段は，製品ライフサイクル（市場における「導入期」～「成長期」～「成熟期」～「衰退期」）の時期に応じて価格を変更（値下げ）する戦略とともに，最適なプロモーション・ミックスによって効果が最大となる戦略が必要である。

伝統的なプロモーションは，売り手の刺激に対して，買い手の反応という「刺激反応パラダイム」として考えられていた。これは，売り手を主体として，売り手が形成した価値を伝達する刺激に対して，買い手の短期的な反応として購買を促すという一方的な情報伝達，説得活動である。

しかし，プロモーションの考え方は，交換を促進するための「交換パラダイム」に変化してきた。これは，買い手が価値を判断する主体となり，売り手が買い手に対し価値を説明するマーケティング・ミックスの中のプロモーションという位置づけであり，説得というより価値説明のマーケティング・コミュニケーションと認識されるようになる。

マーケティング・コミュニケーションにおける説明は，受け手に新しいモノの見方を提示することである。このコミュニケーションの主体は，売り手と買い手の両者であり，買い手はパートナーとして，売り手と一体的に関係性を構築し，維持するための「関係性パラダイム」としてとらえられる。

マーケティング・コミュニケーションは，情報提供，説得，説明，関係性の構築に加え，顧客との対話・応答と考えられ，マーケティング・ミックスの1つのプロモーションとしてではなく，製品，価格，チャネル，プロモーションの共通分母として，これまでのマーケティング・ミックスの統合とは独立した独自の論理での統合を必要とする**統合型マーケティング・コミュニケーション**（IMC: Integrated Marketing Communication）として考えられるようになった。

設 問

1．マーケティングの考え方（定義）は，どのように変わってきたか。

2．マーケティング・ミックスとは何か。例をあげて説明してみよう。

初学者のための参考書籍

大脇錠一・城田吉孝・河邊匡一郎・玉木徹志編『新マーケティング情報論』ナカ

第Ⅱ部　ビジネスを展開する

　　ニシヤ出版，2003年。
　　➤情報化の進展によりマーケティング論は，どのように変わったか。
田中道雄・田村公一編著『現代のマーケティング』中央経済社，2007年。
　　➤マーケティングの変遷が述べられている（第2章）。
西田安慶・城田吉孝編『マーケティング戦略論』学文社，2011年。
　　➤関係性マーケティングについて詳しく述べられている（第7章）。
松井温文編著『サービス・マーケティングの理論と実践』五絃舎，2014年。
　　➤サービス・マーケティング論の特質を理解するために。
宮澤永光・城田吉孝・江尻行男編『現代マーケティング――その基礎と展開』ナカニシヤ出版，2009年。
　　➤プロモーションとIMCについて詳しく述べられている（X章）。

〈日野隆生〉

第 6 章

世界市場へ進出する

　本章では，企業の国際化について説明する。一国を超えて，他国で事業活動を行うことを，企業の国際化という。他国とのかかわりは，事業活動のプロセス（原材料輸入から部品・完成品輸出，完成品生産・販売まで）とその際の拠点のあり方によって進出形態が異なる。さらに一概に他国といっても，北米，欧州アジアなど，どの地域を指すのかによってその特徴が大きく異なる。

　本章では，日本企業の国際化の概観をみたうえで，国際化の中でもアジアでの直接投資に焦点を当て説明していく。さらに進出先国・地域の位置づけについて，アジアの中でも近年チャイナ＋ワンとして注目されている ASEAN（とりわけタイ国）に焦点を当て，現地化への対応・とり組み，さらに現地コミュニティとのつながりの構築についてみていく。最後に，日本企業の新しい動向としての国内生産回帰およびもう1つの国際化としてのインバウンドをとり上げる。

1　企業の国際化とは何か

● 国際化の形態と段階

　一国を超えて，他国で事業活動を行うことを，企業の**国際化**という。他国で事業活動を行うことで他国に複数の拠点をもつようになるが，この段階に至った企業のことを**多国籍企業**という。

　国際化には，いくつかの形態がある。1つ目は，輸出である。これには，代行業者などに輸出業務を委託する**間接輸出**と自社が直接行う**直接輸出**とがある。

2つ目は，**海外現地生産**である。これには海外現地に完全子会社を設立し，そこで生産を行う完全子会社形態と，複数の企業が出資をし合って子会社を設立する合弁形態，さらには海外の企業に生産を委託する契約形態とがある。3つ目はその他であり，ある一定期間にわたって特許など無形資産にアクセスを与えるライセンシングや，ブランド使用の代わりに運営のやり方に規則を課すフランチャイズなどがある。

　国際化には以上のような形態があるが，それらのいくつかの形態は一連の発展プロセスをたどる。これを**国際化のプロセス**と呼ぶ。ダニング（John Dunning）によれば，国際化のプロセスには，次のような段階がある。第1段階は，間接輸出である。代行業者に輸出業務を委託することから，運営はすべて国内で行う。第2段階は，直接輸出である。この段階に至ると，海外に販売子会社あるいは商品受入のための支店を設立する。第3段階と第4段階はともに現地生産である。第3段階は，部品の現地での組立・生産段階である。国内ですべて組み立てて完成品を輸出するのではなく，部品を輸送して現地で組み立てるか，あるいは必要な部品の一部を現地で生産する。第4段階は，海外生産の本格的段階であり，海外ですべて組み立てて海外で完成品を生産する。第5段階は，地域・グローバル統合である。この段階に至ると，海外で単に生産のみを行うのでなく，研究開発といったより高付加価値の活動を海外に一部（あるいはすべて）移管する。

●集権と分権，グローバル統合とローカル適応

　海外に子会社を設立すると，国内の親会社は海外子会社に意思決定の権限をどの程度与えるかという権限移譲のバランスが重要となる。つまり主要な意思決定はあくまで本社によってなされるのか（**集権**の方向性），あるいは海外子会社にある程度の意思決定の権限を委譲するのか（**分権**の方向性）といったバランスである。これが，国際化を実現する企業が直面する集権と分権の問題であり，多国籍企業ではその問題の程度はより大きくなる。

　この集権と分権の問題よりもより広い考え方に，グローバル統合とローカル

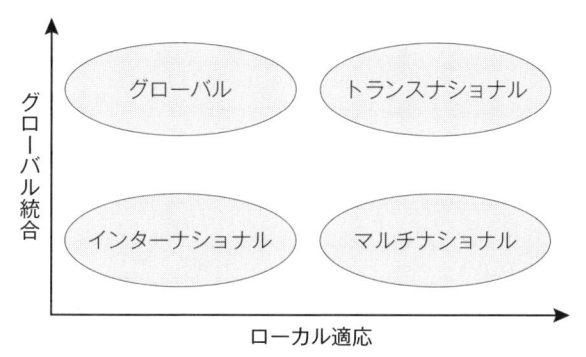

図6-1 バートレットとゴーシャルによる多国籍企業の類型化

```
         グローバル        トランスナショナル
グ
ロ
ー
バ
ル
統
合
        インターナショナル    マルチナショナル

                    ローカル適応
```

出所：浅川和宏『グローバル経営入門』日本経済新聞社，2003年より作成。

適応の考え方がある。**グローバル統合**とは，海外の各拠点の運営をグローバル規模で標準化し，効率性を追求する考え方である。これに対して，**ローカル適応**とは，海外現地のローカル市場のニーズや各制度などといった，現地のローカルに特有の環境に対して適応させるという考え方である。これらグローバル統合とローカル適応は，多国籍企業にとって求められることであるが，どちらか一方を優先させるべきというトレードオフでなく，両者を同時に達成させていくことが求められる。

バートレット（Christopher A. Bartlett）とゴーシャル（Sumantra Ghoshal）は，これら2つの考え方を両軸にとり，**多国籍企業のタイプを4つに類型化**した（図6-1）。1つは，グローバル統合もローカル適応もともに低い**インターナショナル企業**である。2つは，グローバル統合は高いがローカル適応は低い**グローバル企業**である。3つは，グローバル統合は低いがローカル適応は高い**マルチナショナル企業**である。4つは，グローバル統合もローカル適応もともに高い**トランスナショナル企業**であり，これが，多国籍企業が達成していくべき理想的な姿となる。表6-1では，4つの多国籍企業のタイプそれぞれにおける能力と組織力の醸成，海外事業が果たす役割，さらには知識の開発と普及といった特徴を示している。

表6-1 バートレットとゴーシャルによる多国籍企業組織の特徴

組織の特徴	インターナショナル企業	グローバル企業	マルチナショナル企業	トランスナショナル企業
能力と組織力の醸成	能力の中核部は中央に集中させ他は分散させる	中央集中型グローバル規模	分散型 海外子会社は自律している	分散,相互依存,専門化
海外事業が果たす役割	親会社の能力を適応させ活用する	親会社の戦略を実行する	現地の好機を感じとって利用する	海外の組織単位ごとに役割を分けて世界的経営を統合する
知識の開発と普及	中央で知識を開発し海外の組織単位に移転する	中央で知識を開発して保有する	各組織単位内で知識を開発して保有する	共同で知識を開発し世界中で分かち合う

出所：浅川和宏『グローバル経営入門』日本経済新聞社，2003年より作成。

　以上のように，企業の国際化と一言でいっても，当該企業が諸形態のどれか，または諸段階のどこにあるのかによって，その内容が大きく異なる。また海外に子会社があるとしても，その子会社に事業活動のどの部分を，または意思決定の権限をどの程度付与させるかによって，その内容は大きく異なる。企業の国際化について考える際には，こうした点をふまえる必要がある。

2　世界市場を開拓する日本企業

　国際化は，一国を超えて，世界で事業活動を広げていくことを意味するが，他国といっても，北米，欧州，アジアなど，どの地域を指すのかによってその特徴は大きく異なる。ゲマワット（Pankaj Ghemawat）は，企業のグローバル化は完全には進んでおらず，むしろセミ・グローバリゼーションの状態にあるとして，国・地域の差異を明らかにしていくことの重要性を指摘した。

　本節では，いくつかのデータをもとにし，日本企業の国際化を国・地域ごとの差異に焦点を当てながら，海外子会社（現地法人）の設立という直接投資に焦点を絞り，その実態を概観的にみていく。

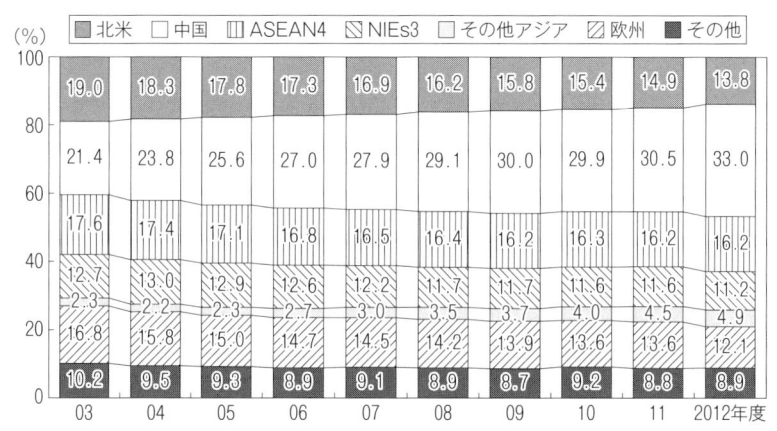

図6-2 現地法人の地域別分布比率の推移（2003〜2012年度）

■北米 □中国 ⦀ASEAN4 ⧄NIEs3 □その他アジア ⧅欧州 ■その他

年度	北米	中国	ASEAN4	NIEs3	その他アジア	欧州	その他
03	19.0	21.4	17.6	12.7	2.3	16.8	10.2
04	18.3	23.8	17.4	13.0	2.2	15.8	9.5
05	17.8	25.6	17.1	12.9	2.2	15.0	9.3
06	17.3	27.0	16.8	12.6	2.7	14.7	8.9
07	16.9	27.9	16.5	12.2	3.0	14.5	9.1
08	16.2	29.1	16.4	11.7	3.5	14.2	8.9
09	15.8	30.0	16.2	11.7	3.7	13.9	8.7
10	15.4	29.9	16.3	11.6	4.0	13.6	9.2
11	14.9	30.5	16.2	11.6	4.5	13.6	8.8
2012年度	13.8	33.0	16.2	11.2	4.9	12.1	8.9

出所：経済産業省HP「第43回海外事業活動基本調査結果概要確報」より。

● 日本企業の国際化の概観——海外事業活動基本調査より

　日本企業の国際化についてもっとも信憑性のある（他に類のない）統計データとしては，経済産業省の**海外事業活動基本調査**がある。この調査は，全国の日本企業の国際化（＝海外事業活動）を対象にしているが，現地法人にかんして拠点の所在地の質問がある。これによると，有効回答企業数2万3351社のうちの65.2％がアジアを進出先としている。現地法人の従業員数にしても，また現地法人の売上高にしても，いずれの場合もアジアのプレゼンスが非常に高いことがわかる。

　図6-2からわかるように，日本企業にとっては，国際化といっても近年では日本を除くアジアが多くを占め，とくに中国のプレゼンスが高く，さらに近年ではASEAN（Association of South-East Asian Nations：東南アジア諸国連合）のうちタイを含むASEAN4（タイ・インドネシア・マレーシア・フィリピンの4ヵ国）のプレゼンスが相対的に高くなってきていることがわかる。

　海外事業活動基本調査をみる際に留意しなければならないのは，その法人がいつ設立されたのかという進出時期にかんする点と，その法人がいかなる機能を担っているかという拠点機能にかんする点，さらにはいかなる企業によって

第Ⅱ部　ビジネスを展開する

図6-3　現地法人従業者数（左が地域別，右がアジア地域）

出所：経済産業省 HP「第43回海外事業活動基本調査結果概要確報」より。

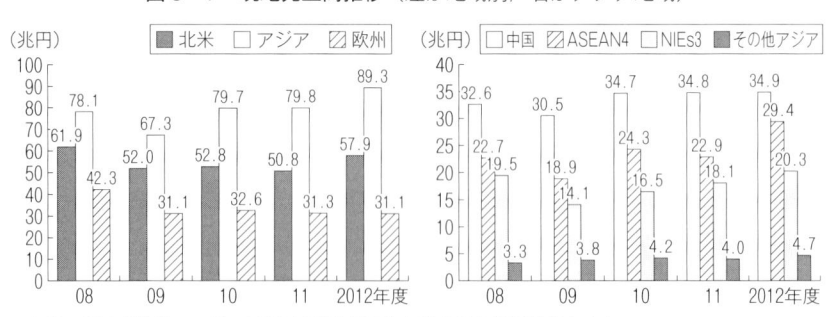

図6-4　現地売上高推移（左が地域別，右がアジア地域）

出所：経済産業省 HP「第43回海外事業活動基本調査結果概要確報」より。

運営されているかという法人運営の点である。

　日本においては，高度経済成長以降，国内需要の高まりに応じ，日本企業の多くが日本国内で生産したものを国内で販売してきた。その後，高度経済成長が終焉を迎えるにあたって，新しい市場を求めて輸出を進めてきた。しかし，1970年代以降，固定相場制から変動相場制へと転換し，円高傾向になったことによって輸出では採算が合わなくなった。そこで日本企業のなかには，円高の推進とともに生産拠点の海外移転を進めるものも出てきた。海外現地生産は1980年代以降急速に展開された。海外事業活動基本調査には，海外現地生産の状況が記録されているが，これによると，2000年代に入ってからも，円高傾向

第6章 世界市場へ進出する

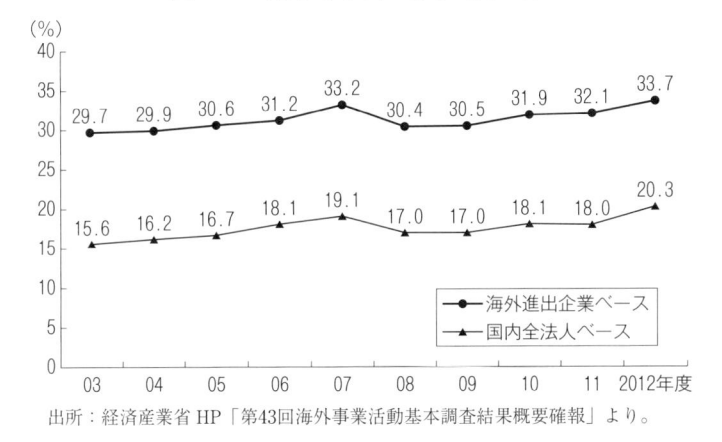

図6-5 海外生産比率の推移（製造業）

年度	海外進出企業ベース	国内全法人ベース
03	29.7	15.6
04	29.9	16.2
05	30.6	16.7
06	31.2	18.1
07	33.2	19.1
08	30.4	17.0
09	30.5	17.0
10	31.9	18.1
11	32.1	18.0
2012年度	33.7	20.3

出所：経済産業省HP「第43回海外事業活動基本調査結果概要速報」より。

もあいまって，**海外生産比率**は年々上昇傾向にあることがわかる（しかし末尾に記載するように，この数年の円安傾向により，一部では国内生産回帰傾向がみられる事例もある）。

● トヨタ自動車のケース

　日本企業の国際化を個別ケースで具体的にみていくために，日本を代表する企業であるトヨタ自動車のとり組みを紹介する。トヨタ自動車は自動車製造・販売を主たる事業としている（業種は輸送機械）。トヨタ自動車の自動車における国内販売台数，輸出台数，海外生産台数の推移をみたものが図6-6である。

　図6-6（次頁）によると，トヨタ自動車の国内販売は，1960年代から1970年代初頭にかけて大きく増加しているが，その後はあまり増加しておらず，その代わりに輸出が次第に増加し，1970年半ばには，国内販売を上回った。輸出は1985年にピークになってから1990年代半ばにかけて減少するが，1990年代後半から再び増加している。海外現地生産は，1960年代から1980年代にかけて徐々に増えているが，1990年代後半には輸出と国内生産を台数で上回り，2000年代以降もおおむね増加している。現在トヨタ自動車は，20以上の国・地域に

105

第Ⅱ部　ビジネスを展開する

図6-6　トヨタ自動車の国内販売台数，輸出台数，海外生産台数の推移

出所：石井真一「トヨタ自動車における輸出と海外生産の展開」『経営研究』第64巻第1号，2013年，p. 92，図1をもとに作成。

約40の生産子会社をもつに至っている。

　トヨタ自動車がとくに海外現地生産に力を入れてきたのは，北米市場である。1984年にゼネラルモーターズ（GM）社との合弁会社であるNUMMI（New United Motor Manufacturing, Inc.）を設立したことをきっかけに，トヨタ自動車の北米生産は1985年から増加した。その後も北米生産は増加傾向にあったが，2000年代に入って，アジアと欧州での海外現地生産が伸びたことにより，北米生産の割合は減少した。その後，2009年には合弁解消にともないNUMMIは閉鎖された。また2008年のリーマンショックを境に欧州生産が減少に転じた。これらにより，現在，トヨタ自動車の海外現地生産では，アジア市場がもっとも大きな割合を占めている。

3　チャイナ＋ワン時代の国際化

　これまでみてきたように，日本企業の国際化といえば，現状ではその先の多くが中国である。しかし中国に進出すれば必ず成功するというわけではない。そこで本節では，チャイナ＋ワン時代における日本企業のASEANとタイ国での実際についてみていくとともに，これから日本企業が直面することになるタイ＋ワン戦略の考え方についてみていく。

● **チャイナ＋ワン**

　これまでに日本を含む全世界から中国に多くの企業が進出し，生産拠点を集中・集積させてきた。この集中・集積の実態を称して，中国は「**世界の工場**」といわれてきた。この背景には，中国が1970年代末から進めることになった改革解放にともなう著しい経済発展がある。高度成長を実現する中国で事業展開すれば，その成長にあいまった事業展開を実現することができると期待された。

　しかしながら，中国で事業を展開させれば，すべての企業が必ず成功したというわけではない。現地への適応には多くの困難があり，なかには失敗し撤退を余儀なくされたところもあるといわれる。さらに近年には，中国のさまざまなカントリーリスクが顕著となっており，多くの日本企業がそのリスクに直面し，対応を余儀なくされている。具体的には，1990年代後半くらいから，沿海部を中心に人件費と光熱費が高騰してきており，これらにより中国で生産するメリットが低下している。

　このような状況に直面した日本企業のなかには，すでに拠点をもっている中国とは別の国にもう1つ新規に拠点を設けることにより，中国のさまざまなリスクを軽減させようとするところも出てきている。これは**チャイナ＋ワン**と呼ばれる。ここで中国以外の国（地域）として年々期待が高まっている先がASEANである。

第Ⅱ部　ビジネスを展開する

● 日本企業の ASEAN とタイでの事業展開

　ASEAN は10ヵ国から構成されている。各国の間の経済格差は顕著であり，また問題でもあるが，日本企業の ASEAN での事業展開にとって，この格差の存在は事業展開上の重要なポイントとなる。ASEAN 域内は，早い段階から FTA（Free Trade Agreement：自由貿易協定）を締結しており，2015年12月末での完全化を段階的に進めてきた。また FTA の完全化を含め，ASEAN 域内の専門労働者の移動や企業の投資活動の自由化も目指す，**AEC**（ASEAN Economic Community：アセアン経済共同体）の形成も目指してきた（こんにち完全に達成されているわけではない）。2016年以降は，日本企業の ASEAN 展開にとって重要な年となるとともに，AEC の形成をふまえた事業展開が求められる。

　ASEAN が，チャイナ＋ワン時代における日本企業の国際化の対象として重要であるとする2つの理由がある。その1つは，広域的な FTA の締結である。ASEAN はその域内だけでなく，周辺国である中国やインドとも FTA を締結している。つまり ASEAN は，第3国拠点としてその役割を高めている。中国やインドでは，それぞれ多くの人口をかかえている。またこれらの地域では，富裕層や中間所得層の割合がこの数年で顕著に伸びている。とくに中国については，生産拠点でなくもはや消費拠点に様変わりしつつある。ASEAN＋中国・インドの FTA により，中国の13.7億人，インドの12.6億人，そして ASEAN の6.3億人が足し合わさり（以上の数字は2015年），じつに30億人を超えるという巨大市場が誕生する。この巨大市場の地理的な中心に立つ地域，それが ASEAN なのである。

　ASEAN が重要であるとするもう1つの理由は，**GMS**（Greater Mekong Subregion：大メコン圏）の開発である。これはアジア開発銀行などが進めているプロジェクトであり，タイのバンコクを中心に，北は中国の昆明，東はベトナムのホーチミン，西はミャンマーのダウェイなど，南北・東西にわたる3億人の人口と250万平方キロメートルを抱える**経済回廊**が整備されつつある。経済回廊の代表的なものとしては東西回廊がある。たとえばタイのバンコクからインドへ商材などを海運で輸送する場合，これまではシンガポールのマラッカ海峡

を通らなければならなかった。これがいま整備されつつあるミャンマーのダウェイ港を使うことによって，バンコクからダウェイまで陸路で運び，ダウェイから直接インドに輸送することができ，輸送リードタイムが大幅に短縮される。

　ASEANといっても構成される10ヵ国の間には経済格差も含めてさまざまな特徴があり，どの国に着目するかによってその意味が大きく異なる。日本企業の国際化にとってみれば，ASEANでの事業展開の起点となるのは，とくにタイ国の首都バンコクだろう。日本とタイとの関係は歴史的にみても長く，日本企業のタイ国への進出は早い段階から行われており，現在，約3000～4000の日系企業が事業活動を行っているともいわれ，バンコク近郊には一大企業集積が形成されている。さらにGMSの開発状況からみても，バンコクからであれば周辺国を中心に国境をまたがったクロスボーダー的な事業が展開しやすいなど地政学的な優位性もある。また，バンコクの国際空港からでは「1日10時間圏内」ともいわれるほど，タイ国から他のASEAN諸国への近接性も強みとしてある。

　しかしながら，タイ国においては，業種にもよるが，すでに日系企業が飽和しており競争は激しく，さらに賃金も上昇してきていることから，進出するにはすでに遅いと懸念する声もある。さらに，ここ最近になって，タイ国の経済社会の情勢は大きく変化してきている。その変化の1つは，**外国企業誘致策**である。タイ国政府はこれまでのゾーニングを中心とした税制優遇策を高付加価値型事業中心へと転換した（2015年1月から）。従来型の業種は投資恩恵を受けることができなくなった。変化のもう1つは，**最低賃金制度**である。最低賃金は，それまで地域による差があったが，これをなくし，タイ国内全域を一律化した（2013年1月から）。その結果，これまで都市部の主要な工業団地の現地での労働者（ブルーワーカー）の担い手であった出稼ぎ労働者が工場労働をしなくなり，出身地であるタイのチェンライやイサーンといった東北地方などに戻り，家族とともに生活をしながら農園を営むようになった。このためバンコク近郊では，失業率の大幅な低下も相まって，労働者不足がさらにいっそう深刻化している。このような労働不足への対応のために，バンコク近郊のローカル企業

のなかには，カンボジアやラオス，またミャンマーなどタイの周辺諸国における人材をワーカーとして積極的に採用するところも出てきている。

● **日本企業のタイ＋ワン戦略**

　このようなタイ国内の経済社会情勢の変化を前提にすれば，従来型の国際化はもはや困難であり，近未来に対応した新しいビジネススタイルを確立しなければならない。この新しいビジネススタイルにはつぎのような特徴がある。1つは，推進する事業がタイの経済社会の向上に貢献できる事業であるということである。従来，日系企業は海外進出後も日系企業と取引をする傾向があり，日本国内に本社をおく日系企業のためのビジネスを追求してきた傾向がある。

　しかし，これから求められるのは，タイ国の経済社会の発展，すなわちタイ企業の発展ないしは国民の生活水準の向上に寄与するようなビジネスだろう。もう1つの特徴は，製品でなく技術を売るということである。タイ国が日本の中小企業の進出先として魅力があるといっても，タイ国のローカル企業と競合するかたちでの進出は決して歓迎されない。タイ国のローカルの製品技術を高度化することができる，日本の中小企業がもつ技術力が必要とされている。この技術を売るビジネスが成功の鍵となる。

　このように，これからタイ国へ進出しようとする日本企業は，タイ国内の経済社会に貢献するような事業か，あるいはタイ企業の高付加価値化に貢献するような事業を展開することが求められよう。タイの経済社会ならびにタイ国民との**共存共栄**こそが成功の鍵となる。これを前提とすると，コストの安い労働集約的なものづくりは，タイの周辺諸国であるカンボジアやラオス，またミャンマーといった国境地域で行わなくてはならないかもしれない。さらには，これまでと同じように生産されるものは，タイ国内でなく消費地として期待されるベトナムなどの諸国に販売しなくてはならないかもしれない。こうした一連の予測は，まさにASEANを構成する10ヵ国の間の経済格差を活用したビジネス実践であり，この周辺国を視野に入れたビジネス実践こそがこれからのASEANビジネスでの成功の鍵となるといえる。このようにタイを中心に

第 6 章 世界市場へ進出する

ASEAN 内の経済格差を利用した国際分業を構築する動きは，**タイ＋ワン**といわれる。

　筆者の感覚からすると，現在，国際化を試みようとしている日本企業の多く，とくに最近展開を試みている中小企業の多くが，タイを中心とする1ヵ国での事業展開に躍起になっているようにみえる。さらに，もっとも問題であるのはタイ＋ワンの発想に乏しく，国籍の異なる人材を含めた多様な人材をマネジメントする**ダイバーシティ・マネジメント**も得意ではないという点である。もちろん，日本企業のなかには周辺国を意識した国際化を実践したり，検討したりしているところもある。経済産業省が実施した調査によれば，国際化を実践するための投資を決定する際には，現地の市場への期待がもっとも高いが（次頁，図 6-7），周辺国の需要や市場の拡大に対する期待も次第に高まってきており，さらには進出先の国における安価な労働力確保への期待はここ最近では下がる傾向にあることが明らかになっている。しかし，韓国や中国の企業群はすでにタイ＋ワンの発想を基に，ASEAN でビジネスを展開しているだけでなく，タイのローカル企業も確実に力をつけてきており，周辺国へ事業を拡張しつつある。国際的にみて，ASEAN ビジネスでは日本企業は遅れをとっているといわざるをえない。

　これから ASEAN のなかでタイにて事業を展開させようとする日本企業にとっては，現地の経済社会および企業とうまくつながり，相手側のスタンスに立った事業展開を行う必要がある。しかしながら，自社単独で現地に乗り込んだところで，相手側の事情を理解したり，懐に飛び込んだりすることは決して容易ではない。このために，とくに現地の産業界と太いパイプのある現地の機関（および担当者）とつながり，現地の経済社会および企業とのアクセスの機会を得ることがまずは重要だろう。

　しかしながら，個々の企業と個々の機関（担当者）が直接的にかつ即座につながるということは決して容易ではない。さらに時間・費用といったコストもかかる。さらに昨今の ASEAN 事情およびタイ国内の経済社会情勢の変化を鑑みると，時間・費用をかける余裕もないであろう。だからこそ，個々の企業

第Ⅱ部　ビジネスを展開する

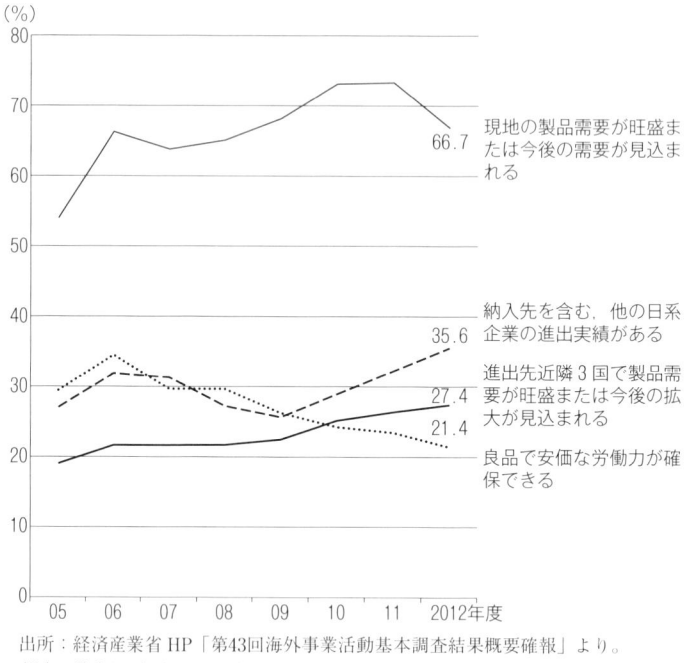

図6-7　投資決定のポイント上位4項目の時系列比較

(%)
- 66.7　現地の製品需要が旺盛または今後の需要が見込まれる
- 35.6　納入先を含む，他の日系企業の進出実績がある
- 27.4　進出先近隣3国で製品需要が旺盛または今後の拡大が見込まれる
- 21.4　良品で安価な労働力が確保できる

出所：経済産業省HP「第43回海外事業活動基本調査結果概要確報」より。
(注)　構成比（％）は，回答企業総数に対する該当項目の回答企業数の比率。

同士だけでなく，それに加えて，より広い次元で日タイの（さらにはタイ国内でなく，カンボジアやラオス，またはミャンマーなどといった周辺諸国およびメコン圏を見据えたスケールでの）コミュニティ同士をつなぎあわせていく（現地コミュニティとのネットワーキングを実践していく）場づくりが，より多く実践されていくことが重要なのである。この場づくりを，いったい誰が行うのかについては課題があるが，あらゆる主体が主役となり，より多くの企業・機関（担当者）がつながり合い，互いに発信する情報を共有し合い，日本企業の海外事業展開における戦略実践のオプションを増やしていくことが求められる。

4　国内回帰ともう1つの国際化

　本章の結びに代えて，国際化に関連した日本企業の最近の動向と，もう1つの国際化について紹介することにしたい。

● 円安と国内生産回帰

　日本企業の国際化の最近の動向とは，**国内生産回帰**である。たとえば，大手生活家電メーカーのなかでもパナソニックは，中国ですべて生産をしてきた一般洗濯機の生産を静岡県袋井市に，また家庭用電子レンジは兵庫県神戸市に，テレビや冷蔵庫の一部を栃木県矢板市および大阪府八尾市に，そして家庭用エアコンは滋賀県草津市に移転させると発表した。ダイキン工業も家庭用エアコンの生産を中国から滋賀県草津市へ，TDKは，中国生産であったスマートフォンや自動車向け電子部品の生産を順次国内に，さらにキヤノンは，日本国内の生産機能を増大させるという。大手生活家電メーカーが国内生産回帰を実現できた背景には，これまでいかに海外生産を進展させようとも，あくまで国内工場を新規技術の開発機能を有する**マザー工場**として機能させてきたことがあげられる。

● インバウンド

　もう1つの国際化とは，**インバウンド**である。これまで本章では，国際化を日本企業の海外進出という視点からみてきたが，これは日本から他国へというアウトバウンドとしてとらえることができる。しかしながら，国際化は必ずしも片方向だけではない。つまり，もう片方である，他国から日本へというインバウンドも，国際化としてとらえることができる。インバウンドとしては，外国企業の日本への参入あるいは外国人の日本での受入れなどが考えられる。こうしたインバウンドは「**内なる**」**国際化**ともいわれることがある。外国企業の日本への参入は，日本で現地法人を設立することもあるが，近年みられるのが

第Ⅱ部　ビジネスを展開する

日本企業の買収である。自動車用金型製造企業のオギハラは，タイの大手自動車部品メーカーであったタイサミットに2009年2月に買収されたが，このことは，日本のものづくりに大きなインパクトを与えた。さらに外国人の受入れについては，外国人研修生を含む外国人労働者をとり上げることができる。外国人研修生の受入れは，全体としては減少傾向にあるものの，それは中国からの受入れが大きく減少しているからであって，中国以外の国々では，日本への研修生の数を伸ばす傾向にあり，多くの外国人研修生が多くの日本のものづくり企業で従事し，日本のものづくりを支えている。

● 国際化時代における日本企業

　日本企業にとって，1国を超えて，世界で事業活動を広げていく国際化はもはや不可避であろう。しかし，その数はまだ多くはない。日本企業経営者は，海外，とくに新興諸国からNATOと批判されることがある。NATOとは，No Action Talk Only の略称であり，視察はするものの，事業はしないという揶揄である。日本は島国という地政学的な特徴から，自国を飛び出すには海を越えなければならず，そこに抵抗を感じることがあるかもしれない。もちろん，国際化を検討するうえでは，必ずしも自国を飛び出し世界へと活動領域を広げていくばかりではない。最後にふれたように，外国からの撤退および日本への生産回帰や，インバウンドについても注目する必要があることは言うまでもない。

　これからの国際化時代においては，日本企業および日本の企業経営者は，国際志向を高め，世界（とくにアジア）のなかで自社および自身の存在価値を高めていかなければならない。

設　問

1. 日本企業はいかなる国際化をいかにして実現しているのか，いくつかの企業のケースを調べてみよう。

2．チャイナ＋ワン（あるいは ASEAN ビジネス）の経営実践について，どのようなとり組みがなされているか，調べてみよう。

初学者のための参考書籍

浅川和宏『グローバル経営入門』日本経済新聞社，2003年。
　➤グローバル経営の論理を，組織論・戦略論をベースに体系的に解説したテキスト。
藤岡資正・P. チャイポン・関智宏編著『タイビジネスと日本企業』同友館，2012年。
　➤ ASEAN とタイ国の経済社会と日本企業との関連をビジネスの視点で描いた初の書籍。
クリストファー・A. バートレット＆スマントラ・ゴーシャル（吉原英樹監訳）『地球市場時代の企業戦略——トランスナショナル・マネジメントの構築』日本経済新聞社，1990年。
　➤多国籍企業と国際経営の研究に対して世界的に多大なインパクトを与えた1冊。
パンカジ・ゲマワット（望月衛訳）『コークの味は国ごとに違うべきか——ゲマワット教授の経営教室』文藝春秋，2009年。
　➤セミ・グローバリゼーションのコンセプトを論理的，体系的に示した書籍。

〈関　智宏〉

第 7 章

産業界に資金を供給する

> 金融とか金融機関と聞くと，どのようなイメージを思い浮かべるだろうか。難しそうとか，真面目で堅物，いつも数字とにらめっこ，などが多いだろう。ある業種・業界・企業のイメージは，その扱う財やサービスの内容と関係がある。金融機関が扱う財はお金であり，提供するサービスはお金の融通であるから，お金にまつわるイメージがそのまま金融（機関）のイメージとなる。
>
> この章では，そうしたイメージをもたれやすい金融（機関）について，企業経営の視点から基本的な性質と最近のビジネス展開について学ぶ。まずは，金融の意義と役割について簡単に解説する。次に，金融機関の中でも銀行に注目し，銀行経営が実はきわめて不安定な基盤の上で行われていることを確認したうえで，不確実性への対応としての信用リスク管理のあらましを学ぶ。最後に，従来の金融のイメージに当てはまらないビジネスを展開し，地域経済の活性化に貢献している信用金庫の事例を紹介する。

1 金融の意義と役割

● 金融機関は何をするのか

　何か大きな事業を始めようとするときに事業資金をどのように調達するだろうか。こつこつと商売して手持ちの事業資金を貯めてからでもよいが，それではいつ事業に取りかかれるかわかったものではない。そうしたときに，手持ちの資金が少なくても，誰かが巨額の資金を融通してくれれば話は早い。その誰

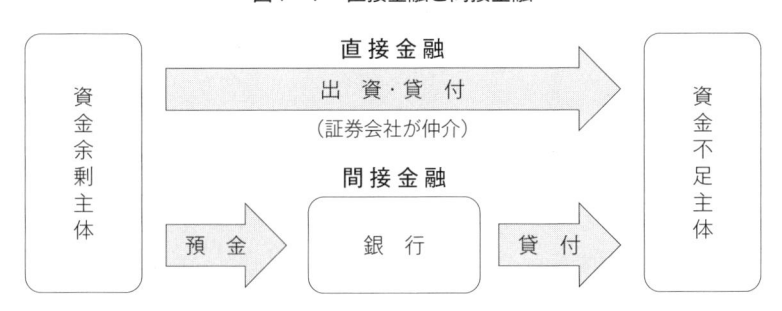

図 7-1 直接金融と間接金融

```
         直 接 金 融
┌─────┐  出 資・貸 付  ┌─────┐
│資金 │ ─────────────▶ │資金 │
│余剰 │ （証券会社が仲介） │不足 │
│主体 │  間 接 金 融   │主体 │
│     │ ─預金─▶ ┌──┐ ─貸付─▶ │     │
└─────┘        │銀行│        └─────┘
               └──┘
```

かの役割を担うのが金融機関であって，金融機関は世の中に散らばっている資金を集めて巨額な事業資金として融通（貸付や出資）する。もちろん，やみくもに融通するのではなく，将来の採算性が見込める事業を見抜いて，そこに集中的に資金を投下する。その事業がうまくいけば経済・社会が活性化することになる。何か具体的なモノを生産するわけではないが，資金の融通を通じて金融機関は社会に貢献している。

● **直接金融と間接金融**

資金の余っている個人や組織（資金余剰主体）から資金を必要としている個人や組織（資金不足主体）に資金を融通する働きが**金融**であるが，これには大きく分けて**直接金融**と**間接金融**がある（図7-1）。

直接金融とは，資金不足主体が発行した証券（株式や債券）を資金余剰主体が直接引き受け，資金を融通する方法である。事業資金を必要とする会社が発行した証券を資金余剰主体が購入するという形式で行われる。このとき証券の売買を仲介するのが金融機関である証券会社で，仲介手数料が証券会社の収入になる。間接金融では，銀行が資金余剰主体と資金不足主体の中間に入ることで資金融通を行う。資金が余っている個人や組織は銀行に預金をして，銀行は預金を原資として資金不足主体に貸付（融資）を行う（「与信」ともいう）。貸付の相手からもらう受取利息と預金者への支払利息の差額が銀行の収入になる。

● 金融とリスクの負担

　資金の融通にはつねに不確実性がつきまとう。貸したお金が返済されない，利息や配当の支払いが滞る，経営不安や倒産で株式や債券が紙切れになる，などの危険がつねにある。しかし，そうしたリスク（資金不足主体の経営不安に起因するリスク）を負担する見返りに利息や配当収入，売却益などのリターンも存在する。リスク負担という観点からもう一度図7‐1を見てみよう。

　直接金融では，資金余剰主体がリスクを負担しており，証券会社は売買を仲介するだけなので，資金不足主体に起因するリスクを負担する必要はない。あくまで資金余剰主体の自己責任でリスクとリターンが天秤にかけられる。間接金融では，資金不足主体に起因するリスクを中間の銀行が負担している。銀行は経営体として，リスクとリターンを天秤にかけて，貸付の意思決定を行わなければならない。間接金融における資金余剰主体，つまり預金者は，資金不足主体に起因するリスクを考慮する必要はない。いいかえれば，銀行は資金余剰主体が負うべきリスクを代わりに負っていることになるので，資金余剰主体は安心して銀行にお金を預けることができる。

2　銀行経営の不安定性と不確実性への対応

● 不安定な銀行経営

　預かった預金はそのまま銀行の金庫に眠らせておくのではなく，融資することで銀行は債権を獲得し，金利収入を得ることができる。このとき，もし融資したお金が返済されないと銀行は預金を払い戻すことができなくなってしまう。そこまで行かなくても融資先の金利の支払いが滞る場合は銀行の収益基盤が危うくなる。元利金（元本と利息のこと）の返済が困難になった債権を不良債権といい，収益圧迫の要因になる。銀行は，債権が不良化するリスク（「信用リスク」という）を負担すると同時に，預金者による預金の払い戻し要求があった場合は，銀行の金庫に現金があろうとなかろうと，これに応じなければならない。ただ，すべての預金者が直ちに預金の払い戻しを要求することは通常あり

えないので，そのような見込みのもと，他所に貸し出しているのである。その意味で銀行経営というのはきわめて不安定な基盤の上に行われているといえる。

● 情報生産と統合報告

このような不安定性に対処するやり方の1つとして，当然ながら，きちんと元利金を返済してくれるような相手方を探し出すことが必要になる。銀行は，どこの個人や企業にどれくらいの金利でどれだけの金額を融資するかを，さまざまな情報を収集・分析して慎重に判断しなければならない。融資後も約束した通りに借り手が行動しているか監視する必要がある。このように借り手にかんするいろいろな情報を収集し，加工し，評価することを**情報生産**といい，適切な借り手か否かを判断する能力を「**目利き能力**」という。地域金融機関へのあるアンケート調査によれば，近年は，目利きの際の判断材料になる情報として，財務情報のような数値情報以上に，「経営者の資質」が重要視されている。

ところで，情報生産が適切になされるには，その前提として，資金不足主体の経営内容の情報が開示されていなければならない。このことは，株式市場や債券市場で投資を行うような，資金余剰主体が直接にリスクを負担する直接金融にとくにいえることである。そのための情報開示の新しい手段として，『統合報告』が注目されている。これは，IIRC（International Integrated Reporting Council：国際統合報告評議会）という団体が推進している情報開示のフレームワークで，財務情報開示（カネで表せる定量情報の開示）と非財務情報開示（ヒト，モノ，知恵，環境配慮などの定性情報の開示）を統合し，企業の長期的な価値創造を説明するのに用いるものである。

企業の長期的な価値は，財務資本（カネ），製造資本（モノ），人的資本（ヒト），社会関係資本（サプライヤーや地域社会とのかかわりなど），自然資本（自然環境）などが動員・統合され形成される。この長期的な視点からの企業価値の形成を情報開示するのが統合報告である。従来の『有価証券報告書』と『CSR報告書』を，企業および社会の持続可能性の視点から有機的に統合したものといってよい。『統合報告』はどちらかといえば直接金融にかかわる話であるが，

間接金融，すなわち銀行融資においても目利きの際の有力な判断材料として使われる可能性がある。

●信用リスクの管理

返済の不確実性に対処するため，つまり，融資した資金を確実に回収するために，融資の際に土地建物のような物的担保や人的担保（保証人のこと）をとる場合もある。担保をとっておけば，貸金を回収できなくても担保物件を転売したり，保証人から回収したりできるので銀行にとっては安心である。ただ，融資の審査の際に，あまりに担保の有無や換金価値にこだわってしまうと，回収の見込みが低い事業用資金の融資であっても，高額な土地を担保にとって審査を通してしまう，といったことが起きてしまいがちである。担保のみに依存せず，融資にともなう不確実性に直面しつつ，融資対象になる事業の採算性などを見極めることが銀行経営の基本である（もっとも，あえて担保をとることで融資先に経営規律を与える効果もある）。

近年は，融資にともなう不確実性を数値情報に置きかえて，経営管理の意思決定に役立てようという傾向が生まれている。銀行も企業であるから人事やマーケティングなど，一般の企業が行う経営領域があることはいうまでもないが，銀行の中核な経営問題は，融資にともなう不確実性をいかに見積もり，管理するかというリスク管理にある。

銀行が直面するリスクにはさまざまなものがあるが，その中でも信用リスクは融資という，銀行の本来的な業務にともなうリスクである。信用リスクは，それが現実に起きるかどうか融資の時点では不確実である。この不確実の度合いを融資の審査の際に見積もることになる。リスクを完全になくそうと思えば，そもそも融資をやめればよいが，それでは金利収入という収益機会を逃すことになるし，逆に大胆に気前よく貸出をすれば，もし債務不履行（デフォルト：default）になったときの被害が甚大である。したがって，収益機会を確保しつつもデフォルトになったときに損失がなるべく小さくなるように貸出ポートフォリオ（貸出資産全体のこと）をかじ取りする必要がある。そして，不確実な将

来を定量化（数値で表すこと）することで，それに対処し管理する構えができる。たとえば，デフォルトの確率を定量的に表現できれば，借り手（債務者）を格付けして区分管理することにも役立つ（債権の区分管理は金融庁から義務づけられている）。また，デフォルト確率が高いと見込まれる顧客に対しては高い利率をつけるなど，プライシングの材料を提供することになる。

そのためには**財務定量モデル**を構築して管理の役に立てることになる。財務定量モデルとは，企業の財務情報などを利用して，信用の度合いをスコア化するモデルである。このような財務定量モデルの考え方には，おおまかにいうと経験モデルと統計モデルの2つがある。

経験モデルとは，企業の財務情報のような定量項目や技術力・販売力のような定性（質的）項目に，経験にもとづいてスコアを配点して，合計スコアによって信用度を判定するモデルである。融資実務の中でこれまで行われてきたものに近い。統計モデルとは，定量項目や定性項目を使って，企業のデフォルトを統計的にもっともよく説明する関係式を導くモデルである。たとえば，過去の与信（融資）データから，流動比率とか自己資本比率のような信用リスクの動向に関係が深い経営指標を取り出し，これらと実際のデフォルトのデータ（金利支払いの遅延，元利金不払い，倒産などの事象）を結びつければ，流動比率や自己資本比率が○○％のときにはデフォルトの確率は△△％になるという関係式を導くことができる。新たに融資の申し込みがあった企業の経営比率をこの関係式に代入すれば，デフォルトの確率を数値で表現できるというわけである。

経験モデルにせよ，統計モデルにせよ，信用の度合いを数値で表現できれば，融資の際に，利率の決定，担保をとるか，融資そのものの申し込みを断るか（実務では「謝絶」といったりする）などの意思決定を数値にもとづいて明確にできるようになる。銀行の経営判断には，経営学のみならず，統計学や数学の知識も必要になってくることを知っておいてほしい。

第Ⅱ部　ビジネスを展開する

3　連携による地域経済の活性化

●銀行行政と地域金融機関

　前述のように，担保さえとれれば事業の採算性を軽視して融資審査を通してしまう誘惑が銀行経営にはある。こうした銀行経営に潜む負の傾向性が次のような不良債権問題をもたらした。1990年代のバブル崩壊・景気後退によって，融資先の事業が破綻し，地価や株価のバブルがはじけ担保価値も低下すると，元利金の回収が困難になり，野放図に拡大していた銀行債権はたちまち不良化し，銀行収益を圧迫するに至ったのである。

　このような反省から，銀行行政が推進したのが**リレーションシップバンキング**（relationship banking：通称リレバン）である。文字通り，融資する側とされる側とのリレーションシップ（間柄）を構築することで，必要な情報を生産し，健全な融資をしようというものだ。担保や保証人に過度に依存した融資をやめようということで，「**脱担保主義・脱保証人主義**」という言い方もされる。近年はリレーションシップバンキングよりも，「**地域密着型金融**」という言葉が使われている。

　リレバン行政・地域密着型金融の目的は，もともと地方銀行や信用金庫・信用組合のような地域金融機関の経営の健全性を確保することにあったが，やがては地域経済の活性化（個々の金融機関や企業を「点」とすれば，地域経済全体は「面」とたとえられる。地域経済全体の再生を指して「**面的再生**」という）を担う役割をも地域金融機関に期待するようになった。

　経営戦略においては，外部環境がどのようなものかを認識し，いかに対処するかが必要であるが，地域金融機関も例外ではない。地域金融をめぐる規制環境が外部環境となる（ちなみに，信用金庫を含む銀行などは，経済の血液ともいえる資金仲介を担い，その預金口座は企業間の取引代金の決済，給与振込，公共料金などの支払いに使われており，半ば公共的な性格をもつことから，いろいろな公的規制の対象になっている。ここでは省略するが，BIS規制という国際規制もある。銀行などの金融

機関は公的規制を前提にして経営のかじ取りをしなければならない)。こうした規制環境の中で、地域金融機関は地域密着型金融というビジネスモデルを確立することが求められた。有望な融資先を見抜き、事業の将来性を評価し、金融面で支援することは地域経済の活性化に貢献することになる。さらに、資金融通にとどまらず、取引先企業のコンサルティングも期待されるようになっている。

地域密着型金融をビジネスモデルとして実行する場合、地域金融機関に求められる能力は、事業の実現性・将来性を評価するという、「目利き能力」である。リレバン行政においても、この「目利き能力」を涵養する必要性が強調されている。

しかし、一口に「目利き能力」といっても、事業の実現性や将来性を評価することは簡単なことではない。事業といってもいろいろな業種業態があるし、使用される原材料、生産設備、技術、販路などについてそれなりの知識や見識をもっていなければならない。勤勉さや統率力といった経営者の資質を見抜く人間力のようなものも必要だろう。顧客のもつ技術の目利き（製品化や販路開拓の可能性）には技術にかんする知識が必要であるが、文系出身者が大半を占める地域金融機関には見通しがきかないことがある。

そこで、大学や経済団体などの多様な組織と連携して、目利き能力、すなわち情報生産能力を補完しようとする動きが出ても不思議ではない。リレバン・地域密着型金融行政の下で、地域金融機関の役割が地域経済の面的再生にまで拡張されたことで、より一層の目利き能力の向上の必要性が高まり、これまであまり縁のなかった組織との連携が模索されるようになっている。

● **地域連携の事例1**──神戸信用金庫の川上・川下ビジネスネットワーク事業

地域で連携を構築し、ビジネス展開している地域金融機関として、兵庫県の神戸信用金庫の事例を紹介しよう。信用金庫とは、相互扶助を目的とした協同組織の金融機関であり、その会員となることで融資を受けられる。営業エリアが限定され、エリア外からの預金受け入れは可能だが、融資先は原則としてエリア内の個人や企業に限定されている。

第Ⅱ部　ビジネスを展開する

写真7-1　神戸信用金庫本店，田中昌利相談役

提供：神戸信用金庫

　ここでは，神戸信用金庫の前理事長・現相談役の田中昌利氏への経営者インタビュー（2015年2月当時）にもとづいて事例を紹介したい（写真7-1は神戸信用金庫本店と田中昌利相談役）。

　神戸信用金庫は県下の他の信用金庫等と連携して，ユニークな事業展開を行っている。それが，兵庫県信用金庫協会と，神戸信用金庫をはじめとする兵庫県下の11の信用金庫，神戸商工会議所などを事業参画主体とした，「川上・川下ビジネスネットワーク事業」である。この事業は，川上＝中小企業と，川下＝大企業の間の「出会いの場」を提供すること＝マッチングを基本コンセプトに，川下の大企業のニーズと川上の中小企業がもつ技術シーズをつなげることで中小企業のビジネスチャンスを創出し，ひいては地域産業の活性化を図ることを目的としている（図7-2）。

　大企業は必要とする技術を必ずしも自前で開発しているわけではない。外部の中小企業に依存していることが多い。取引関係にある中小企業であれば，どのような技術をもっているかわかるのだが，そうでない中小企業がどのような技術をもっているかわからないし，それを探し出すのも手間がかかる。技術情報が商品として売買される一般的な市場というものも存在しない。また，中小

第7章　産業界に資金を供給する

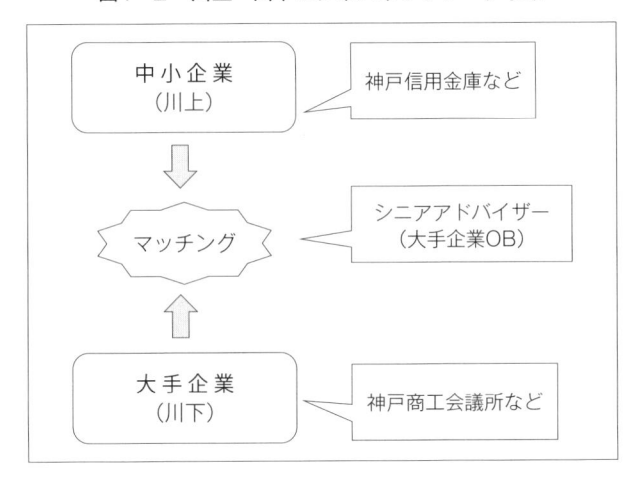

図7-2　川上・川下ビジネスネットワーク事業

```
┌─────────────────────────────────────────┐
│   中小企業  ──── 神戸信用金庫など         │
│   (川上)                                 │
│      ↓                                   │
│   マッチング ──── シニアアドバイザー     │
│                  (大手企業OB)            │
│      ↑                                   │
│   大手企業  ──── 神戸商工会議所など      │
│   (川下)                                 │
└─────────────────────────────────────────┘
```

　企業の特徴として，ヒト，モノ，カネ，情報などの経営資源に制約があることがあげられるが，すぐれた技術をもっていても，製品化のノウハウが不十分であったり，販路をもたないということがよくある。川上・川下ビジネスネットワーク事業は，大企業と中小企業の両者の要求を引き合わせ，すり合わせる役割を担う。

　具体的には，まず，信用金庫グループ，神戸商工会議所などが技術シーズ，ニーズ保有企業の掘り起こしを行い，調査対象先として推薦する。たとえば，信用金庫が営業活動などを通じて把握した中小企業の技術情報を，川上・川下ビジネスネットワーク事業に仲介することになる。

　つぎに，幅広い人脈をもつ大手企業OBの技術者であるシニアアドバイザーがコーディネーターとなり，その技術の有効な利用方法や大手企業の技術ニーズなどを調査し，その結果にもとづいて，調査対象企業の支援策を検討することになる。

　その後，マッチングということになるのだが，これを「お見合い」にたとえてみよう。「お見合い」では仲人がいろいろなことをする。男女双方の人となりを把握し，相手側に伝えたり，お見合いの場をセッティングしたりする。面

倒見のよい仲人であれば，お見合いでのPR方法や，結婚後の生活設計のアドバイスまでしてくれるだろう。

　川上・川下ビジネスネットワーク事業のコーディネーターも面倒見のよい仲人と同じで，大企業と中小企業を引き合わせるだけではなく，マッチングの場で中小企業の経営者が保有技術をうまくプレゼンできるようにアドバイスしたり，マッチング後の成果が出るように，公的補助金を使っての販路開拓や新事業開発ができるようにするといった支援を行っている。

　このネットワーク事業のミソは信用金庫のもつ情報生産能力にある。ここでいう情報とは，どのような技術をもっているか，ということにとどまらず，その技術をどうしたいのか，製品化したいのか，販路を拡大したいのか，転売したいのか，共同開発の相手を探しているのか，どのように技術を活かせばよいかわからないという中小企業の経営者が抱えている悩み，目下の経営課題は何かという意味での情報である。このようなある意味ウェットな情報を把握するには対人的な接触が不可欠である。信用金庫は「フットワークの金融機関」ともいわれ，このような地域の中小企業のウェットな情報を収集（生産）するのに適している。信用金庫はお祭りや清掃のような地域行事に積極的に参加しているが，これも見方によっては，地域貢献にとどまらず，地域の人的なネットワークからウェットな経営情報の収集につなげるとり組みともいえる。

　地域で連携を構築することは，今までにない人や組織のつながりを創造していくことであるから，それなりの積極性や主体性が個人属性として必要になる。この点は，田中氏もインタビューの随所で強調されていたところで，金融機関の職員といえば，いつも数字とにらめっこばかりの堅物というイメージがあるのだが，それだけではないということだ。

● 地域連携の事例2──神戸信用金庫のクラウドファンディング

　もう1つ神戸信用金庫のとり組みとして，クラウドファンディングの事例を紹介しよう。クラウドファンディングとは，WEBサイトを通じて不特定多数から小口の資金を募る資金調達の方法である。クラウドファンディングによる

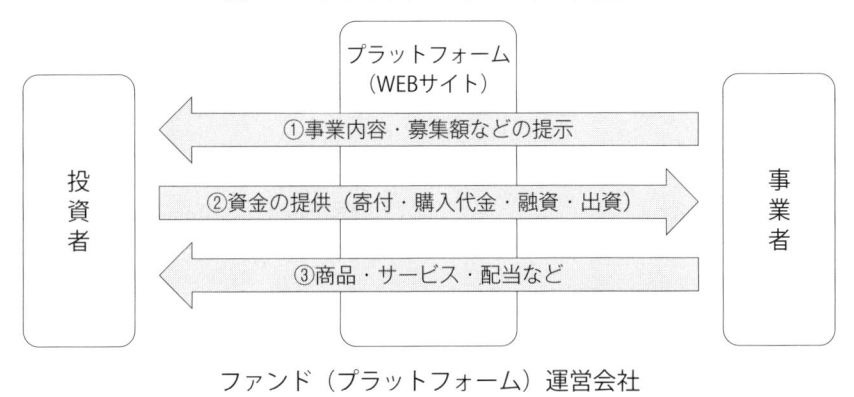

図7-3　クラウドファンディングの仕組み

```
                    プラットフォーム
                    （WEBサイト）
  ┌──────┐  ←── ①事業内容・募集額などの提示 ──  ┌──────┐
  │ 投資 │  ── ②資金の提供（寄付・購入代金・融資・出資）→ │ 事業 │
  │  者  │  ←── ③商品・サービス・配当など ──  │  者  │
  └──────┘                                      └──────┘
                ファンド（プラットフォーム）運営会社
```

資金調達はここ数年，全国に広がっており，1口数万円程度が主流である。東日本大震災で被災した中小企業の再建にも活用された。

簡単に仕組みを説明すると（図7-3），事業者は，ファンド（プラットフォーム）運営会社が運営するWEBサイトを通じて，全国の投資家に対して，自己の事業，製品・サービスの内容や必要な投資額・対価を訴えることができる（①）。事業の趣旨に賛同した個人や企業は，寄付，購入，貸付などによって，資金を提供する（②）。事業者は物品・サービスを提供したり，配当を支払ったりする（③）。

クラウドファンディングには，出資者に対するリターンの形態により，金銭的リターンのない「寄付型」，金銭的リターンをともなう「投資型」や「貸付型」，事業者が提供する何らかの権利や物品を購入することで支援を行う「購入型」がある。このうち「貸付型」についていえば，クラウドファンディングによる資金調達は，銀行借入れに比べてハードルが低いので，金融機関が融資を躊躇しがちなベンチャー事業の資金調達手段として利用できる。過去に民事再生を経験し，金融機関からの借入れが困難な場合でもファンド組成にかかる運営会社の審査さえ通れば代替的な資金調達手段として利用でき，事業の再チャレンジも可能になる。

神戸信用金庫は，地域貢献や地元中小企業の発展の役割を担う地域金融機関として，クラウドファンディングを活用した中小企業の資金調達支援に力を入れることとし，ファンド（プラットフォーム）運営会社の１つであるミュージックセキュリティーズ社と業務提携を結ぶことになった。神戸信用金庫は，クラウドファンディングによる資金調達を通じて事業の新規展開や拡大を企図している企業をミュージックセキュリティーズ社に紹介することになる。

　しかし，そもそもクラウドファンディングは銀行のような金融機関を介さない資金調達方法である。なぜ神戸信用金庫が関与することになったのだろうか。

　理由として，取引先の資金調達チャネルを多様化するという形で取引先支援の幅を広げることができることがあげられる。この点は，地域金融機関に地域経済の面的再生という役割が課されていることと関係がある。また，ベンチャー企業や中小企業の新規事業プロジェクトについては，目利き能力を備えた金融機関でも融資に及び腰になりがちであるが，もしその事業が軌道にのれば，通常の融資先として将来の顧客になりうるというメリットもあるからである。

　このようなクラウドファンディングへの関与もまた，川上・川下ビジネスネットワーク事業同様，地域経済活性化（面的再生）に向けた連携のとり組みといえる。金融には，資金の融通によって資金余剰主体と資金不足主体をつなぐ働きがあるが，ここにきて，従来型の資金融通にとどまらないとり組みがなされている。インタビューの中で田中氏はそれを，「ジョイント業」と表現されていたが，当を得た表現であろう。

● **地域金融機関のCSR**

　インタビューの最後に，「神戸信用金庫にとってCSRとは何か」を尋ねた。そこで田中氏が強調されていたのは，「金融機関の本業を通じたCSR」が重要だということである。あくまでも金融機関の本業の枠組みでCSRを行うのが筋であるという。ここでいう「本業」とは，神戸信用金庫でいえば，「ジョイント業」として広く定義された**事業ドメイン**であり，そこから従来の金融機関のイメージに当てはまらない地域連携の構築というビジネスモデルが展開され

ていた。それは地域経済の活性化に貢献することにつながり，その点でCSRの実践にもなっているといえる。

> **設 問**
>
> 1．デフォルト確率に影響を及ぼすような，融資先企業の定量的および定性的項目として，どのようなものが考えられるだろうか。
>
> 2．地域の銀行や信用金庫・信用組合のHPなどを調べて，CSRへのとり組みについて比較してみよう。

初学者のための参考書籍

大久保豊監修，尾藤剛著『ゼロからはじめる信用リスク管理――銀行融資のリスク評価と内部格付制度の基礎知識』金融財政事情研究会，2011年。
➤信用リスク管理全般について，統計学的な背景も丁寧に解説された良著。金融論や統計学をある程度学んだ後で読むとよいだろう。

古江晋也『地域金融機関のCSR戦略』新評論，2011年。
➤地域金融機関のさまざまなCSRへのとり組みを紹介している。

ピーター・バーンスタイン（青山護訳）『リスク――神々への反逆』日経ビジネス人文庫，2001年。
➤不確実な未来に対する人類の壮大な智慧の戦いの歴史を描いている。ビジネスパーソンを目指す学生必読の書といえる。

〈久富健治〉

第 8 章

ITを駆使して成果をあげる

> 本章では，まずIT経営について説明する。ITの発展とともにIT経営も変化し，企業の組織や制度も変わった。IT導入がもたらした業務の効率化や経営管理が，同時に組織や従業員の働き方を変えたことを理解しよう。
> 　つぎに，近年のITトレンドワードである，クラウド，ビッグデータ，IoTについて学ぶことで，これからはITを活用した新たなビジネスの創造が期待されていることを学ぶ。
> 　本章の最後では，これからの新たな商品やサービスを生み出す，サービスデザインについて説明する。それは，顧客経験価値，すなわち顧客がどんなときに感動するのかをキャッチすることが，新規ビジネスのアイデアにつながるという考え方とツールである。

1　IT経営とは

　皆さんはITと聞いて何を思い浮かべるだろう。ITとはInformation Technology（情報技術）の略称である。毎日手にとっているスマートフォンをはじめ，コンピュータ，情報システム，アプリケーション，あるいはそれらがもたらす情報やサービスをイメージするかもしれない。私たちが毎日便利に使っているITであるが，これを経営に活用することがIT経営である。すなわち，ITを経営ツールとし，経営戦略の実現や課題解決のためにITを活用することがIT経営といえる。
　企業経営におけるIT活用の目的は，大別して3つ考えることができる。そ

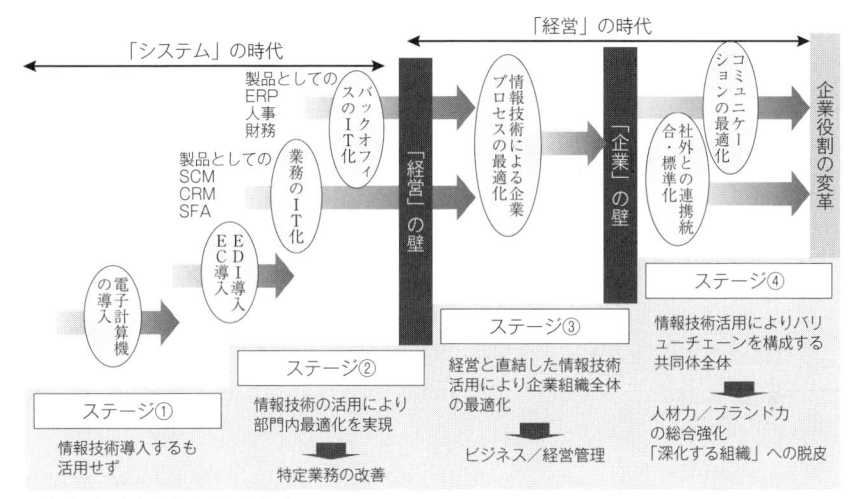

図8-1 企業のIT化ステージ

出所：経済産業省資料より作成。

れは，①業務の効率化，②新規事業創出，③経営管理，である。経済産業省はITと経営の関係をステージ化することで，企業のIT活用度合いをわかりやすく示している（図8-1）。

　これらのIT活用を実現するためには，経営戦略と一体となった**IT戦略**が必要である。現在の高度な情報化社会において，経営戦略はIT戦略抜きに語ることはできない。大量の情報を迅速にとらえて分析し，的確な意思決定を行うには，IT活用は必須である。そしてIT戦略の立案には情報統括役員などと呼ばれる**CIO**（Chief Information Officer：最高情報責任者）に代表される，経営トップによるIT経営への関与が必須であり，また，立案されたIT戦略の速やかな実施には，時代にあった業務や組織・制度の見直しが必要となる。

● IT部門の役割の変遷

　企業内のITシステムの導入や管理を主導する部門がIT部門である。CIOを中心として経営層が立案したIT戦略を速やかに実施するうえで，業務部門との橋渡しを行うことが業務の中心となる。しかし，その役割はさらに拡大す

第Ⅱ部　ビジネスを展開する

るとともに業務も変化を求められている。

　1980年代に多くの企業でIT部門が設立されたが，その当時の主な役割は自社業務に適した業務システムの開発と導入であった。企業はIT経営を実施するために自社で数多くの開発者を雇用し，システム開発を行った。しかし，1990年代に入って業務を自社で行うのではなく他企業へ委託する**アウトソーシング**が進み，IT部門の大きな役割にこれら外部事業者との調整が加えられた。業務システムをすべて自社製とするのではなく，経理システムや人事管理システムといった業種によらずどの企業にも必要なシステムは外注し，開発コストや運用コストを削減する企業が増加した。2000年代以降ではインターネットの広がりにともない，CIOとIT部門による，IT戦略の立案と実施という経営戦略機能の重要性が増している。

　CIOの役割は，自社がITを上手に活用できるように，経営層に対して有益な助言をするとともに，中心となってIT戦略を立案することである。

　それに対して，IT部門の役割は，CIOと経営層の考えを具体化することである。企業の情報システムに何を求めるのかを業務部門と一緒に考えることが第1となる。そのうえで，自社や関連会社にいまだ多くの開発者を抱える大企業であれば，自社でシステム開発を行うが，そのような労働集約的な業務に時間を割く余裕のない中堅・中小企業では，開発を委託するITベンダが理解できるように要求をまとめることが主な役割となる。

　そして，クラウドと，タブレット端末やスマートフォンをはじめとした**スマートデバイス**，ビッグデータといったキーワードを背景に，IT部門の役割はさらに拡大している。それは企業が時代に沿う形で成長するために必要な役割といえる。業務革新，ビジネスモデルの改革といった言葉は，転換期を迎えた日本経済に関連して経営者からよく聞かれる言葉となったが，それを担っているのがIT部門である。自社の収益向上や成長基盤づくりにIT部門が関与することが求められる時代となった。さらに，スマートデバイスを活用した新たな事業運用をIT部門主導で開始する企業も増加している。進展するITをビジネスに活用するために業務部門がIT部門の力を必要としているのである。

●IT人材への期待

　また，役割の変化とともに，IT部門で働くうえで求められる能力も変化している。社内システムの開発だけを行っていればよい時代ではなく，現在のIT部門で働くIT人材に求められるのは，コミュニケーション力とマネジメント力である。

　成長が止まっている日本企業の多くでは，新規システム構築や再構築を行わない企業が一定数存在し，IT部門の要員は保守業務にのみ携わっている。これらの企業では，IT部門による業務貢献の必要性は認識されながらも，IT人材が不足している。しかし，IT部門の人員は，ITの高度な知識をもち，データの取り扱いができ，企業全体を見渡した高い視点から，部署横断的なポジションとして，業務部門を巻き込んだビジネスを創出できるはずである。

　このようなIT部門の育成には，ITの知識と自社の業務知識の両方が必要となる。ITの知識や論理的思考力の向上には，体系だった学問は存在せず，システム構築の実践教育が重要である，というのが多くのIT部門長の意見だろう。また，社内の業務知識を身につけるためには，IT部門と業務部門の仕事をともに経験するジョブ・ローテーションが重要である。多くの企業では，その成り立ちや性質から，一度IT部門に配属されるとなかなか異動がなく，また本人も異動を希望せず，与えられた職場で必要とされようと努力するため，ジョブ・ローテーションが行われていない。しかし，これからのIT部門に必要なのはITとビジネスの融合であり，それには自社のリソースや業務の現状を知る必要がある。また，IT部門と業務部門のジョブ・ローテーションを行うことによって，現場を理解するだけでなく，現場とのつながりが生まれ，コミュニケーションが活発になるという利点がある。このつながりが，将来的なIT部門主導による新規プロジェクトを生み出す可能性がある。

●これからのIT経営に求められること

　ここまで，IT経営について説明し，IT部門の役割やIT人材への期待が変化している現状について説明してきた。しかし，実際にITが多くの企業にも

たらしたものは，仕事の効率化ばかりである。20世紀前半の機械が工場での仕事を自動化したオートメーションに習い，20世紀後半から起こった業務効率化は**オフィス・オートメーション**と呼ばれている。現在では，オフィスでは従業員1人ひとりにPCが与えられ，書類の作成や電子メールでの業務連絡，データベースを活用した情報管理などは社員の一般的な業務となっている。

つまり，ITはコモディティ化し，もはや特別なものではなくなった。働くうえで必要なITスキルというものは，そのほとんどがどの部署においても必要な汎用性の高いものであり，さらに，コモディティ化したITスキルは，専門性に裏づけられた労働力を不要としている。

こうして考えると，IT経営がもたらした最大のものとは，従業員の働き方の変化であるといえるかもしれない。たとえば，長崎ちゃんぽん店をチェーン経営するリンガーハットジャパン株式会社では，全店をオール電化とし，中華鍋を廃止した。野菜に均一に火を通すことができる自動回転鍋と自動麺解凍機の導入により，専門調理師でなくとも全店で同じ味で調理でき，2分で提供することを可能とした。それまでは半年かかっていた社員教育も1週間で済むようになった。

皆さんがアルバイト先として選択することもあるだろうコンビニエンスストアでの業務は，大手コンビニ同士の差別化を図るための巨額IT投資により，多様化している。基本は接客とレジ作業であるが，商品販売だけではなく，チケット販売，公共料金収納，宅配便の対応と幅広い。さらに，仕入れ，陳列，廃品といった売り場管理や，清掃，発注までもアルバイトの業務である。

このように，サービス労働の**脱熟練化**が進んだことが，IT経営の最大の効果といえる。専門職や技能職といった職人的な働き方はどんどん減少し，労働のほとんどは誰でもできるものになり，結果，従業員のパート・アルバイトの割合が増加している。いま起こっているこの変化が，インターネットでサービス業を自動化する**サービス・オートメーション**である。

その一方で，生産性の向上につながるIT経営は，これまでなかなか行われてこなかった。近年，役割の拡大とビジネスへの直接的な貢献が最重要テーマ

であったIT部門であるが，実際には企業情報システムの安定稼働やセキュリティ管理に忙殺され，人員も不足し，業務部門とのコミュニケーションもうまくいかない。そのため，IT部門によるビジネスモデルの変革は，多くの企業で期待通りにはなされていない。

しかし，今後はクラウドの台頭などによって，企業が自社システムをつくらず他社に委託する，あるいはシステムを購入する脱開発がさらに進むとともに，企業情報システムの保守・運用すらもIT部門の役割ではなくなる可能性が高い。

これからのIT経営に求められることは，IT活用による新規事業創造，すなわちITイノベーションである。そこで中心的な役割を担うのが，部門横断型で各部門とともに業務を行ってきたIT部門である。先進技術のビジネス活用にかんする目利きを行うための高度なノウハウとスキルなど，IT部門のIT人材でなければ担えない新たな役割が必ずある。サービス・オートメーションによるビジネスモデル改革こそが，今後のIT経営の中心であり，IT人材の活躍の場となるだろう。

2 ITイノベーションのキーワード

ここでは，これからのITイノベーションを支える技術や経営のトレンドワードとして，クラウド，ビッグデータ，IoTについて説明する。

● クラウド

クラウドとは，データを自分のパソコンやスマートフォンなどにではなく，インターネット上に保存する使い方やサービスのことである。スマホで撮影した写真をスマホにのみ保存すると，写真はそのスマホでしか見ることはできないが，クラウドを利用するとインターネットにつながっているすべての端末から見ることができるようになる。自宅，会社，ネットカフェ，学校，図書館など，インターネットさえあればどこからでも，データを閲覧，編集，アップロードすることを可能とするのがクラウドである。「Cloud（＝雲）」という表現

は，昔からネットワーク図を表現するのに雲を使ってきたことに由来する。インターネットがつながっている先がイメージしづらい，世界中のどこに本当は存在するのかわからない，というイメージかもしれない。

身近なクラウドサービス事例としては，Gmail を代表とする Web メール，YouTube などの動画サイト，Twitter や Facebook，LINE といった SNS，さらに Dropbox や iCloud といったネット上にファイルを保管できるオンラインストレージサービスなどがある。オンラインゲームや電子書籍のコンテンツや利用・購入履歴の管理もクラウドサービスである。こうしてみると，スマートフォンの普及にクラウドが大きな役割を果たしていることがわかる。

企業業務へのこれらクラウドサービスの導入は，いくつかのメリットとデメリットが存在する。メリットとしては，サーバやソフトウェアを購入する必要がない，情報システムの構築期間の短縮，保守・運用業務が不要で IT 部門の負担軽減につながるといったものである。デメリットは，個々の企業業務にあわせたカスタマイズが難しい，サービスの安定稼働を外部に委託することのリスク，セキュリティの不安といった点となる。

● ビッグデータ

近年，企業の新規事業開発にデータ分析を用いることが急速に普及している。このような，事業に役立つ知見を導き出すためのデータを**ビッグデータ**と呼び，ビッグデータを用いて社会・経済の問題解決や，業務の付加価値向上を行うことをビッグデータビジネスと呼ぶ。「Big＝巨大な」データと呼ばれる由来は，これまでのサンプルデータとは異なり，入手可能なすべてのデータを対象とすることにある。

データの生成例としては，オンラインショッピングサイトやブログサイトで蓄積される購入履歴やエントリー履歴，ウェブ上の配信サイトで提供される音楽や動画などのマルチメディアデータ，ソーシャルメディアにおいて参加者が書き込むプロフィールやコメントといったソーシャルメディアデータなどである。また，今後は，GPS，IC カードや RFID（Radio Frequency Identifier）で検

知される，位置，乗車履歴，温度などのセンサーデータ，CRM（Customer Relationship Management）システムで管理されるダイレクトメールのデータや会員カードデータなどカスタマーデータといったさまざまなデータをいろいろな分野で活用することが想定される。さらに，個々のデータだけでなく，各データを連携させることでさらなる付加価値の創出も期待される。そのため，今後はこれらデータを既存の業種や組織の壁を越えて共有・活用し，新たな付加価値を生むとり組みが重要となる。

たとえば，日本最大の料理レシピのコミュニティウェブサイトを運営するクックパッド株式会社では，2014年より「たべみる」というサービスを行っている。これは，同サイトにおける数億件にのぼるユーザーの料理レシピの検索動向データを分析，提供することで，食品メーカーの開発や小売店の販売促進に活用するビジネスである。

もちろん，これまでも企業は顧客データなどを収集し，活用してきた。しかし，その活用目的は個々の顧客の属性ではなく，集計することによって得られる傾向情報が中心であり，日々の業務やサービス提供の改善にのみ使っていた。

現在のクラウド技術の進化によって生まれたビッグデータからは，新規事業が創出できる。IT技術の向上により，これまでになかった大量のデータを扱うことが可能になったことと，それらの処理コストが軽減されたことが，ビッグデータ活用の広がりを生んだ。これまでは企画部門の経験とカンによって生まれてきた新規事業であるが，今後はアイデアをビッグデータ分析で補強する，また，データ処理スピードの向上により，小さく生んだ事業をとりあえずスタートさせ，得られたデータ分析から大きく発展させるといった使われ方にシフトしている。データ間の規則性，パターン，相関の発見により，既存事業の改善からビジネス機会の発見まで，ビッグデータの活用は今後のIT経営の中心となる可能性がある。

それでは，ビッグデータの活用がIT経営の中心となった場合，IT部門やIT人材に求められるスキルはどのようなものだろうか。それはデータサイエンティストと呼ばれる人材である。統計学とIT知識の両方を兼ね備えたうえ

第Ⅱ部　ビジネスを展開する

で，企業の課題を的確に把握し，解決策を提案するコンサルティング能力も必要となる。アイデアをデータの裏づけを用いて形にできる人材，これがこれからのIT経営の主役となれる人材である。

● IoT（Internet of Things）

　IoT とは，Internet of Things の略で「モノのインターネット」と訳される。従来型のインターネットが情報システムのネットワークであったのに対して，今まではネットワークに接続されていなかった「モノ」がインターネットにつながって，情報をやり取りする能力を備えていくという考え方である。その概念は新しいものではなく，1990年頃には提唱されていたが，クラウドやビッグデータと同じくテクノロジーと利用環境の発展により，重要性が増している。IoTによるサービスの進展はまた，たくさんのデータを生成し，ビッグデータのとり組みにつながる。

　有名な事例としては，建設機械を販売するコマツのKOMTRAXがある。同社の建設機械には，車両の状態や稼働状況をチェックするためのセンサーやGPS装置が取り付けられており，各車両の現状を通信衛星回線や携帯電話回線を通じてサーバに自動的に送信し，集積している。収集データは車両の位置，エンジンの温度やエンジンオイルの油圧低下，燃料といった車両の状態，稼働状況などである。世界中で稼働するコマツの建設機械を集中管理できるシステムがKOMTRAXである。これらのデータを利用者に無償提供することでメンテナンスを促すとともに，コマツの販売代理店にも提供し，故障原因の推定，修理の迅速化，盗難防止，さらには顧客への販売や作業計画提案サービスに活用しているのである。

　また，身近なものでは，回転すし店「スシロー」をチェーン展開する株式会社あきんどスシローの事例がある。すし皿にICタグを取り付けることで，レーンに流されてから15分経つと自動的にその寿司を廃棄するシステムはよく知られている。そのほかにも，テーブルごとの受発注はもちろん，人数や着席時間をシステムで管理している。回転すしは来店時間によって客が食べる量が変

わるため，システムが提供する1分後と15分後の需要予測を店長が見て，流すネタや流量を決定している。このシステムによって廃棄率が劇的に減少したという。さらに，これらの売上げデータを分析することで，売れているネタの地域差やロングテール傾向などを明らかにし，商品の提供方法や新規サービス開発に活かしている。

さらに身近なものとしては，スマートロックがある。現在各社が提供するスマートロックでは，家の玄関の鍵をスマートフォンから解錠できる，という基本機能だけでなく，指定ユーザーのスマホに電子キーを送ることにより，他者に鍵を渡すことが可能である。これによって，友人や親戚，家政婦に対し，一時的に家の中に入れるようにできる。鍵の紛失や貸した鍵を元に合鍵をつくられる心配がない。

このように，IoTが描くIT経営の重要なポイントは，顧客ニーズをよく理解し，個々の顧客に対して個別のサービスを提供できる点にある。それは単にスマートフォンから家電が操作できる程度のことではなく，サービスがモノとつながって，これまでの課題を解決した新たなサービスが生み出せるのである。

3 サービスデザイン── ITイノベーションを生み出すには

ここまで，IT経営が企業と従業員にもたらしたものをみてきた。企業のIT戦略の実現が自社に差別化をもたらす重要な経営方針となっている。また，ITによって労働の脱熟練化が進み，多くの仕事は誰にでもできるものとなった。同時に，ITはこれまでできなかった，個々の顧客に対する新たなサービスを実現可能としている。

これからのIT人材には，ITに使われる働き方ではなく，ITを使う側に立って，新たな製品やサービスを生み出すことが求められている。ここでは，新たな製品やサービスを生み出すサービスデザインについて説明する。

第Ⅱ部　ビジネスを展開する

● 「サービスデザイン」の思考法

　新事業・新サービスの創出プロセスは，価値発見，サービス設計，事業創出という3段階である。価値発見とは，自社のユーザーに対する観察と分析によって，市場の隠れたニーズを発見することである。サービス設計は，把握されたニーズを満たすための具体的なサービスを検討し，ITによって実現することである。この2つを身につけるにあたっては，**サービスデザイン**の手法が利用されている。サービスデザインとは，顧客視点を徹底し，「**顧客経験価値**」を最大化することによってビジネスモデルを設計する手法である。**デザイン思考**という概念を具体的にビジネスに落としこむ，という考えが根底にある。具体的には，ユーザーを正しく知り，問題を定義し，問題解決のためのデザインを試作し，その機能を評価する，というものである。

　このデザイナーの思考方法を使ってビジネスを考える「サービスデザイン」では，あらゆる製品や事業の価値を「サービス」という視点に立って再設計することが基本的な考え方となる。現代社会では，1つの製品にさまざまな機能が備わっている。顧客もあらゆる機能が実現されている製品を見ても，それだけの理由では購入しない。そもそも機能が多すぎて満足度がマイナスになっている。皆さんもテレビのリモコンにボタンが多すぎる，家電に不要な機能まで搭載されている，と考えたことはないだろうか。そこで，どうすれば顧客に使ってもらえるのか，長期にわたって使いやすいと感じさせるにはどうしたらよいか，ということが課題となった。これがサービスデザインの生まれた背景である。

　サービスデザインでは，製造業やサービス業など業種を区別せず，あらゆる事業を「サービス」としてとらえる。そのうえで，顧客の価値観に寄り添った製品を「デザイン」する。機能を顧客にそのまま与えるのではなく，顧客が求める「サービス」として提供するということであり，そのためには，モノ，ユーザー，場所などを含めたシステム全体をデザインする必要がある。

　そこで考えなければならないのは，顧客は何に「**感動**」するのか，という点である。サービスデザインでは顧客の感情から顧客経験価値を測定する。顧客

経験価値とは，商品やサービスを用いたときの経験こそがその商品やサービスの価値である，という考え方で，使ったときの感動と言っていい。それはもちろん，顧客それぞれで異なり，時と場合で異なる。サービスデザインで用いる数多くのツールから，ここではペルソナとカスタマージャーニーマップについて説明しよう。

● ペルソナ

　ペルソナとは，企業が提供する商品・サービスにとって，重要なユーザーモデルを指す。ペルソナをつくるとは，自社がファンにしたい象徴的な人物像を描くことといっていい。それは氏名，年齢，性別，居住地，職業，勤務先，年収，家族構成といったセグメントだけではなく，生い立ち，性格，人生のゴール，ライフスタイル，価値観，趣味嗜好まで，その人間性を形成した背景や現状を設定し，あたかも実在するかのような人物像を設定する。これによって，このペルソナが何をもって豊かな人生と考えているかを想定でき，新事業における顧客の価値発見につながる。

　この根底にあるのは，「顧客は自分の経験から，自己の価値観を形成する」という考えである。皆さんも自分の生活で価値あるものは，なぜその価値があるかを考えてみよう。多くの場合，これまでの経験上重要だったから，という理由ではないだろうか。顧客の行動や判断のベースにあるのは**経験**である。だからこそ，多くの人間は論理的な行動をとらず，経験にもとづいて直感的に何も考えずに行動しているのに，自分ではそれが最適な行動であると思い込んでいる。

　これまでのマーケティング手法では，コンビニの POS データやポイントカードから得られる情報によって，顧客の名前，住所，いつどこで何を買ったかなどのデータを用いて，行動を予測し，商品やサービスを適切な顧客層に届けることを目的としていた。ただし，この方法では，他店で何を買ったのか，あるいは，この顧客それぞれの価値観はわからない。

　ペルソナを用いた新たなマーケティングでは，特定の個人を設定することで，

図8-2　ペルソナの例

品川麗子

・社内では社交的

・東京出身

・テレビ鑑賞が趣味

・ストレスをためてつい食べ過ぎてしまう

・友人が少ない

写真提供：http://mika-rika-free.jp/

　従来のセグメントデータに加えて，目標，好み，思考の特徴，行動の習慣などを仮定し観察することにより，その価値観を徹底的に分析することが可能である。つまり，顧客の実態に対する理解が深まる。そしてこのペルソナを地域や状況を超えて拡大することで，新たな価値の創造につなげる。

　新商品やサービスの開発において，顧客像を明確にすることは非常に重要である。関係者の考えるユーザーをすべて取り入れた結果，どのユーザーのニーズも満たせない商品になってしまうことも少なくない。企業が新たな商品・サービスの開発にペルソナを用いることの有効性は，顧客が自覚していないニーズの発見につながる点と，顧客像を明確化することにより，開発，営業，広報など，関係者が共通のペルソナを認識し，行動することができる点にある。ペルソナの設定によって，商品開発，サービスの提供方法，デザインなど，企画・意思決定が顧客視点により統一される。

● カスタマージャーニーマップ

　カスタマージャーニーとは，複雑化している顧客の行動をとらえるための考え方である。顧客が購入に至るプロセスからその商品・サービスを利用したあ

第8章 ITを駆使して成果をあげる

図8-3 カスタマージャーニーマップの例

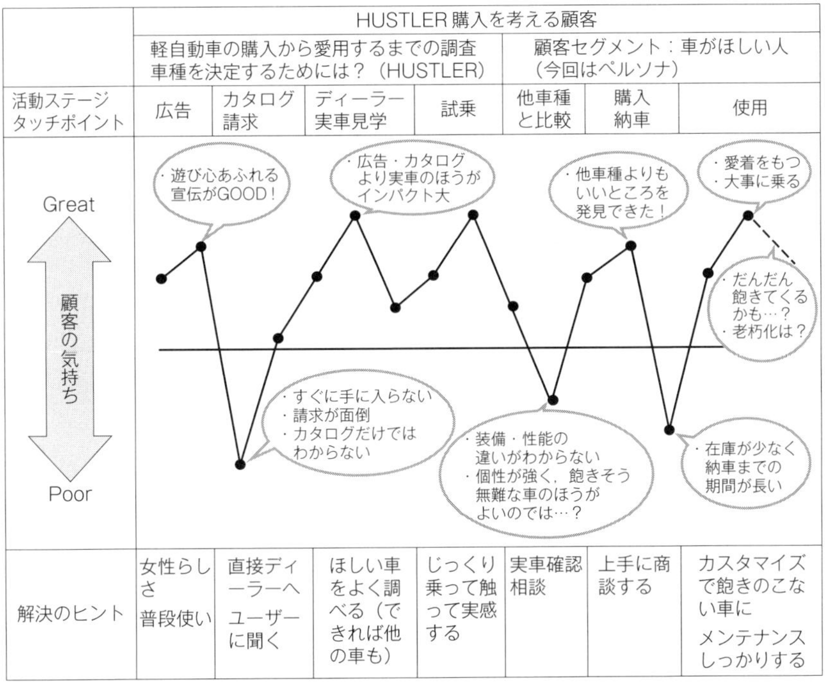

	HUSTLER購入を考える顧客						
	軽自動車の購入から愛用するまでの調査 車種を決定するためには？（HUSTLER）				顧客セグメント：車がほしい人 （今回はペルソナ）		
活動ステージ タッチポイント	広告	カタログ 請求	ディーラー 実車見学	試乗	他車種 と比較	購入 納車	使用
顧客の気持ち Great ⇅ Poor	（グラフ）						
解決のヒント	女性らしさ 普段使い	直接ディーラーへユーザーに聞く	ほしい車をよく調べる（できれば他の車も）	じっくり乗って触って実感する	実車確認 相談	上手に商談する	カスタマイズで飽きのこない車 メンテナンスしっかりする

グラフ中の吹き出し：
・遊び心あふれる宣伝がGOOD！
・広告・カタログより実車のほうがインパクト大
・他車種よりもいいところを発見できた！
・愛着をもつ
・大事に乗る
・だんだん飽きてくるかも…？
・老朽化は？
・すぐに手に入らない
・請求が面倒
・カタログだけではわからない
・装備・性能の違いがわからない
・個性が強く、飽きそう
・無難な車のほうがよいのでは…？
・在庫が少なく納車までの期間が長い

とまでを可視化することにより，新たなサービス設計につなげることが目的である。顧客がどのように商品やサービスと接点をもったのか，どうして関心をもったのか，なぜ購入意欲を喚起されて購買や登録を行い，その後のフォローはどう感じたのか，という道筋を旅にたとえ，そこに顧客の行動や心理，感情を時系列的に可視化したものを**カスタマージャーニーマップ**という。

カスタマージャーニーマップでは，形式や描写方法に決まった形はないが，顧客の行動を時系列でステップ化し，タッチポイント別の行動や感情，心理について一覧化されているのが共通点である（図8-3）。

ここでタッチポイントとは，商品・サービスと顧客とのすべての接点を指す。その商品・サービスにかんして顧客が想定するあらゆる接点が当てはまる。広告のような，企業側から意図して発信される接点だけでなく，口コミのように

143

顧客の周辺から発信される接点も含まれる。すべて顧客視点で描くことがカスタマージャーニーマップの特徴である。こうして描かれたカスタマージャーニーマップからは，顧客がどんな場合に感情（テンション）が下がるのかを知ることができる。あるいは，どこをゴールと設定するかによって，商品・サービスの位置づけを見直すことにもつながる。大きなテンションの下落ポイントがペインポイントと呼ばれるものであり，いくつかのペインポイントを同時に見ることで，ペルソナがどんなときに大きく失望するのかを知ることができる。

そこでどのような解決のヒントが考えられるかを，1つのポイントでの課題解決だけでなく，いくつかのポイントについて考える。さらに一歩引いて，新しい，**ワクワクする**ような解決を考えることが，新規ビジネスのアイデアとなる。もちろんそこでは，IoT によるサービスとモノがつながった，個々の顧客のニーズに応えるビジネスが展開される。アイデアを実現するツールがクラウドとビッグデータである。

顧客にこれまでにない感動を与える商品・サービスのデザインこそが，サービスデザインから生まれる新規ビジネスの本質である。

設　問

1．あなたが最近購入した商品やサービスを思い浮かべ，自分がなぜその商品・サービスを購入したのかを考えたうえで，自分がその商品・サービスを売る立場だったら誰に，どのようにして売ればより売れるのか，考えてみよう。

2．あなたが最近購入した商品・サービスについて，購入前から購入後，利用に至るまでの感情の変化をカスタマージャーニーマップで表現し，どの時点でテンションが下がったかを考えてみよう。また，そのタッチポイントでテンションを下げずにおける対策を考えてみよう。

初学者のための参考書籍

岡田浩一編著『中小企業のIT経営論』同友館, 2013年。
  - ➤経済産業省「中小企業IT経営力大賞」を受賞した企業が, どのような経営アイデアをITで形にしたのかについて, 事例を中心に解説。

高井紳二編『実践ペルソナ・マーケティング——製品・サービス開発の新しい常識』日本経済新聞出版社, 2014年。
  - ➤これまでのマーケティングとペルソナの違い, ペルソナから生まれたビジネス事例についてわかりやすく解説されている。

アレックス・オスターワルダー&イヴ・ピニョール（小山龍介訳）『Business Model Generation』翔泳社, 2012年。
  - ➤ビジネスモデル・キャンバスというサービスデザインの手法について, たくさんの事例とともに細かく解説されている。

マーク・スティックドーン&ヤコブ・シュナイダー編著『THIS IS SERVICE DESIGN THINKING』ビー・エヌ・エヌ新社, 2013年。
  - ➤サービスデザイン全般についての基本的な解説書。多くのツールが紹介されている。

〈布施匡章〉

第 9 章

事業を受け継ぎ、地域に貢献する

　「ビジネス」や「企業経営」という言葉を見聞きすると、無意識に大企業のビジネスが頭に浮かんでいないだろうか。確かに、新聞やテレビのニュースで報道されるのは大企業をとり上げたものが多いことは事実である。しかし、日本国内の企業をみれば、大企業はわずか0.3%にすぎず、99.7%という圧倒的多数が中小企業である。

　このことは、皆さんの周りにある会社は、そのほとんどが中小企業であることを意味している。中小企業は、地域の雇用の受け皿の役割を担ったり、地域で生活している人や企業を相手にしてビジネスを展開して地域の経済を支えている。しかし、日本の中小企業は、後継者不足や事業承継の困難から、その数は減少し続けているのが現状である。本章では、このような中小企業のビジネスをとり上げて、その独自性や可能性を考えていこう。

1　中小企業経営の魅力は何だろう

●中小企業の定義

　中小企業という言葉を聞いて、どのような企業をイメージするだろうか。池井戸潤の『下町ロケット』で描かれているような町工場だろうか。地域の商店街で威勢の良い声をあげながら、日用品や食品を販売する小売店だろうか。それとも、IT分野などの最先端でつねに新しい事に挑戦するベンチャー企業だろうか。あるいは、「まったくイメージがわかない」だろうか。いずれのイメージであったとしても、それが間違いであるということはない。それがいった

表9-1　中小企業者の定義

業種分類	中小企業基本法の定義
製造業その他	資本金の額又は出資の総額が3億円以下の会社又は常時使用する従業員の数が300人以下の会社及び個人
卸　売　業	資本金の額又は出資の総額が1億円以下の会社又は常時使用する従業員の数が100人以下の会社及び個人
小　売　業	資本金の額又は出資の総額が5千万円以下の会社又は常時使用する従業員の数が50人以下の会社及び個人
サービス業	資本金の額又は出資の総額が5千万円以下の会社又は常時使用する従業員の数が100人以下の会社及び個人

出所：中小企業庁HPより。

いなぜなのか，最初に中小企業の定義から確認してみよう。

　中小企業という言葉は，大企業よりも規模が小さいという意味合いで日常的には使用されている。しかし，表9-1に示しているように，中小企業は，業種ごとに資本金や従業員規模によって定義されている。なぜ中小企業という定義が存在するのかといえば，市場競争や経営資源の面において，大企業と比べて経営体力の面で劣ることが多く，政策的な支援対象となりうるからである。中小企業の定義は，中小企業をとりまく経済的環境によって変化している。たとえば，高度経済成長期における定義と，現在の定義では，資本金規模，従業員規模が異なっており，時代とともに中小企業の枠組みを定め，より実態に即した形でとらえようとしているのである。

　また，同様に中小企業の定義は，国や地域によっても異なる。たとえば，EUの場合，中小企業は①従業員数250人以下，②年間売上高5000万ユーロ以下，あるいは年次資産の合計が4300万ユーロ以下，③他企業との間に25％以上の支配関係がないこと，といった定義がなされている。日本の定義と比較してみると，EUの場合は，他企業との支配関係の有無，言い換えれば中小企業の自立性が重視されているのに対し，日本の場合は資本金規模，従業員規模といった量的規定にもとづいているといった違いもある。

　日本の場合，近年では中小企業の中でも小規模の企業層を定義し，政策支援

第Ⅱ部　ビジネスを展開する

表9-2　日本の企業数，従業者総数（企業ベース）（民営・非1次産業・2012年）

	合計		大企業		うち中小企業		うち小規模企業	
		構成比(%)	計	構成比	計	構成比	計	構成比
企業数	3,863,530	100.0	10,596	0.3	3,852,934	99.7	3,342,814	86.5
従業者総数	46,138,943	100.0	13,971,459	30.3	32,167,484	69.7	11,923,280	25.8

出所：中小企業庁『中小企業白書』2014年版より作成。（資料，総務省・経済産業省「平成24年経済センサス——活動調査」再編加工）。

を実施する小規模企業活性化法（2013年）や小規模企業振興基本法（2014年）が，制定・施行されている。従来の中小企業の定義にのっとった政策支援では，中小企業の中上位層が支援対象になりがちだった反省をふまえて，小零細規模企業に対しても政策支援を行う姿勢を打ち出している。

いずれにせよ，日本における中小企業の定義は，量的側面に着目したものであるといえよう。そのため，大企業と資本関係がある企業も，町工場も，商店街の小売店も，IT関係のベンチャー企業もすべて中小企業に該当するのである。「異質多元」という言葉で表現されるように，まさに中小企業は多様性のるつぼといってもよいだろう。

● 中小企業の量的把握——周りには中小企業がたくさん

それでは，中小企業はどのくらい存在しているのだろうか。表9-2は2012年時点での中小企業の企業数と従業者総数を示している。冒頭でも述べたように，中小企業の数は，業種によってばらつきがあるものの，全体では385万2934社，国内企業の99.7％を占めている。また，中小企業で働いている従業者総数は3216万7484人であり，全体では69.7％を占めており，実に全従業者の70％程度が中小企業で働いているのである。さらに小規模企業について補足しておけば，企業数334万2814社，全体の86.5％である。中小企業といえど，実際には小規模企業層がもっとも多いのである。

また，中小企業で働いている人たちの割合を都道府県別に見てみると，東京都，千葉県，神奈川県，愛知県，大阪府の三大都市圏や，広島県や福岡県など

の地方中枢都市ではその比率は低く70％を下回る。他方で，青森県，秋田県，山梨県，奈良県，島根県，鳥取県，徳島県，高知県，佐賀県，長崎県，熊本県，宮崎県では，中小企業で働いている人たちの割合は90％を上回っており，地方部で中小企業が地域の雇用の受け皿になっている。

● **中小企業ビジネスの特徴**

　私たちの身の回りに多く存在する中小企業だが，中小企業のビジネスにはどのような特徴があるのだろうか。ここでは，中小企業の特徴を大企業と比較しながらみてみよう。

　第1に，お互いの顔がよく見えることである。企業規模が小さいことから，従業者の名前や顔，個性がよくわかることに加え，経営者との距離も近い。そのため，経営者から直接仕事に対する考え方や将来ビジョンを聞くことができる。他方で，従業者が数百人から千人を超える大企業では，部署が異なれば，名前も顔も知らない人たちがいても不思議ではないし，また経営者から直接に話を聞く機会は滅多にないだろう。

　第2に，中小企業であるほど，意思決定における経営者の影響力は大きく，経営者の考え方によって経営が左右されやすい。経営者の影響力が大きいといえば，ワンマン経営の側面があることは否めない。しかし，経営者の人柄や考え方に惹かれて，その会社で働くことを決めた社員が大企業と比較して多いことも中小企業の特徴であり，ワンマンな側面だけではとらえることができないのも中小企業の魅力であろう。

　第3に，規模が小さいということは，1人ひとりが，「なんでも屋」になることが要求される（渡辺幸男ほか『21世紀中小企業論』有斐閣）。これは，大企業のように専門部署で特定の業務だけを行えばよいというものではない。誰もが職種の垣根を乗り越えて複数の仕事に携わる必要が出てくる。これは経営者でさえ例外ではない。経営者自身が，経営者としての業務に加えて，金融機関との折衝にあたり，営業マンになり顧客獲得に奔走する，さらには新商品の開発に携わることもあるのである。

第Ⅱ部　ビジネスを展開する

　第4に，中小企業は小回りが利くということである。大企業であれば，1つの方向性を決定するのに，組織が大きい分時間を要するが，中小企業の場合は，早い意思決定と迅速な行動が可能である。また，大企業の市場占有率が高い事業分野には参入せず，大企業がわざわざ参入してこない，いわゆるニッチ市場で活躍している中小企業は多い。

　第5に，中小企業は，経済的，社会的，文化的側面において，立地している地域に埋め込まれた存在である場合が多い。言い換えれば，地域とのつながりが非常に強いのである。大企業の場合は，本社中枢部門の判断により，グローバル規模で自在に立地場所を変更しうるのに対し，中小企業では，多くの場合，特定の地域に立地し事業活動を行っているためである。このことは，中小企業が立地する地域経済の状況が，中小企業の経営に対して大きく影響を与えるし，またその逆もしかりであることを意味する。つまり，地域経済の活性化は，中小企業の経営のあり方によって十分に可能なのである。この点にかんしては，2節で紹介してみよう。

2　地域経済の担い手としての中小企業

地域を支える中小企業

　「中小企業にとって地域が存立基盤である」ということがよくいわれている。存立基盤とは，根幹になるもの，根っこになるもの，といった意味合いである。たしかに，前節で見たように，中小企業が圧倒的大部分を占めていて，地方であるほど中小企業で働いている人たちの割合が高いことから，中小企業が地域の雇用の受け皿であることは明らかである。しかし，本節では，中小企業が地域経済や社会にとって雇用の受け皿にとどまらない重要な役割を果たしているということを，一歩踏み込んで多角的に考えてみよう。

　第1に，中小企業は，地域経済において主要な経済主体の一角を担っている。地域経済とは，人々の生活する範囲において，営まれる経済活動のことを示すが，基本的には，人々の衣食住を満たすためのものである。人々が働いた対価

として賃金を得て，それをもとにして，生活していくための基盤である。その働く場として中小企業等が地域経済の受け皿になっているのであり，地域経済の経済主体として大きな役割を担っている。

　第2に，地域経済を担う経済主体には，中小企業のほか地方自治体や，農業生産者，NPO，協同組合などが含まれる。また，一口に中小企業といっても，地域にはさまざまな中小企業が存在している。建設業者もいれば，製造加工業者，流通業者，小売業者，飲食業者，サービス提供業者など非常に多様である。私たちが直接的にかかわる機会がある商店街のお店などは目につきやすいが，企業を相手に事業を展開している中小企業は，なかなかわからないものである。しかし，そうした中小企業も地域経済の経済主体として存在しているのであり，地域という場でお互いに役割分担（社会的分業）していることを示している。

　第3に，地域の場でお互いに役割分担をしながら事業活動をしているということは，地域の場で，経済循環を創り出す役割を果たしているということである。前にも述べたように，中小企業は大企業のように立地場所を変更することは容易ではない。さらに，特定の場所に立地している中小企業の取引範囲は，大企業と比べて狭い傾向にある。つまり，企業間の取引関係によるつながりをもとにした地域内経済循環が生じやすいし，積極的にいえば，意識的に経済循環を創り出すことも不可能ではないのである（植田浩史ほか『中小企業論・ベンチャー企業論』有斐閣）。実際に，地域に存在する特徴的な資源（地域資源）を活用し，中小企業同士が連携しながら新たな経済循環を創り出そうとするとり組みが各地で行われている。

● 地域に埋め込まれた存在としての中小企業

　地域という場で中小企業が大きな役割を果たしていることについて，何もそれは中小企業のビジネス的側面，経済的側面にとどまることではない。地域での文化的，社会的側面においても同様である。高知県のよさこいまつりを例にあげてみよう。今では「よさこい」という言葉を知らない人はいないと言ってもよいほど全国的に拡大しているが，もともとは，戦後復興の過程のなかで，

高知のまちなかを活性化させようとして始まったものである。その担い手は誰だったのかといえば，中心市街地の商店街店主達をはじめとした地元の事業者の有志であった。

　こうしたことが起こるのは，中小企業の場合，経営者や従業員を問わず，働く場所と生活する場所が近接している場合が多いからである（**職住近接**）。生活の場と働く場が重なり合っていることにより，生活の質の向上と事業活動の質の向上も半ば密接不可分なものであるだろう。こうした点は，とくに自営業者をイメージすればよりわかりやすい。町内会などの自治会役員や，学校のPTA役員，地域のスポーツクラブの指導者といった役割を担うなど，彼らは地域活動に対して積極的にかかわっている場合が多いのである。

　とくに興味深いのは，地域の中小企業が経済的な利害関係にこだわらず，地域社会に関係するとり組みに関与していることである（植田浩史ほか『中小企業論・ベンチャー企業論』有斐閣）。地域のとり組みに対して関与することが，「企業として当然のことだから」と考えている経営者が多いのである。地域の中小企業の場合においては，地域貢献，社会貢献にかんするとり組みは，ごく当たり前のことなのかもしれない。このような地域の社会的活動に対しても積極的に関与する中小企業の経営者や従業員は，**ソーシャルキャピタル**の重要な構成要素であるとみてもよい。ソーシャルキャピタルとは，人々の協調的な活動から生じる，信頼関係や規範，ネットワークの形成などの資産や資本のことを示す。わかりやすく言うのであれば，人間関係やネットワークをもとにした地域力や地域的，社会的な結束力のことである。ソーシャルキャピタルの蓄積が，よりよい地域社会を実現させることに影響するが，その重要な構成要素として地域の中小企業を見ておく必要があるだろう。

● 地域貢献活動の事例――内山新聞店

　続いて，地域に根づいた中小企業の事例として，内山新聞店を取り上げてみよう。内山新聞店は，創業74年と地域で一番古い「まちの新聞店」であり，北海道恵庭市の島松地区で事業を営んでいる。島松地区は，札幌のベッドタウン

としての性格が強い恵庭市のなかで，他地区に比べ高齢化が進んでいる地域でもある。そのため，購読部数などの減少により，他の新聞店が島松地区から撤退すると，それらの新聞紙の配達も行うようになり，現在では，北海道新聞や千歳民報といった地方紙2紙のほかに，日本経済新聞，毎日新聞などの全国紙も扱っている。

内山新聞店がある恵庭市島松地区は，恵庭市内でも相対的に高齢化が進んでいる地区である。こうした，地域の高齢化が進む状況で，内山新聞店が始めたとり組みがある。第1に，1人暮らしの高齢者世帯に異常がないかどうかの確認である。つまり，夕刊の配達時に朝刊がポストに入っていたままだったら呼び鈴を鳴らし，異常があった場合には，町内会と連携して迅速な対応をとれるようにしていることである。第2に，従業員の半数以上が救急講習（普通救命講習）を受けているほか，新聞店にもAED（自動体外式除細動器）を設置していることである。心臓に負荷がかかりやすい早朝のジョギング，ウォーキングを行う高齢者が増えてきたこと，各所にAEDは設置しているが，施錠されて使用できない可能性があるためだという。いざというときに，迅速に対応できるようにしているのである。また，第3に，1人暮らしの高齢者の話し相手になるとり組みを始めようとしている。1人暮らしの高齢者は会話の場を求めているが，大きなコミュニティまでは求めていない。1，2人と1時間程度の会話ができればよいのであり，そのような場を設けるために，1人暮らしの高齢者を対象としたマッサージ事業を行ってみてはどうかと検討している。

また，内山新聞店の地域貢献に関連したとり組みで興味深いのは，東日本大震災直後のケースである。全国的に自粛ムードが高まり，それは島松地区も例外ではなかった。歓送迎会シーズンにもかかわらず，島松地区の飲食店を利用するお客さんが激減していた。そのときに，地域の飲食店を守るために，社長自らが身銭を切って従業員を誘い，積極的に飲食店を利用したという。また，その食事の場で，「島松はきれいなまちがいい」という話題になったことをきっかけに，新聞配達時のゴミ拾い運動を開始している。このように，内山新聞店の事例は，地域に密着した中小企業は，「自分たちだけが良ければ良い」と

いうのではなく，地域社会の一員として，地域全体が良くなるために，積極的に行動していることを示しているといえるだろう。

3　事業承継と第2の創業

●中小企業の後継者問題

　中小企業数は，1990年代をピークに減少を続けている。企業数が減少局面にある背景には，日本経済が右肩上がりの経済成長の時代を過ぎ，成熟期を迎えていることがある。さらに，1990年代以降は，日本経済は「失われた20年」といわれるように，長期不況に直面している。経済活動が停滞，縮小局面にあると，新たに事業を起こす動きは鈍くなる，つまり新たに起業する開業率の低下に直結する。このような理由が企業数の減少要因としてもっとも大きなものである。同様に，既存の事業が成り立たなくなることによって，倒産・廃業せざるをえない状況におかれている中小企業が多いことをも意味している。図9-1が示しているのは，国内企業の開廃業率の推移である。これを見ても明らかなように，1990年代には，開業率と廃業率が逆転しているのである（**開廃業率の逆転現象**）。さらに，2000年代に入ってからは，廃業率が6％台の高水準で推移をしているのである。なぜ，廃業率は2000年代に入ってから高止まりを示しているのだろうか。3点ほど考えられる理由をあげてみよう。

　第1に，経済状況の低迷や，経営環境の変化が考えられる。この点は，開業率が著しく低迷していることと同様の要因であるが，さらに踏み込んで強調するのであれば，中小企業の存立基盤である，地域の経営環境が著しく変化していることである。郊外に大型商業施設やチェーン店舗型のロードサイドストアが乱立することによって，消費行動の流れが変わり，中心市街地が空洞化する事態も引き起こされている。また，ものづくりの現場をみると，主な取引先だった大手企業が国内工場を閉鎖，海外進出したことにより，中小の町工場が連鎖的に廃業することも生じているのである。既存の事業の先行きが不透明になること，経営不振に陥ることによって廃業を選択する中小企業が多いことを示

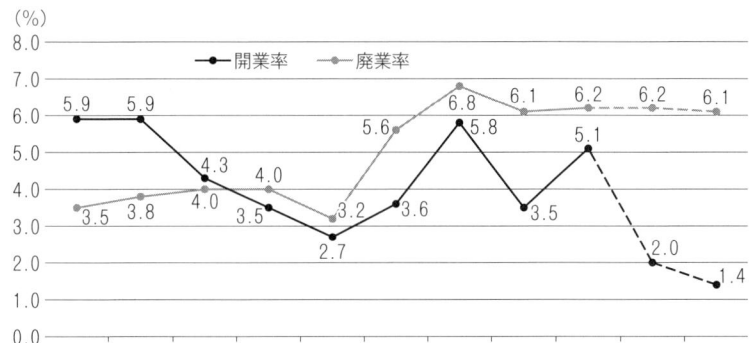

第9章　事業を受け継ぎ，地域に貢献する

図9-1　開廃業率の推移

(%)
年	75-78	78-81	81-86	86-91	91-96	96-99	99-01	01-04	04-06	06-09	09-2012
開業率	5.9	5.9	4.3	3.5	2.7	3.6	5.8	3.5	5.1	2.0	1.4
廃業率	3.5	3.8	4.0	4.0	3.2	5.6	6.8	6.1	6.2	6.2	6.1

出所：中小企業庁『中小企業白書』2014年版より作成（総務省「事業所・企業統計調査」「平成21年経済センサス——基礎調査」，総務省・経済産業省「平成24年経済センサス——活動調査」）。

している。

　第2に，中小企業経営者の高齢化である。1990年代から2000年代は，中小企業において世代交代を迎えている時期である。つまり，1960年代から70年代にかけて創業した経営者が引退する時期である。経営環境の変化と世代交代の時期が重なっていることがもたらす結果として，潔く現経営者の代で廃業を選択していると考えられる。

　第3に，廃業を選択する企業には，「後継者がいない」場合が多いことである。とくに小規模企業であればあるほど，廃業を考えている主な理由として，「後継者がいない」が過半数にのぼっているという調査もある（中小企業庁『中小企業白書』2013年版）。既存の事業が好調であれば，何らかの形で事業を継続する方法を検討するものと思われるが，廃業を選択するということは，事業も厳しい状況に立たされているものと考えられる。つぎに，中小企業で事業を次の担い手に引き継ぐ際の問題についてみていこう。

● **事業承継の類型**

　中小企業で**事業承継**を行うときには，主に現経営者の親族が事業を引き継ぐ

第Ⅱ部　ビジネスを展開する

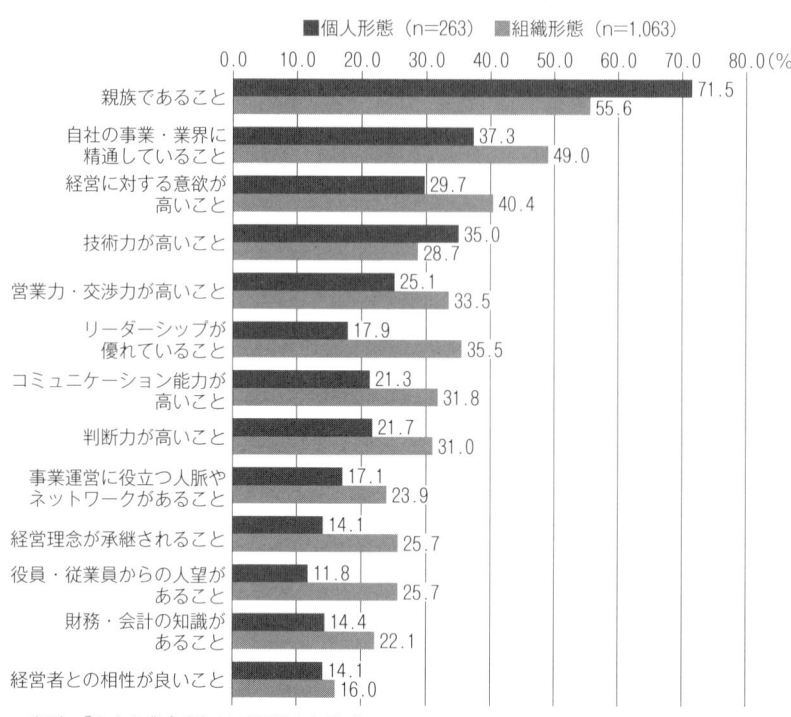

図9-2　後継者を決定する際に重視すること

■個人形態（n=263）　■組織形態（n=1,063）

項目	個人形態	組織形態
親族であること	71.5	55.6
自社の事業・業界に精通していること	37.3	49.0
経営に対する意欲が高いこと	29.7	40.4
技術力が高いこと	35.0	28.7
営業力・交渉力が高いこと	25.1	33.5
リーダーシップが優れていること	17.9	35.5
コミュニケーション能力が高いこと	21.3	31.8
判断力が高いこと	21.7	31.0
事業運営に役立つ人脈やネットワークがあること	17.1	23.9
経営理念が承継されること	14.1	25.7
役員・従業員からの人望があること	11.8	25.7
財務・会計の知識があること	14.4	22.1
経営者との相性が良いこと	14.1	16.0

出所：『中小企業白書』2013年版より作成。

場合（親族内承継）と経営者の親族が事業を引き継がない場合（親族外承継）がある。親族外承継の場合，①経営者の親族以外の役員や社員を経営者に昇格させる場合（内部昇格），②企業の外部から，経営者を招く場合（外部招へいや出向），③事業売却（M&A）などがある。

後継者を決定するときに，経営者が重視することについて，図9-2から確認しておこう。個人形態，組織形態のいずれにおいても，「親族であること」の割合が高くなっており，「自社の事業・業界に精通していること」「経営に対する意欲が高いこと」などが続いている。

本来は後継者の能力によって，事業が承継されることが望ましいかもしれないが，中小企業には，大企業にはない事業承継における困難が存在する。それ

は，所有と経営が分離されていない場合が多いことである。言い換えれば，中小企業では，「経営者＝所有者」である場合が多いのである。経営者であり，かつ所有者である場合，単に経営権を後継者に譲るだけでは事業承継とはならない。保有株式に加え，事業用資産等も後継者に承継させることが必要になる。また，金融機関などでは，個人資産を担保に入れて融資を受けている場合も少なからずあり，親族外の第3者に事業を承継する際の困難になることもある。

また，事業承継を行うためには，後継者の育成が必要になる。育成方法としては，自社において経営者の側で経営実務経験を積ませながら，社内外に次期経営者であることを周知させる方法のほか，いったん別の会社に就職し，経営実務にかんする経験を積ませたり，人脈づくりを進める方法がある。また，後継者を育てることと同様に，経営者の右腕となる人材を育てることを意識的に進めている中小企業も多い。

事業承継が行われた後，後を継いだ経営者によって，新たな展開が見られることがある。具体的には，新たな経営理念を確立すること，既存事業の体制を見直し，再編成を進めるなかで企業のもつ強みを活かして新規事業分野に進出するなどの経営革新が進められる。このような事業承継にともなう事業体制などの変化は，新規創業時から新たに飛躍を遂げる可能性があることから「**第2の創業**」と呼ばれている。第2の創業がスムーズに成し遂げられるためには，事業承継のための準備を十分にしておくことはもちろんであるが，新たな経営の展開に混乱を生じさせないためにも，経営を退いた先代経営者は，経営にかんして口を出さずに事業展開を見守っていくことも必要である。

● **第2の創業の事例1──満寿屋商店**

第2の創業や，先代からの事業の引き継ぎによって，革新的に発展を遂げてきている事例を紹介しよう。舞台は北海道・十勝地域である。十勝地域は国内有数の大規模畑作地帯であり，農家の平均耕作面積は全国平均で2.4ヘクタールのところ，十勝では約40ヘクタールである。主要な農産物の中でも，小麦の生産量は国内最大規模を誇る。

歴史的にみれば，国産小麦は日本めん（そばのつなぎ，うどんなど）に用いられるか，外国産小麦の品質調整に用いられる中間質小麦が圧倒的であり，パンや中華めんに用いられる硬質小麦はほとんど作付けされていなかった。また，北海道は日本の食料供給基地といわれているが，それは小麦も例外ではない。十勝で生産された小麦は，収穫された後，東京や大阪などの大消費地に小麦のまま移出され，移出先で小麦粉に製粉されるため，十勝で生産された小麦が十勝で消費されるということはほとんどなかった。しかし，現在ではわずかな量ではあるが，十勝で生産された小麦を地元で加工・消費しようとする動きが広まってきている。

小麦の地産地消（生産から消費まで）の契機は，帯広市を中心に地元6店舗を経営し，「ますやパン」の愛称で親しまれている株式会社満寿屋商店（以下，ますや）である。話は，現社長の杉山雅則氏の先々代が社長だった頃の1980年代にさかのぼる。あるとき，パンを買いにきたお客さんからつぎのような問いかけがあったようである。「このパンは，十勝産の小麦を使っているのですか」と。先々代の社長は，この問いに対してショックを受けたそうである。なぜなら，この問いを発したお客さんは小麦も生産している農業生産者だったからである。十勝で生産されている小麦がパン用には適さないこと，また，十勝で生産された小麦のほぼ全量が道外へ移出されている実態を，この農業生産者は何も知らなかったのである。

だとしたら，十勝産小麦100％のパンづくりを目指そうと農業生産者にパン用小麦の作付け拡大をお願いしたり，研究開発機関の小麦品種の改良に協力したりと地道な努力を積み重ねた。先々代が急逝した後，杉山氏はその思いを引き継ぎ，「小麦の価値を最大化することが十勝のパン屋の使命」として，消費者にパンや小麦をもっと身近に知ってもらうためのとり組みをより発展的に継承している。2009年には十勝産小麦100％のパンづくりを実現させた「麦音」店をオープンさせている。また，麦音では，小麦の川上から川下までを体験できるようレイアウトを工夫している。お店の裏には小麦畑をつくり，「食育」事業の一環として地元の幼稚園，保育園児と一緒に種まきと収穫を行ったりも

している。そのほか，石焼き釜を搭載した軽トラックを社長自らが運転し，地元イベントなどでピザ焼きなどを行っている。そして，2012年の秋からは，ますや全店舗で十勝産小麦100％のパンづくりを実現させている。

● 第2の創業の事例2――山本忠信商店

　帯広市に隣接する音更町の株式会社山本忠信商店（以下，ヤマチュウ）も事業承継を契機としながらも小麦を軸にした革新的な事業展開を行っている企業である。ヤマチュウは，十勝地域の民間穀物商社である。創業は1953年，当初は豆類のみの集荷精選卸販売を行っていたが，1985年に2代目に交替すると，1989年には小麦を取り扱うようになる。また，チホク会という農業生産者団体を翌年に組織，連携するようになった。

　さらに大きな転機が訪れたのは，2005年に3代目として，山本英明氏が社長に就任してからである。2011年に製粉工場「十勝☆夢mill」を建設し，寡占的傾向の強い製粉事業に参入したのである。中小企業が既に確立されている製粉業界に新規参入すること自体非常にリスクが高いものである。しかし，あえて製粉業界に参入したことには理由があった。それは，ますやをはじめ，十勝地域全体で小麦をそのまま地域外へ移出するのではなく，少しでも地域内で加工して，価値を上乗せ（付加価値創出）していくことを進めようとする機運が高まっていたことがある。

　少しずつではあるがパン用小麦を扱う農業生産者が増えてきているほか，パン屋などの実需者，地域の消費者においても十勝産小麦に対するニーズが大きくなっていた。しかし，小麦を通じて新たな価値を創り出すためには，十勝には製粉工場がないという決定的な弱点があった。そのため，地元で地元産の小麦を加工し消費しようとすれば，どうしても1度域外で製粉した後に，地域に小麦粉を戻さなければならなかった。製粉工場を地域内に建設すれば，十勝で生産された小麦を十勝地域内で製粉し，その一部は十勝地域内でパンやパスタなどに2次加工を施し，さらに消費まで行う循環が容易になるほか，生産者の顔が見える「十勝産小麦粉」として新たな価値を付加した商品を十勝地域内や，

さらには全国へ販売することに新たな可能性も生まれる。ヤマチュウはそこに勝機を見出しているのであり、地域のニーズを企業のビジネスとして展開しているのである。

また、ヤマチュウでは2012年に「十勝小麦・小麦粉連合」を立ち上げ、小麦にかかわる生産者、加工業者、レストランシェフ、消費者を巻き込んだ展開を繰り広げている。これら2社の事例は、事業承継を契機に、従来の事業を革新的に発展させ続けている事例であるとともに、地域とともに歩んでいる中小企業の好例といえるだろう。

4　地域に根づいた中小企業ビジネスの可能性を考えよう

本章では、地域に根ざした中小企業のビジネスに焦点を当ててみたが、どのような感想をもっただろうか。現在でも385万の中小企業の多くが、地域に根づいた事業展開を行っているが、「地域に根づいている」という共通項を除けば、その他の共通項は、従業員数や資本金規模といった量的把握だけになってしまうのである。だからこそ、中小企業はまさに異質多元なのであり、中小企業のビジネスモデルを一括りにして断定的に説明することは、大企業と比べても非常に困難である。裏を返せば、日本には385万社の中小企業が存在していて、385万通りの中小企業ビジネスがあるということである。

ここでは、「地域に根づいている」という書き方をしているが、その認識に対しても中小企業の中では千差万別である。事例でとり上げた数社の企業のように、魅力的なとり組みを実践している企業や経営者もあれば、地域との関係をとりたてて自覚していない中小企業や経営者も多く存在する。しかし、中小企業が自分たちのビジネスや地域社会でのとり組みを通じて地域を支えていたり、あるいはドラスティックに地域を変えていくことは、現実に起こっているのである。私たちの生活は、さまざまなところで、地域の中小企業に支えられているのである。

しかし、中小企業であるがゆえの困難も多く存在する。本章ではとくに触れ

ることがなかったが，資金調達が大企業と比べて厳しい状況にある中小企業が多いということや，大企業との取引関係において，ときによっては下請いじめが存在するということである。後継者の育成や，事業承継にかかわる準備についても中小企業の方がシビアである。メインの事業に加え，こういった数々の困難を克服しながら事業展開を行っているのが，中小企業ビジネスであるといってもよいだろう。

最後に，皆さんに是非とも考えてもらいたい点がある。それは，1節でもふれたように，全国の従業者の70％程度が中小企業で働いているということは，皆さんが大学卒業後に働く場所が中小企業である可能性は十分にあるということである。皆さんは，どういう中小企業で働いてみたいだろうか。また，中小企業ビジネスについてイメージがわかないのであれば，あるいは，中小企業ビジネスがどういうものなのかを知りたいと思うならば，勇気を出して，皆さんの住んでいる地域にある会社やお店を訪ねてみてはどうだろうか。

設　問

1．中小企業ビジネスの魅力は何だろうか。周りの人とディスカッションしてみよう。

2．身近にある中小企業で地域に根づいた活動を展開している事例を調べてみよう。

初学者のための参考書籍

植田浩史ほか『中小企業・ベンチャー企業論［新版］——グローバルと地域のはざまで』有斐閣，2014年。
　➤中小企業の位置づけ，役割，類型，政策などがコンパクトにまとめられた好著。

渡辺幸男ほか『21世紀中小企業論——多様性と可能性を探る』有斐閣，2012年。
　➤上記のテキストと同様であり，中小企業について理解を深めるうえでも読み

比べてもらいたい。

中小企業庁『中小企業白書』各年版。
　➤中小企業の実態を統計などによってリアルに捕捉できる。サブタイトルの変化を追うことで国の中小企業に対する認識の変化も知ることができる。

〈大貝健二〉

第10章

環境ビジネスで成長する

　環境問題への関心が高まり，その解決策を提示する環境ビジネスがビジネスの現場でも注視されている。日本では，2011年3月11日の東日本大震災以来，とくに再生可能エネルギーなどのエネルギー問題の行方にも注目が集まっている。また，エコカーが経営戦略上のキーワードとなっている自動車業界，LEDの普及をはじめ，エコ対応が問われる家電業界，スマートハウスやスマートコミュニティの展開が鍵となる住宅業界などでも環境ビジネスの成長が期待される。

　本章ではまず，こうした環境ビジネスのソーシャルビジネスとしての側面をとり上げ，その概要，今後の成長性を明確にする。そのうえで，ビジネスの現場で，環境ビジネスで成長する企業のケーススタディから，その成功要因や環境経営の展開の重要性を解説し，持続可能な企業のモデルを展望する。

1　環境ビジネスとは

● ソーシャルビジネスとしての環境ビジネス

　地球環境問題が顕在化し，一刻も早い対応が求められる切迫した状況で，「環境の世紀」と呼ばれる21世紀を迎え，私たちの生きる「宇宙船地球号」の行く末にも警鐘が鳴らされている。こうした中，人々の環境意識も高まり，環境負荷を減らし環境改善に継続的に貢献する財やサービスを提供し，新たな市場や雇用を創出する**環境ビジネス**が注目されている。

　経済成長と環境保全の両立を企図する「グリーン経済」や「グリーン・ニュ

ーディール政策」も唱えられてきたが，その中心となる環境ビジネスは地球環境の改善に貢献できる「世のため人のためになる」ビジネスであり，**ソーシャルビジネス**としての特性をもつ。企業価値と社会価値の両立を図る**CSV**（Creating Shared Value：共有価値創造）のビジネスでもある。

　ソーシャルビジネスとは，貧困解消，栄養・衛生面の改善，環境改善などの社会的課題解決とビジネスとしての収益改善の両立を図るビジネスモデルである。昨今，こうしたビジネスを起業する**社会起業家**の活躍がメディアなどでもよく取り上げられているが，たとえば，**BOP**（Bottom of the Pyramid あるいは Base of the Pyramid）**ビジネス**ないし**包括的ビジネス**（inclusive business）などが代表例である。年収3000ドル以下の収入層で，世界の所得階層別ピラミッドの下位に位置する低所得者層をターゲットとするビジネスであり，ターゲットとなる人口は約40億人，市場規模は約5兆ドルである。ノーベル平和賞も受賞したムハマド・ユヌス（Muhammad Yunus）が創設したグラミン銀行（バングラデシュ）が行っている**マイクロファイナンス**（途上国での貧困層向け小口融資），途上国の原材料や製品を適正な価格で継続的に購入し，立場の弱い途上国の生産者や労働者の生活改善と自立を促す**フェアトレード**（国際貿易における公正取引）などがその典型事例である。最近，とくにフェアトレードはコーヒーやバナナの国際取引でも普及が進み，販売の現場でもよく目にするようになってきた。環境分野でも，日本企業による途上国での水質浄化などの**水ビジネス**や無電化地域での**ソーラーランタン**の普及事例などがある。

　たとえば，低燃費のエコカーは地球環境にもドライバーの財布にも優しく，顧客の支持を得て，自動車各社の売上げと利益に寄与している。近江商人の「**三方良し**」（売り手，買い手，世間良し）の精神をまさに具現化したものである。企業をとりまくさまざまな利害関係者を**ステイクホルダー**（stakeholder）と呼ぶが，今日の企業はステイクホルダーに配慮した**ステイクホルダー・マネジメント**が重要となる。環境や**CSR**（Corporate Social Responsibility：企業の社会的責任）対応を適切に行い，企業価値向上へとつなげていけるような企業経営の**サステナビリティ**（sustainability：持続可能性）に配慮した**持続可能な企業**のあり

方が問われるのである。

●環境ビジネスの概要

　今後，地球環境問題が深刻化する中で，環境ビジネスの事業領域がますます拡大することが予想されている。現在，地球環境問題と経済再生の観点から，また企業の新たなビジネスチャンスとして，**再生可能エネルギー**，エコカー，省エネ家電，水ビジネス，**スマートハウス**（ITを駆使してムダなくエネルギーを使うエコ住宅），**スマートコミュニティ**（ITで電力の需給が効率的に制御された地域）などの環境ビジネスが国内外の各方面で注目されている。

　環境省が2014年4月に発表したデータによると，日本での環境ビジネスの市場規模は約86兆円（2012年，前年比約4.8%増）であり，雇用規模は約243万人（2012年，前年比約3%増）である。日本のGDP約500兆円の約6分の1を占めるようになっている。

　環境ビジネスは，「環境汚染防止ビジネス」「地球温暖化対策ビジネス」「廃棄物処理・資源有効利用ビジネス」「自然環境保全ビジネス」などに類型化されるが，環境ビジネスの市場規模（約86兆円，2012年）の内訳は，大気汚染防止，下水・排水処理，土壌・水質浄化，騒音・振動防止，環境コンサルティングなどの「環境汚染防止ビジネス」が全体の13.5%を，再生可能エネルギー，省エネ建築・商品，エコカー，排出権取引などの「地球温暖化対策ビジネス」が21.7%を，リサイクル，中古ビジネス，リユース，リフォーム，レンタルなどの「廃棄物処理・資源有効利用ビジネス」が43.1%を，緑化事業，エコツーリズムなどの「自然環境保全ビジネス」が7.7%を占めている。

　低成長時代に環境ビジネスへの期待を寄せる先進国のみならず，経済成長にともない環境悪化が著しい新興国でもこの分野の成長が予想される。環境ビジネスは，事業領域も広く，エネルギー問題，食糧問題などとも深くかかわり，私たちの日々の生活にも密接に関連したビジネス分野なのである。

第Ⅱ部　ビジネスを展開する

● 成長する環境ビジネス

　ここでは，環境ビジネスの今後の注目分野をみてみよう。

　まず，太陽光，風力，地熱，バイオマス発電などの再生可能エネルギーが，脱原発の議論からも注視されている。日本のエネルギー自給率は，『エネルギー白書2014』によると，大震災前の2010年の19.9％に比べ大幅な低下で，2012年時点で6％にまで低下している。アメリカのシェール革命によるエネルギー価格の低下，日本近海のメタンハイドレードへの期待もあるが，日本のエネルギーの安全保障とも絡む重要な問題である。もっとも，エネルギーのベストミックスを考えるには，経済性，電力の安定供給，環境性に配慮した総合的な知見が必要となる。

　水素ビジネス（燃料電池，燃料電池車〔FCV〕など）にも期待が寄せられている。2014年12月にトヨタ自動車は世界初の量産型FCVの「MIRAI（ミライ）」の発売を始めた。FCVは10年ほど前には1台の価格が1億円だったが，技術開発によりコストダウンも実現し，「ミライ」は720万円ほどで，政府の補助金（1台あたり200万円）を活用すれば，ユーザーの実質的な負担は520万円ほどになる。「ミライ」は3分程度の水素のフル充填で走行距離650kmとなる。ただFCVの普及には，自然状態には存在しない水素の取り出しと輸送の手間と費用，水素ステーションの整備やさらなるコストダウンなどの課題もある。日本政府は2020年の東京オリンピックを契機に水素社会の構築を目指している。燃料電池バスなどを選手村で走行させる計画もある。FCV普及に欠かせない水素ステーションの整備にはJX，岩谷産業などの企業の参入も相つぎ，水素ビジネスの成長が予見される。

　藻（ミドリムシなど）からの燃料（藻の油）も石油代替の有力候補として注目されている。既に，いすゞ自動車と環境ベンチャー企業ユーグレナの共同研究が進んでおり，デンソーは藻から自動車燃料を抽出する研究を，IHIは今後の航空燃料の需要増を見込み，飛行機のジェット燃料としての可能性を探っている。ユーグレナは，ミドリムシの大量生産を可能とする培養・事業化に成功し注目されている。ただ，大量生産のためには，製造コスト，広大な培養用地の

確保，国などの支援が課題ともなる。

　水ビジネスも今後の成長が期待される分野である。21世紀は「水の世紀」であり，2025年には世界の水ビジネスは約110兆円規模になると予測されている。世界人口が70億人を超える中，水需要の今後の急増が予想される。とくに，新興国での安全な水需要が急増し，水道インフラ整備が急務となるが，**淡水化**，**逆浸透膜**（水以外の不純物は透過しない性質をもつ膜）**技術**などで世界トップレベルの技術を有する東レ，旭化成，日東電工などの日本企業の活躍にも期待がかかる。ただ，日本企業は，海外で「技術で勝ってビジネスで負ける」といわれてきており，水ビジネスの分野でも単品の技術力では優位に立っていても，施設管理や運営の包括的なノウハウをこれまで独占してきたのは**水メジャー**（ヴェオリア，スエズ〔仏〕，テムズ・ウォーター〔英〕など）である。シンガポールや韓国同様，日本も官民一体の「オールジャパン」でのとり組みが必要である。

　自動車業界でも環境戦略が市場競争を勝ち抜く鍵となる。エコカーの開発競争が国内外のメーカーで熾烈になってきている。ハイブリッドカー（HV），プラグインハイブリッドカー（PHV），電気自動車（EV），燃料電池車（FCV）などのエコカー開発の成否が自動車各社の戦略展開を大きく左右するようになってきた。家電業界では，エネルギー問題への関心が高まる中，省エネ，長寿命，ランニングコストも安いLEDなどの開発が進んでいる。

　また，資源の有効活用を促す点から，**3R**（Reduce, Reuse, Recycle）意識が浸透し，リサイクルビジネス，中古（リユース）ビジネスもこれから重要性を増すだろう。中古車ビジネスのガリバー，リサイクルショップのトレジャーファクトリーをはじめ，中古本ビジネスを展開するブックオフは，グループ企業のリカーオフでお酒のリユースビジネスも行っている。

　貸す人と借りる人とをつなげる**マッチングビジネス**も成長分野である。カーシェアリング，Airbnb（空き部屋の貸し借り），Uber（配車サービス），Akippa（駐車スペースの貸し借り）などの**シェアリングエコノミー**（共有型経済）というキーワードによる新しいビジネスである。

　エコ資源の新素材として，植物由来の次世代繊維であるセルロースナノファ

イバーも注目である。鉄に比べ，重さは5分の1，強度は5倍あり，車，航空機，スマートフォンへの活用が模索され，日本林業の再生の鍵を握る間伐材の有効活用といった側面からも期待される。**炭素繊維**（カーボンファイバー）同様，その可能性に各社も注視している。

さらに，スマートハウス，**スマートシティ**，スマートコミュニティも期待されている。昨今，住宅業界もスマートハウスを戦略の軸に据えているが，スマートシティは2030年には全世界で400兆円のビジネスになるとも予測されている。国内外でも大型プロジェクトが目白押しである。こうしたプロジェクトに欠かせないのが**スマートグリッド**（smart grid）である。スマートグリッドとは次世代送電網のことで，IT技術を駆使し，スマートメーターなどにより電力の需給をコントロールし，効率的に無駄なく制御するシステムのことである。この分野にも国内外のさまざまな企業（GE，日立など）が参入して，しのぎを削っている。

なお，環境ビジネスの成長には，政策支援も必須となる。企業が環境ビジネスを円滑に展開できるような制度設計を適切に行っていくことが重要となる。

2　環境ビジネスで成長する企業

●企業事例——トヨタ自動車

トヨタ自動車（以下，トヨタ）は，2015年3月期（2014年4月〜2015年3月）の連結売上高は27兆円を超え，世界での自動車販売台数は1千万台を超える巨大グローバル企業であるが，創立は1937（昭和12）年，愛知県豊田市に本社をおく世界有数の自動車会社である。代表取締役社長は豊田章男氏（写真10-1）であり，資本金は3970億5000万円（2015年3月末），従業員数（連結）は約34万人（2015年3月末）にものぼる。

トヨタは，リーマンショック，リコール問題などで落ち込んだ収益を急速に回復させ成長している。円安効果（対ドルで1円の円安が営業利益を400億円押し上げる）に加え，北米での販売好調，トヨタ方式とも呼ばれるコスト改善方式に

よる構造改革の進展，エコカーのラインナップの充実などが寄与し，2015年5月8日の通期連結決算発表では，2015年3月期は売上高が前期比6％増の27兆2345億円，営業利益は前期比20％増の2兆7505億円に，純利益は19.2％増の2兆1733億円と2年連続の最高益となった。ちなみに，純利益が2兆円を超えたのは日本企業として初めてである。

トヨタの「強さの源泉」は一体どこにあるのであろうか。トヨタの代名詞ともなっている，**JIT 生産方式**（Just In Time：ジャストインタイム生産方式〔必要なものを必要な時に必要な量だけ生産する方式，カンバン方式ともいわれる〕）などによる徹底したコスト管理，さらに品質管理は，今や世界中の企業が模範としている。ほかにも，ブランド力，技術力，財務力，人材育成力，マーケティング力，系列販売力などの「強み」があげられる。トヨタは自社の「強み」を活かし，「機会」（エコカーへの需要の拡大，新興国市場の**モータリゼーション**，円安差益，技術革新，**自動運転**，**人工知能**〔**AI**〕）をうまくとらえ成功してきた。多くの「強み」を日々怠らず磨き上げ，成功体験に安住せず，つねに危機意識をもって，「カイゼン」を継続させる地道な経営手法が成功への鍵なのである。

写真10-1　代表取締役社長　豊田章男氏

提供：トヨタ自動車（株）

● 環境ビジネスで成長するトヨタ

現在，日本の自動車業界では，人口減少下での少子高齢化の進展，若者の「車離れ」，女性顧客への対応などとともに，ユーザーの環境・エネルギー意識の高まりを背景に，各社がエコカーの開発競争にしのぎを削っている。

トヨタは初代プリウスを市場投入以降，他の多くの車種にも HV を展開，プリウス，アクアに代表される HV のヒット車を生み出してきた。今や，HV はプリウスのみならずレクサスなどの高級車にもラインナップが増えている。

第Ⅱ部　ビジネスを展開する

　トヨタが，プリウスの開発プロジェクトを開始したのは1994年であったが，1997年10月に初代プリウスが誕生し，同年12月には世界初の量産HV乗用車プリウスの発売を開始している。その後，2009年には燃費38km／ℓの3代目プリウスを発売し，大ヒットとなった。2012年には，プリウスPHVも発売した。2015年には燃費40km／ℓの4代目プリウスが発売され，進化を続けている。

　なぜ，トヨタは，他社に先がけ，HVという**価値創造**に成功できたのだろうか。トヨタは，早くも1992年に「地球環境に関するトヨタの取組み方針」（通称：トヨタ地球環境憲章）を制定し，トヨタ環境委員会を設置している。1995年には「安全と環境で世界をリードする」という戦略が明確化され，翌年には当時発行されたばかりの**ISO14001**（国際標準化機構〔ISO〕が発行した環境マネジメントシステムについての国際規格）の認証を主力工場の高岡工場や堤工場で取得し，環境へのとり組みの先見性が窺える。さらに1997年1月には「トヨタエコプロジェクト」の推進を宣言し，環境経営の展開を加速させていく。

　こうした全社をあげた構造・意識変革がトヨタの成功の背景にあった。エコカーの開発には新たな価値創造という**イノベーション**（innovation）が不可欠であるが，環境経営とイノベーションの親和性も重要である。たとえば，トヨタの場合も，プリウス誕生には，社内の意識変革，組織横断的な全社的とり組みが寄与した点が多い。環境経営へのとり組みにより，社員は日々の生活の中で環境問題，ひいては社会の変化に敏感になり，環境問題解決をビジネスにつなげる発想をもつようになる。そのことが，他社に先がけた製品・事業戦略，イノベーションにつながり，新たな価値提案につながる。まさに，環境経営はイノベーションを生み出す土壌となりうる。環境経営の展開による企業価値の向上を目指し，「エコ」を戦略的に取り込んだともいえよう。

　もとより，イノベーションを生み出すのは容易なことではなく，そのためには**組織学習**（組織が新たな知識を習得し変化・発展していくこと）が重要ともなるが，クリス・アージリス（Chris Argyris）は組織学習として，**シングルループ・ラーニング**（既存のフレームワークにもとづき，問題解決を図る）と**ダブルル**

第 10 章　環境ビジネスで成長する

写真10-2　トヨタのFCV「ミライ」

提供：トヨタ自動車（株）

ープ・ラーニング（既存のフレームワークそのものを修正し，新たな価値提案を行う）に分けてその重要性を説いている。既存製品の改良を進める**持続的イノベーション**にはシングルループ・ラーニング，新たな価値を提示する**破壊的イノベーション**にはダブルループ・ラーニングが必要となる。また，クレイトン・クリステンセン（Clayton M. Christensen）の唱える「**イノベーションのジレンマ**」を意識しておくことは環境ビジネスの業界でも重要となる。成功している優良企業ほど，既存顧客のニーズに応えて収益が安定している既存製品の改良を進める持続的イノベーションに力点を置きがちとなり，新たな技術開発や価値提案をはかる破壊的イノベーションを軽視してしまい，そのうちに新興企業に市場を奪われてしまうというジレンマである。「イノベーションのジレンマ」とは，持続的イノベーションを日々進めつつも，破壊的イノベーションを決して軽視してはならないという普遍的教訓である。技術力の差が大きく左右する環境ビジネスの業界でも肝に銘じておくべき課題である。

第Ⅱ部　ビジネスを展開する

● **進化する環境戦略**

　トヨタは，HVのみならずPHVのラインナップも拡大させて，イノベーションを続けている。世界の自動車業界のエコカーの開発では，HV, PHV, クリーンディーゼル車，EV, FCVなどが展開されて，次世代のエコカーの本命は各社が模索している状況ともいえるが，トヨタは2014年12月にFCVの「ミライ」の販売を開始した。ホンダも2016年，日産が2017年を目途にFCVを投入すべく動きだした。さらに，トヨタは近距離移動に適したクルマとして，EVの開発も進めており，2012年には新型の超小型電気自動車「コムス」を市場に投入した。トヨタは，コストダウンや燃費向上，FCVやEVの開発など，持続的イノベーションと破壊的イノベーションを「車の両輪」に，エコカーの先端技術を駆使しつつ，市場に新たな価値提案を続けている。

　また，トヨタはイノベーションのみならず，サステナビリティ対応も重視している。環境や社会に配慮しつつ，それらを戦略的に収益につなげる「**戦略的CSR**」を展開し，企業としての持続可能な発展を目指すサステナビリティ戦略を展開している。低炭素社会を目指し，車の開発・設計，生産，物流，販売のあらゆる段階，すべての事業領域において，温室効果ガスの削減にとり組み，社会貢献にも配慮している。

　自動車業界各社も今後は，**サステナビリティ・コンテクスト**（持続可能性の状況）への対応が求められる。コトラー（Philip Kotler）らは2010年に，マーケティング1.0（製品中心マーケティング）→マーケティング2.0（顧客志向のマーケティング）→**マーケティング3.0**（価値主導マーケティング）への変遷と企業での対応の重要性を唱えたが，各社には良い車づくり，顧客志向の車づくりは無論のこと，さらに環境・社会問題，安全性などをも視野に入れた価値主導型の車づくりにとり組む姿勢が問われる。トヨタの戦略にもあるように，今やいい車（品質，安全，機能性，デザイン性，価格など）であることに加え，いい町・社会を目指し，スマートコミュニティの将来性も視野に入れた，社会インフラとしての車の活用が必要になってきている。低炭素社会の鍵ともなる蓄電池としてのEVの活用をはじめ，**IoT**（Internet of Things）による**ビッグデータ**の活用

による交通渋滞の解消，自動運転車の普及なども期待されている。

　また，スマートコミュニティビジネスには自動車各社のみならず，多数の企業・自治体などが一体となって事業を進展させていくことが肝要となるが，その際の鍵になるのが，「価値共創」の仕組みであろう。社会インフラの整備の中で，企業・自治体の各アクターがそれぞれの役割を果たし，価値創造していかねばならない。オープン・イノベーション，CSVによる価値創造，ステイクホルダー・マネジメントによる企業価値向上に配慮しつつ，顧客に「共感」されるブランド・企業になることが重要となる。

　トヨタは，業界をリードする環境技術やトヨタ生産方式などのさまざまな「強み」をもち，これらをコア・コンピタンスとして活かし，「ミライ」に象徴されるように，今後もエコカー開発のトップランナーとなる自動車メーカーであり続けるだろう。地球環境問題の切迫性やCSRの重要性が唱えられる中，トヨタの今後の戦略は各方面からも注視されている。

● 成功要因の検証

　ここでは，トヨタの事例から環境ビジネスで成功するための要因を検証してみよう。

　経営学やマーケティング研究が解明してきた成功企業の共通項を端的に述べれば，新しい価値を創造し，顧客に支持され，社会に必要とされている企業ということになろう。トヨタは，他社に先がけ，エコカーの開発をはじめ，先端的な環境技術を駆使し，イノベーションに全社をあげてとり組んできた。自動車社会に環境価値という新たな価値をもたらし続け，トヨタの開発した低燃費のエコカーは，地球にもドライバーの財布にも優しいため，顧客からも支持を集め，社会にも必要とされるに至ったのである。「売り手，買い手，世間良し」の「三方良し」を具現化しているビジネスモデルであり，経営学やマーケティングのエッセンスが凝縮された事例である。

　そこには，さまざまな「成功の方程式」があり，それを解明することが，あらゆる企業にとっての普遍的な「成功の方程式」を導くことにもなるだろう。

第Ⅱ部　ビジネスを展開する

　ビジネスは，まず何を対象にするかという**ドメイン**（事業領域）の設定が重要となる。そのためには，経営者に時代の「先を見る目」が求められる。顧客ニーズが目まぐるしく変化する今日，つねに時代の一歩先を見る目を養い，「市場の声」にアンテナを張ることである。今後の市場動向を予測するためにも，日頃からの情報収集・活用を怠らず，つね日頃から何事にも興味をもつこと，**生活者・消費者目線**を意識し，顧客ニーズの把握に努めることが重要である。今後成長する事業領域を見極める「目利き力」が企業の収益を大きく左右する。地球環境問題の深刻化を見据え，他社に先がけ，エコカーの開発にとり組んだ，トヨタの「**先見の明**」にビジネス成功上，学ぶ点が多い。

　さらに，社内のベクトルを1つの方向に向かわせる力量が経営陣には問われる。環境ビジネスへの新規参入を試みる企業の場合，当然，失敗のリスクがともなうことが予想される。成功している既存事業の継続を唱える社内勢力に対し粘り強く説得し，環境ビジネスの可能性を説き，社内の求心力を高め，強力に推進していくだけの胆力と意思決定能力と周りを巻き込む力も必要となる。

　また，環境ビジネスでは，技術力の差異が競争優位の構築に大きく左右する。事業展開可能な技術のタネ（シーズ）がなければ環境ビジネスへの参入もできないのである。そして，他社よりも価値があり模倣が難しい技術をもっている企業ほど有利となる。トヨタには業界有数の環境技術があり，技術開発を担う優秀な人材と組織力も**持続的競争優位の構築**に寄与していると思われる。

　持続的競争優位の構築に関しては，経営戦略論で**ポジショニング・スクール**と **RBV**（Resource-Based View：資源ベース理論）により主に論じられてきたが，それらは戦略の明確性や経営資源の重要性を示唆している。

　以上，環境ビジネスでの成功要因としては，ドメインの設定，先見の明，情報取集・活用能力，意思決定能力をはじめとする経営者能力，技術開発力，戦略の明確化，経営資源の重要性をあげてきたが，今日，ビジネスで成功するには，優れた経営者のもと，社員が一体となり，組織能力を高め，イノベーションによる新たな価値提案を続け，環境問題や社会課題にもセンシティブに対応するサステナビリティ戦略を展開することが必要であろう。

3 持続可能な企業を目指して

● 環境経営の普及と深化――環境経営と CSR 経営

　企業活動は多くのステイクホルダーにより支えられており，**コンプライアンス**（法令遵守）や**企業倫理**を徹底する必要があるが，万一，環境や社会への対応を誤るようなことになれば，ステイクホルダーからの信認を失い，その存続すら危うくなる。

　企業が現代社会におよぼす多大な負荷や影響力を考慮するなら，環境や社会への適切な対応が今日的課題でもある。環境経営と社会的信頼度を高める CSR 経営が現代企業にとってきわめて重要となるのである。

　環境経営については，ISO14001 が1996年に発行され，その後，環境監査，環境パフォーマンス評価，環境コミュニケーション，環境ラベルなどの規格開発を経て，**ISO14000 ファミリー**（ISO の環境マネジメント関連規格の総称）の整備がなされてきた。企業の現場でも，ISO14001 に代表される **PDCA サイクル**による環境マネジメントシステムが急速に普及・浸透し，環境経営の普及と深化が進んできた。

　環境経営の展開には，ステイクホルダーへの環境情報の開示，環境**アカウンタビリティ**（説明責任）も重要となる。とくに，**環境報告書**は環境コミュニケーションの重要なツールの1つでもある。近年では，環境分野以外のアカウンタビリティの重要性にも鑑み，**CSR 報告書**，**サステナビリティレポート**などを発行する企業も増えてきている。さらには，2013年12月に IIRC（国際統合報告評議会）が国際統合報告フレームワークを公表したことを受け，財務情報と非財務情報を統合させた**統合報告書**の発行を試みる企業も増えつつある。今後は，企業経営の透明性を担保しつつ，情報開示とアカウンタビリティを核とするコミュニケーションの継続的深化による，環境経営の質的向上が重要となる。

　環境対応に加え，企業活動の社会的不祥事の続発など，CSR に関連する経営課題の広がりの中，2010年には，組織の社会的責任についての国際規格であ

るISO26000も発行された。

このように，現代企業は環境や社会に真摯に向き合っていかねばならないが，一方で企業がゴーイング・コンサーン（永続的事業体）として存続していくには，利益を生み出し続けることも必要である。リスクへの対応などの「**守りの経営**」のみならず，トヨタの事例でもみたように，「**攻めの経営**」による事業の継続・発展が不可欠でもある。

● サステナビリティの実現を目指して

本章で述べてきたように，今日，企業の現場では，環境ビジネスというビジネスチャンスをうまく「攻めの経営」に活かしつつ，「**経済・環境・社会のトリプルボトムライン**」（経済・環境・社会面のバランスを考慮した企業経営）にも配慮する新しい企業モデルが必要となってきている。リスクと機会に鑑み，サステナビリティ課題に配慮しつつ事業展開を行い，**持続的価値創出**をはかるサステナビリティ戦略が求められている。

適切な**コーポレート・ガバナンス**（企業統治）による「経済・環境・社会のトリプルボトムライン」の追求により，企業のトータルとしてのサステナビリティが実現する。そして，それを支えていくのが，**持続可能なマネジメント**である。「**ESG**（環境，社会，ガバナンス）」パフォーマンスと財務パフォーマンスが両立しうるような「**統合思考**」にもとづいたマネジメントによる持続可能な企業モデルの構築が問われるのである。持続可能な企業モデルとは，経営の意思決定やすべての業務プロセス（研究開発・調達・生産・販売・人事・財務などの各プロセス）にサステナビリティ課題への配慮・対応を組み込み，競争優位の構築をはかるビジネスモデルである。

21世紀に企業が生き残るためのメルクマールは，サステナビリティの実現による持続可能な企業になりうるかどうかであろう。

第 10 章　環境ビジネスで成長する

> **設　問**
>
> 1．環境ビジネスの成長分野を調べ，なぜその分野が今後成長すると思われるのか分析してみよう。
>
> 2．環境ビジネスで成長する企業の事例をあげ，その企業の成功要因を検討してみよう。

初学者のための参考書籍

足立辰雄・所伸之編著『サステナビリティと経営学——共生社会を実現する環境経営』ミネルヴァ書房，2009年。
　➤事業の実践例が多く紹介され，今後の持続可能なビジネスモデルが探究されている。
鈴木幸毅・所伸之編著『環境経営学の扉——社会科学からのアプローチ』文眞堂，2008年。
　➤環境経営を理論と実践から分析し，環境経営学の体系が提示されている。
野村佐智代・佐久間信夫・鶴田佳史編著『よくわかる環境経営』ミネルヴァ書房，2014年。
　➤初学者向けに，環境問題，環境経営，環境ビジネスが解説されている。
八木俊輔『現代企業と持続可能なマネジメント——環境経営とCSRの統合理論の構築』ミネルヴァ書房，2011年。
　➤企業のサステナビリティを担保する持続可能なマネジメントの体系が提示されている。

〈八木俊輔〉

第 11 章

女性，高齢者，障害者が活躍するビジネス

> ヒトはそれぞれ，性別，年齢，各人の精神的な障害や身体的な障害の有無，などの個性をもつが，個性をビジネス上での有用な人的資源として活用し，事業を成功に導いていくことは現代の企業経営にとってきわめて重要な意義をもつ。とくに大企業に比べて経営資源に限りのある中小企業こそ，ダイバーシティ（人材の多様性）を活かしたビジネスを通じて，人材の力で他社との差別化をはかり事業展開に活路を見出すべきである。また，社会的弱者と考えられているマイノリティ（少数派）の人々が活躍する場を多くつくり出すことは，私たちの社会に求められている重要な課題でもある。
>
> 本章では，企業の人材戦略としてのダイバーシティの意義とその有用性について，関連する CSR（企業の社会的責任）経営の具体的事例を参考にしながら学んでいこう。

1 CSR を志向する経営── 2 つの視点の確認

● CSR とは

　企業の社会的責任（CSR: Corporate Social Responsibility）とは，企業が社会に対して果たさなくてはならない法的・倫理的あるいは経済的な責任などの，各種の責任を指すものである。企業はただ単に自らの事業を通じて利益をあげるだけではなく，その過程で法的な責任のみならず倫理的な責任を果たさなくてはならない。現行の法令に対する違反は法的な処罰の対象となるし，非倫理的なビジネスは社会，とくに企業に対して利害関係をもつ，顧客・消費者，労働

者，株主，地域住民や自然環境保護活動家といった，多種多様な**ステイクホルダー**（stakeholder：利害関係者）から厳しい批判を受けることとなる。そのような事態に陥れば，私的な一営利企業は自らの存続が危うくなるのはいうまでもない。市場の中で自社の製品・サービスが事実上排除され，最終的に経営破綻や企業倒産などの破滅的な結果がもたらされるだろう。

● CSRの2つの視点

　企業は自らの社会的責任を自覚し，その具体的な内容を確実に把握して，1つひとつに確実に対応しなければならない。社会から企業に課される責任とは，企業が起こしうるさまざまな社会的問題や課題の解決・予防であり，これらは社会的課題（social issue）と呼ばれている。

　企業に課されている社会的な責任は，違法行為の防止や，いわゆる「不祥事」の防止などといった企業自身が直接的にかかわる問題への対処だけではない。企業は，自身とは直接的には関係しなくとも，社会の一員である**企業市民**（corporate citizenship）としては間接的にかかわりがある問題に対して責任がある。ビジネスを通じて良い製品やサービスを社会に提供すること，そして，その過程を通じて，あるいはそこで得た利益をもって，社会が抱えているさまざまな問題（たとえば貧困問題など）に資金的な寄付を行うこと，優秀な人材を提供することなど，多様な形での貢献が求められている。

　このように，ビジネスを通じて直接的にかかわる問題に対しての責任（直接責任）と，社会の一員として間接的にかかわる問題に対する責任（間接責任）の，2つの視点を理解することが，企業の社会的責任を理解する際には必要となるのである。

2　CSRとしてのダイバーシティ——人材の多様性を活かした経営

● ダイバーシティ・マネジメント

　社会が抱える問題に対してさまざまな形で貢献する企業のとり組みの1つと

して，本章ではとくに**ダイバーシティ**（diversity）について焦点を当てる。企業経営においてダイバーシティとは，人材の多様性や働き方の多様性を意味し，このダイバーシティを上手くビジネスに取り入れた経営を「ダイバーシティ・マネジメント」という。ダイバーシティ・マネジメントとは，従業員の多様な個性を活かした企業経営やビジネス戦略で企業の競争力を高めるものであるのと同時に，たとえば女性・高齢者・障害者などの社会的な**マイノリティ**（少数派）の人々が企業や社会で活躍する場を広げるという，社会的課題の解決にも資するとり組みであるといえる。

● マイノリティとダイバーシティ

　ところで，これらの人々はなぜマイノリティとしてとらえられるのだろうか。それは「伝統的な男性優位社会」や「定年制度」や「障害者活用への理解不足」といった，社会的な障壁によって，彼らの権利が実際に制限されているからである。たとえば，女性は人口の約半分を占めているにもかかわらず，なぜ少数派なのか。それは女性の権利が著しく男性に比べて制限されているという実態があるからである。つまり，数のうえでは少数派ではないマイノリティが存在する。南アフリカ共和国での黒人は，白人に比べて数のうえでは多数派であるものの，実際の社会的地位は歴史的経緯（かつて存在したアパルトヘイトによる影響）によりマイノリティに属するとみなされうるだろう。このような事例が実際に存在していることに留意しなければならない。

　偏った見方に立たずに，この種の現実を正確に理解することこそ，ダイバーシティへのとり組みの第一歩であろう。そして，ダイバーシティとして，これらの人々を貴重な「人的資源」とみなして企業内部に積極的に取り込むことで，新たな競争力を生み出すことが可能なのである。ダイバーシティによってもたらされる競争力は，後述するような事業活動において，人材の力によって生み出されるものだけではない。現代社会には，たとえば**社会的責任投資**（SRI: Socially Responsible Investment）のように，ダイバーシティのようなCSRの課題にとり組む企業に対して積極的かつ専門的に投資を望む投資家たちの市場が

第 11 章　女性，高齢者，障害者が活躍するビジネス

存在する。つまり，企業経営にとって欠かすことのできない資金調達という面でも，ダイバーシティは競争優位の戦略となりうるのである。

3　ダイバーシティ・マネジメントにとり組む企業

　ダイバーシティのもとで，貴重な資源として人材を活用することで，企業は有効な競争優位性を獲得することができる。とくに，大企業に比べて資金的余裕がない中小企業では，各人の個性や能力の多様性に応じてより有効なビジネスを実現していくダイバーシティへのとり組みは，直接的な設備投資などとは違い経済的負担が比較的少ないにもかかわらず大きな成果を生み出しうるものとして，期待が大きいといえるだろう。そこで，ここでは中小企業によるダイバーシティへのとり組みの成功事例として，次の 3 つの具体的事例を紹介する（なお，各社の企業情報は，東京商工会議所『中小企業のためのダイバーシティ推進ガイドブック——人材と働き方の多様化による組織力の強化』および各社の公式 HP などを参考にした）。

● **女性が活躍する企業の事例——原田左官工業所**
　東京都文京区にある有限会社原田左官工業所は，左官工事や湿式工事全般（タイル張りなど）をとり扱う企業である。この原田左官工業所は，左官工やタイル工の女性職人が活躍する企業として知られている。伝統的に男性職人が多数を占めてきた左官工の世界で，女性職人の活躍を誇る企業である。
　原田左官工業所は，男性職人が主流であるこの業界で，先進的に女性ならではの視点を活かした商品開発を行ってきた。競合他社との激しい競争の中では，ただ単に従来からある伝統的な商品を，ベテラン職人が丁寧な仕事で仕上げていくだけでは，施主である顧客の満足は達成できない。従来から業界の主流であった男性職人ではなく，新しい視野を拓いていくために女性職人の存在に注目したことで，原田左官工業所は有力な新商品の開発に成功してきた。
　女性職人を有効に活用するためには，彼女たちが自ら主導するビジネスの展

第Ⅱ部　ビジネスを展開する

写真11‐1　原田左官工業所の女性職人

提供：(有) 原田左官工業所

開が求められるが，男性職人のアイデアからはなかなか生まれないような商品を開発する際や，女性ならではのきめ細やかなサービスを提供する際に，親方気質・職人気質の男性職人たちがその障害となる可能性は否定できない。ともすれば，女性職人の重用は，男性職人にとって自分たちの仕事をある意味否定されるかのような，感情的に受け入れ難い部分も当然出てくるだろう。そのような中でも，女性職人が活躍する場をつくるには，女性たちが中心となって組織された，ある程度仕事に対しても権限を与えられた組織が職場で必要となってくる。

　原田左官工業所は，こうした課題に果断にとり組んだといえる。1990年には，女性職人が中心となって，装飾壁床の商品企画から，営業・施工管理・材料配合などすべてを担当する「ハラダサカンレディース」を組織した。素材に化粧品を用いた商品など，従来にはなかった商品・サービスは話題を呼び，女性職人の活躍とともに広く注目されていった。左官業界における女性左官職人育成の先駆者として，同社とその女性職人たちは社会の注目を集め，テレビや雑誌などのさまざまなメディアで紹介され，評価を受けてきた。それらは同社の知名度や社会的地位を向上させることとなり，結果的に女性職人の存在とその活躍は，原田左官工業所に新しい商品やサービスだけではなく，良い企業イメー

ジというビジネス展開上の重要な財産をもたらしてきたのである。

　しかし，当然のことながら，原田左官工業所のこの成功は，多くの競合他社の模倣的とり組みをうながし，結果としてそれらの商品は業界内で一般的なものとして定着した。この時点では，原田左官工業所の優位性は一時的に低下したといえる。

　だがこの間の成功は，世間一般で，仕事としての左官業の魅力の再発見や，女性の就職先としての女性職人の魅力を高め，結果として原田左官工業所に優秀な人材をもたらすこととなった。女性の活躍で知られる企業というものは，女性求職者にとって多くの魅力を備えているといえる。産休や育児休暇，子育て後の職場復帰など，女性のキャリア形成には心配な問題がいくつもある。しかし，女性職人として自立して活躍する女性のキャリア像がすでに確立され，彼女たちによって女性が働きやすい職場がつくられてきた原田左官工業所は，多くの有能な女性人材を集めうる存在なのである。

　現在の原田左官工業所は，女性職人と男性職人との垣根が低くなり，現場ごとに最適な人材の組み合わせで仕事をする仕組みができている。しかし，女性職人が主役であるハラダサカンレディースや，歴代の女性職人たちが築き上げてきた女性の働きやすい職場は維持されている。これは同社にとって，女性人材の力，すなわち女性職人の商品開発能力や，彼女たちの職人としての現場での技量が，重要な経営資源となっていることを意味している。

●高齢者が活躍する企業の事例——テンポスバスターズ

　東京都大田区にある株式会社テンポスバスターズは，飲食店向け店舗用設備機器の販売などを主な事業とする企業である。テンポスバスターズは，中古厨房機器の買い取り・販売事業を中心に，広く飲食業界でフードビジネス関連事業を展開し，成長を続けている。同社は創業からわずか5年で，新興企業の登竜門ともいえるジャスダック上場を成しとげ，さらに翌年には，新興有力企業の証しであるジャスダック市場信用銘柄に採用された。初期にこのような急成長を成しとげたのは，当初の事業が店舗用設備機器の中古品を仕入れて売るだ

けの，専門機器のリサイクルショップの域を超えて，厨房機器以外にも食器や調理道具，椅子・テーブルなどといった商品も含めて総合的に取り扱った点に，当時の飲食業界のビジネスとして一定の新規性があったためだった。

中古品リサイクル事業によって生み出された利益は，中古品ではない新品の商品の品揃えにも使われ，テンポスバスターズは，通常のリサイクルショップでは手に入らない新品商品の格安販売を実現し，事業を拡大していった。しかし，創業10年を経過すると，大都市圏ではない地方での苦戦や，競合他社によるビジネスモデルの模倣によって，事業の拡大に行き詰まりが生じてきた。

創業当初からの勢いに陰りがみえ始めたこの時期に，テンポスバスターズは定年制を撤廃するという決断をした。この定年制の撤廃には，資格や経験を問わずに60歳以上の高齢者をパート従業員として新規採用する画期的な人事制度「パラダイスシステム」の運用開始をともなった。パラダイスシステムとは，高齢者本人の希望によって勤務の時間や日数が決められ，給与は一律で各地域の最低賃金からスタートするという人事制度である。この制度で採用された従業員は，全国に展開している各店舗で接客や商品管理など営業・販売の補助業務を担当している。

テンポスバスターズでは創業以来，従業員がわかりやすい標語をつくり，これによって意識の統一を醸成して，経営者が従業員自身に積極的に仕事を任せられる仕組みをつくり上げるなど，従業員の自主性を重んじる企業文化を目指してきた。そうした文脈の中で，従業員を年齢や性別によって「区別」や「差別」することを否定し，年齢や経験に関係なく全従業員を対象に管理職ポストを公募するなど，公平なとり組みを実践してきた。そうした画期的なとり組みの一環としてはじまり，大きな成果をあげているのがパラダイスシステムである。

60歳という日本の定年年齢で，一律して従業員を解雇する制度には，ある意味で大きな矛盾がある。現代の日本で60歳という年齢は，神経生理学的にみても，ヒトが働くことを諦めなければならないような状態をあらわすものでは決してない。肉体的かつ精神的に元気でまだまだ働くことが可能であり，また働くことに対する旺盛な意欲をもつ高齢者という人材は，企業にとってきわめて

魅力的な人的資源である。高齢者は，それまでの長い人生で公私にわたって多くの経験を積み，精神的に熟成されており，また，仕事でのさまざまな技術を極めている。そのため，このような高齢者は，新規採用されても大した教育期間を待たず即戦力になるものと期待できるのである。このようにきわめて優秀であると認められる人材を，パラダイスシステムのような人事制度ならば，定年後の再雇用という経緯から，一律して最低賃金から雇用できるのである。つまり，優秀な人材を人件費をかけずに安く活用できるのである。このような人的資源は，企業戦略において非常に重要な経営資源として，競合他社に対する優位性をもたらす。

　一方で，定年後に再雇用される高齢者側にとっても，パラダイスシステムのような人事制度は，自らの第2のキャリアの可能性を拓いてくれるものとして歓迎される。まだまだ働くことが可能でありながら，一定の年齢によって強制的にキャリアを終了させられた退職者にとって，キャリアの再スタートは「生きがい」を再びもたらすものである。仕事での成功は，自己実現として高齢者従業員の人生をより豊かにし，社会のなかで自分の居場所を確保できるという喜びを生み，この喜びがさらなるやる気をもたらすのである。また，再雇用によって得られる賃金は，年金受給開始年齢までの経済的な保障として家計を支えるものであり，大きな動機づけとなる。

　パラダイスシステムでは，店長などの管理職の推薦状によって年2回の賞与の金額に差が出る仕組みを取り入れている。高齢者従業員にとって，自分の仕事の成果が評価されて賞与に反映される制度は金銭的な動機をもたらすだけではない。評価されること自体に喜びを感じ，やる気につながるという側面もある。また，テンポスバスターズでは60歳以上の従業員だけで構成される「テンポス幸齢部会」が組織されている。この組織では，高齢者従業員同士の親睦を深め，経験や技能を若い世代に伝える活動などが企画・実施される。この組織の活動を通じて得られる，同世代の仲間や若い世代との交流は，高齢者に大きな喜びをもたらしている。

　高齢者という人的資源の最大の弱点をあえてあげるとすれば，それは肉体の

衰えにともなう体力の低下だろう。とはいえ，勤務時間や日数が自由に決められるこの人事制度ならば，そのような不安は払拭される。

　テンポスバスターズが定年制を撤廃し，高齢者という人的資源の活用を試み始めた時期は，同社の業績不振にともなう経営の転換点と重なる部分が多い。これは，資金的余裕のない中小企業にとってこそ，優秀な人材を格安で雇用できる高齢者の活用が，経営に非常に大きな貢献をもたらすことを示している。

● 知的障害者が活躍する企業の事例——日本理化学工業

　神奈川県川崎市にある日本理化学工業株式会社は，文具・事務用品の製造を主な事業とする企業であり，とくに飛散しにくいダストレスチョークの製造で国内トップシェアを誇っている。同社がダストレスチョークのシェア以上に著名な企業として社会的に認知されているのは，知的障害者雇用の分野での成功だ。1960年代に知的障害者を従業員として雇用し始めてからすでに半世紀以上が経つが，現在では全従業員76名のうち57名を知的障害者が占めている。一般的に知的障害者の雇用というと，NPOが行っている障害者向けの非営利の職業支援活動や，必ずしも利益にこだわらない分野で実施されていると考えられているだろう。ところが，日本理化学工業は，営利ビジネスにおいて知的障害者の活用を重要な戦力としているのである。知的障害者の戦力化の達成によって，同社は社会的に賞賛され名声を得るだけではなく，事実として，この知的障害者である従業員たちの業績への多大な貢献によって，経済的な成功をおさめているのである。

　日本理化学工業の知的障害者の採用では，5つの約束（①毎日，元気に会社にくる，②あいさつ・返事ができる，③人に迷惑をかけない，④一生懸命仕事をする，⑤人の話を素直に聞く）が守れることを条件としている。しかし，知的障害の程度によっては，たとえこの約束を守れたとしても，仕事上で非常に困難をともなう事態が発生することもある。一般的な企業では，このような事態の解決への企業としてのとり組みは人的あるいは経済的なコストとしてとらえられ，余計なコストの発生を嫌うために，知的障害者の雇用に積極的になれないのであ

第11章　女性，高齢者，障害者が活躍するビジネス

写真11-2　時計が読めない従業員のための砂時計

提供：日本理化学工業（株）

る。

　しかし，日本理化学工業は知的障害者の雇用に費やされる時間やお金を惜しまない。それぞれの知的障害者従業員の個性（理解力の程度や，作業の種類ごとの得意・不得意）に合わせて，作業工程をつくり上げる。たとえば，作業道具をカラフルに色分けすることによってそれぞれの道具の違いをわかりやすくしたり，時計が読めないのであればよりわかりやすい砂時計を使うなど（写真11-2），その工夫はそれぞれの個性に合わせてきめ細かく配慮が行き届いたものとなる。

　これだけの手間をかけてもビジネスとして成り立つのは，知的障害者従業員は一般的に，作業を覚えるまでは時間がかかっても，1度作業を覚えればその作業にのめりこみ，非常に熱心かつ正確に働くことができるからである。障害者であっても，特定の分野では健常者と同じか，場合によっては健常者以上に作業を上手にこなせる。そして非常に素直で勤勉でもある。この優秀かつ勤勉な作業員は製造現場において大いに活躍してくれるのである。

　知的障害のある従業員にとって，賃金は必ずしも仕事への最大のモチベーションとはならない。障害に個性があるように，各人が仕事に意欲的にとり組む

動機もさまざまである。しかし，一般的にみて，リーダーなどのポジション（役職）を得ることに大きな喜びを感じるという点では，障害者もまた健常者と同じである。そこで，日本理化学工業では知的障害のある従業員がそのような役職に選任される道を用意している。役職に就任した者は，ほかの従業員から羨望の眼差しを受ける。役職を得た者にとっても，その役職を目指す者にとっても，役職そのものが非常に大きな動機づけになるのである。

　障害のために，現場での突発的な事態に対しては，知的障害者従業員は柔軟に対応することはできない。しかし，彼らの失敗は他の従業員による作業現場の「カイゼン」につながり，より生産性の高い作業現場づくりを可能にしている。障害者自身の仕事ぶりから，それ以外の従業員が新たなビジネスの発想を学ぶこともある。このように，知的障害者を積極的に受け入れたことで，知的障害のある従業員と健常者である従業員とが切磋琢磨しともに学びあう関係がつくられ，それが企業の活力の重要な源泉となっているのである。

　一般に，いかなる仕事の現場においても，解決すべき重要な課題の1つとされるのは職場のコミュニケーションの問題である。職場での上司や同僚などとの（健常者同士の）コミュニケーションでは，たとえばお世辞や謙遜などを意味する儀礼的表現が多用される。これらはコミュニケーションを円滑にするために用いられるのであるが，しかし，知的障害者従業員に対しては，そのような儀礼的表現は意味を成さない。知的障害者従業員と健常者従業員との間で問題となるのはコミュニケーションである。取り繕わない表現で接してくる障害者従業員に対して，健常者従業員は相手の目線に立って指導をしなければならない。当然，最初のうちは感情的な行き違いが生じやすいだろう。しかし，粘り強く接していくことで次第に障害者従業員は仕事を円滑に実施できるようになり，そのことを通じて両者には絆が生まれる。確かに，障害のある人々とともに働くというのは，健常者従業員にとって決して楽なことではない。彼らとの仕事上での交流は，忍耐力の醸成などの精神修養をともなうこととなる。それは一面においては健常者従業員の生産性を下げるストレス要因にもなるが，しかし，そのストレスを超えて問題に対処できたときに，（他の一般的な企業の

従業員以上に）人間として成長するものが多分にあるだろう。人間的な成長は，仕事上でも社会生活上でも必ず役に立つものとなる。

一方で，たとえば上で紹介した5つの約束の内容は，健常者である従業員にとっても決して完璧に達成されているものとはいえない。これは健常者従業員にとっても大切な約束である。このように，知的障害があるからといって，彼らに課されていることが必ずしも簡単だというわけではない。賃金や役職に魅力を感じて，これらが働く動機になるのもまた障害者と健常者に共通することである。重要なのは，障害があるという点にばかり目を向けず，企業として健常者と同じように処遇することを心がけることだろう。日本理化学工業は障害者雇用という難しい分野にとり組む際に，このような心がけを雇用の仕組みにとり入れ，それが経済的な成功を収めてきた要因となってきたのである。

> 設問
> 1．本章で具体的事例として紹介されている3社は，それぞれ違う業種の企業だが，そのとり組みにおいて共通する部分はないだろうか。ダイバーシティにとり組み成功している企業の特徴についてより深く調査してみよう。
>
> 2．CSRの議論には，ビジネス・エシックス（企業倫理）という関連する分野がある。20世紀後半のアメリカ社会でビジネス・エシックスという学問が生まれた背景を調べて，CSRをより深く理解しよう。

初学者のための参考書籍

谷本寛治編著『CSR経営——企業の社会的責任とステイクホルダー』中央経済社，2004年。
　➤企業とステイクホルダーの利害関係にかんする課題についての研究が示されており，マイノリティとの関係を重視するCSR経営もよくわかる。
藤井敏彦『ヨーロッパのCSRと日本のCSR ——何が違い，何を学ぶのか。』日科技連出版社，2005年。
　➤欧州企業と日本企業のCSRの特徴を分析している。欧州との比較で日本の

第Ⅱ部　ビジネスを展開する

　　CSR を再認識することができる。
　トム・L. ビーチャム＆ノーマン・E. ボウイ（中村瑞穂監訳）『企業倫理学(3)
　　――雇用と差別／競争と情報』晃洋書房，2003年。
　　➤雇用差別やセクシャル・ハラスメントの問題など，多様なテーマでビジネス
　　上の倫理的問題を専門的に論じている。

〈山下裕介〉

第12章

産学連携ビジネスで地域を活性化させる

> 本章では、産業界と大学が連携する活動を表す産学連携のビジネスをとり上げる。最初に、前提となる産学連携についての基本的な理解として、産学連携とは何か、産学連携が行われるようになったきっかけ、また日本ではどれぐらい実施されているかといった現状について確認しておきたい。
>
> こうした概要のあと、産学連携によるビジネスが、どのようなビジネスの形態なのかについて議論し、最後に、神戸新聞社が主催しているMラボ事業を事例としてとり上げる。その事例から、産学連携が地域社会との関係の中で、どのようにネットワークを活用し、ビジネスが立ち上げられるのかについて解説する。

1　産学連携の概要

●産学連携とは

　はじめに、産学連携活動とは、一般的には、企業（産）と大学（学）との間で行われる研究活動やそれにまつわる人材の交流も含む幅広い活動のことをいう。また、この中に政府や地方公共団体などの行政機関が加わる場合は、産学官連携と呼ばれている。産学連携の「学」である大学は、そもそも教育と研究を行うことによって社会に貢献する機関である。一方で、「産」である企業（産業界）は、社会の中で、営利を目的として、継続的に生産・販売・サービスなどの経済活動を行っている。この両者が目指す本来の目的は異なっており、

表12-1　産学連携で行われる主な活動

領域	研究の実践	研究の活用	教育・人材
主な活動	共同研究 受託研究 研究施設・設備の利用	コンサルティング（技術相談・指導など） 知的財産の権利などの移転 起業化（ベンチャー）	インターンシップ 採用・育成 人材交流

連携や協同は決して簡単なことではない。

　大学の研究者にとっての産学連携の目的は，自らがかかわる研究成果の知識や技術の移転，また研究のための外部資金の獲得などに加え，学生などが所属する研究室の活性化や新たな研究テーマや領域を進展させることなどがあげられる。一方で，企業側の産学連携の目的としては，研究シーズ（将来花が開き実を結ぶ可能性が高い研究の種のこと）などの情報収集や研究開発を進めるための案件を創り出すこと，またそれらを事業化することがあげられる。

　この両者の目的を満たすために，産学連携で実施される活動には大きく3つの領域がある（表12-1）。第1は，研究の実践領域で，共同研究，受託研究，研究施設・設備の利用などがあげられる。共同研究とは，大学の研究者と企業の研究員が対等な立場を前提に共同で行う研究（たとえば，大学に企業の研究員などを派遣するなど）であり，受託研究とは，企業が（研究員は派遣せず）大学の研究者に対しあるテーマで研究を行うことを依頼し，研究者がそれを受託する形をとる。第2は，研究の活用領域で，大学での研究から得られた知識や技術にもとづいた技術相談や指導などのコンサルティング，研究成果となる知的財産権の移転や活用，そしてベンチャー企業などの起業があげられる。最後は，教育と人材にかかわる領域で，主に学生や研究者が企業で職場体験を行うインターンシップ，またそれにかかわった学生の採用や従業員の育成，大学と企業間の人材交流などである。これらの活動は必ずしもすべてが同時に実施されるわけではなく，産学連携の目的や期間に応じてさまざまに組み合わせて利用されている。

● 産学連携の歴史

　産学連携の発祥は1970年代のアメリカといわれている。とくに，産学連携が本格的に行われるようになったきっかけとして，1980年のバイ・ドール法（the Bayh-Dole Act）の制定がある。この法律は，政府の資金による研究の発明であっても，発明した者やその所属する大学に特許権の取得を認めるもので，これによって，研究者側の権利が守られ，大学での研究開発の成果を企業が積極的に活用することが多くなった。その後，産学連携はヨーロッパにも広がりをみせたが，その仕組みや方法はさまざまであり，国ごとにそれぞれ個性的な発展がみられる。たとえば，ドイツでは2000年頃から関連する法律の改正が行われたが，とくに2002年に発明のオーナーシップ（所有権）が発明者と所属機関の両者に帰属する仕組みとなったことが大きいといわれている。欧米いずれにおいても，新しい発明が誰に帰属するかについての新たな法律の制定が，産学連携をうながすきっかけとなったといえよう。

　日本で本格的に産学連携が行われるようになったのは，1990年代に入ってからである。そのきっかけは，1995年の科学技術基本法，その翌年の科学技術基本計画，そして1998年の大学等技術移転促進法の制定がある（「大学等における技術に関する研究成果の民間事業者への移転の促進に関する法律」。通称 TLO 法：Technology Licensing Organization）。この法律は，アメリカのバイ・ドール法の日本版といえ，大学研究者の発明を特許化し，ライセンス先の企業を探索し，契約を結び，ライセンス料を得ることを目的とした組織の各大学における設立を政策的に支援するものであった。1999年には産業活力再生特別措置法やベンチャー支援となる新事業創出促進法，2000年には国立大学教官の兼業を認める産業技術力強化法が定められた。これらはいずれも現在の産学連携活動の基盤となる法律，政策となっている。さらに，2004年には国立大学が法人化されたことから，社会貢献に向けて各大学が研究成果の活用を重視し，産学連携活動に積極的にとり組むこととなった。

　このような国をあげての体制整備と施策の推進によって，つぎに述べるように，これまでのところ産学連携は着実に増えてきており，大学発ベンチャー企

第Ⅱ部　ビジネスを展開する

図12-1　各セクターの研究者数とセクター間の移動状況

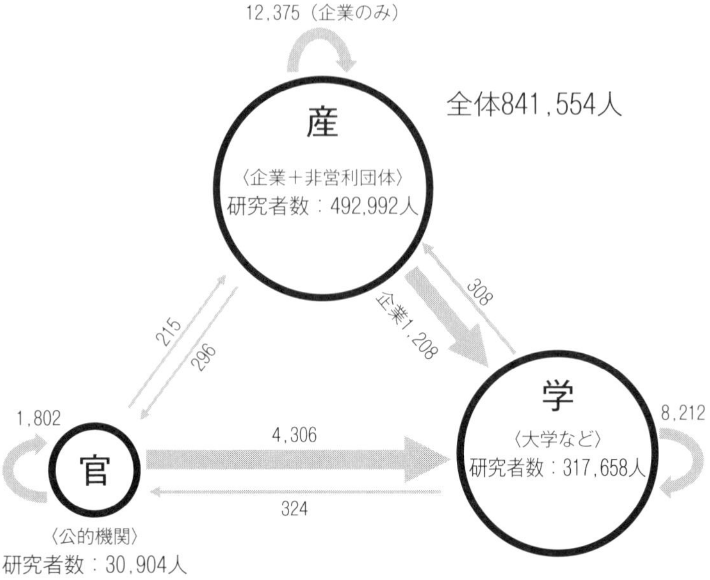

12,375（企業のみ）

産
〈企業＋非営利団体〉
研究者数：492,992人

全体841,554人

215　296　企業1,208　308

官
〈公的機関〉
研究者数：30,904人

1,802

4,306

324

学
〈大学など〉
研究者数：317,658人

8,212

出所：総務省「平成26年科学技術研究調査」より作成。

業の設立も，現在では急激な増加のピークは超えたが，安定したペースで増加している。

● 産学連携の現状

　産学連携の現状の前に，産学連携と関係する科学技術研究の概要について先にふれておこう。日本における科学技術研究費は，2013年度で18兆1336億円であり，国内総生産（GDP）に対する比率は3.75％である。また，このうち自然科学領域で使用した研究費は16兆7376億円で，研究費全体の92.3％と大半を占めている。したがって，産学連携の活動においても，圧倒的に理系分野が多い。

　ここで，産学官の各セクター別の研究費や研究者数などの概要をみておこう。研究費の支出状況については，2013年度では，企業および非営利団体で全体の大半を占めており，つぎに大学，公的機関と続く。また，研究者数をみてみる

と，全体で約84万人，そのうち企業および非営利団体で約49万人，大学で約32万人，公的機関は3万人となっている。したがって，科学技術などの研究活動は産業界を中心に行われていることがわかる（図12-1）。

　つぎに，産学連携の人材交流の状況がわかる各セクター間の移動状況をみてみると，産業界および公的機関から大学への移動（転入）が多く，それ以外のセクター間の交流は少ない。一方で，産業界内部や，大学内部，公的機関内部での移動については，セクター間の移動よりも多い。このような傾向は，近年あまり変化がない状況である。

　では実際に，産学連携の実施状況はどうだろうか。文部科学省「平成25年度大学等における産学連携等実施状況」によると，大学などと民間企業との共同研究は1万7881件あり，増加傾向にある。その分野の内訳としては，ライフサイエンスの分野がもっとも多く，つぎにナノテクノロジー・材料，情報通信，環境と続く。一方で，受託研究は6677件でここ数年は増加しているが，その伸びは共同研究ほどではなく，民間企業よりも独立行政法人などからの受託が多い。この分野でもライフサイエンスの分野が多いのが特徴である。先に述べたように，やはり理系分野での産学連携が顕著である。

　また，ビジネスという面で，大学等発ベンチャーの設立状況をみてみると，2004（平成16）年度までは各年急増し，累計で1000社を超えたが，その後増加ペースは緩やかになっており，2013年度では累計で2246件の設立となっている。

　つぎに，文系に限定した産学連携についてもふれておこう。文系分野の産学連携についてはあまり調査が行われていないが，吉田健太郎編著『地域再生と文系産学連携』（同友館）に文系学部をもつ大学などのアンケート調査結果が示されている。それによると，調査した全体のうち46％が文系型の産学連携を実施していた。地域別では，都市圏よりも地方圏の方が実施率は高く，規模別では大学規模が大きくなるほど実施割合は高い傾向があった。具体的な連携分野は，「まちづくり」「地場産業振興」「商店街活性化」および「企業連携」であり，地域の振興や活性化・企業成長の分野が多いことがわかる。また，大学の

連携先としては，自治体行政，商工会議所，NPO などが約4割を占め，そのつぎに企業や金融機関などの営利組織が約3割となっている。

　以上のように，日本の研究活動は，産業界（民間企業）における科学技術の分野，すなわち理系分野で活発であり，したがって産学連携は理系分野において民間企業と大学，また公的機関と大学との間で主に実施されている。実際，共同研究や受託研究はここ最近増加傾向にある。一方，文系分野の産学連携も近年増加しており，調査では半数弱の大学で地域の活性化などの分野で実施されていた。産学連携の基盤となる法律や体制の整備が始まってから10年以上が経過し，産学連携は全体として順調に進んでいるようにみえるが，今後さらに発展していくかは，企業や大学の意識やとり組み如何にかかっているといえるだろう。

● CSR 経営と産学連携

　CSR（Corporate Social Responsibility）は，企業の社会的責任と訳されており，「持続可能な社会の建設に向けた公共政策を柱とする社会的規制と連動した企業の社会的責任にかかわる自主管理の取り組み」（足立辰雄・井上千一編著『CSR 経営の理論と実際』中央経済社）と定義されている。

　本来，営利を目的とした経済活動を行う企業が，このような CSR 経営に乗り出したのは，社会における企業の影響力が大きくなり，国や政府などとともに社会に対する責任を負う必要が出てきたからである。たとえば，高度経済成長期に公害病や大量の産業廃棄物などの環境・社会問題が噴出したことは企業の影響力の大きさを物語っている。最近では，企業の活動は1国にとどまらずグローバルに広がっており，こうした問題は国内だけのものではなくなっている。われわれの富の源泉である経済（利益）成長は，自然環境（天然資源・生態系）や社会環境（地域・コミュニティ）があってこそ可能であって，こうした環境に配慮しない企業経営は持続的な成長をもたらさないという考えはすでに世の中に行き渡っている。したがって，もし企業が CSR 経営を行わないなら，投資家からは新たな投資をしてもらえず，優秀な労働者も確保できず，消費者

から商品なども購入してもらえないというマイナスの影響が出てしまう。

このように，近年では，CSRを意識した企業経営が脚光を浴びており，さまざまな企業が自社の持続可能性（サステナビリティ）をとり上げ，企業価値と社会価値の両者を継続的に高めていく方法を模索している。産学連携は，そうした民間企業と社会の一端を担っている大学との連携活動であり，共同研究などを通じて社会に役立つ製品やサービスのイノベーションを起こすことで，社会の発展・成長につなげようという活動である。実際，環境に配慮した新製品の開発や，地元の商店街や住民を巻き込むような地域活性化などの事例が増えてきている。したがって，企業と大学が，それらを含むより大きな社会のために協同してとり組む産学連携は，CSR経営の1つの方法といえる。

2　社会とつながるビジネス——産学連携と地域のつながり

●社会的課題の解決と産学連携

さまざまな産学連携の形がある中で，企業と大学がともに属する地域社会に根ざした活動を実施していくことは，身近なステイクホルダーとの関係をより良好なものにしていくためにも重要である。以下では，社会とつながるビジネスを考え，その中での産学連携の役割について見てみよう。

図12-2（次頁）は，豊かさを実現するために，社会にあるさまざまな問題や課題（社会的課題）を，地域社会やその住民，顧客同士を結びつけることで解決しようとした場合に，組織を活用した手段について簡単に整理したものである。

社会にはさまざまな課題があり，たとえば，ものが売れないといった市場の成熟，地域経済の衰退，環境問題，高齢化，医療や福祉の問題，安全な食材の確保，不安定な雇用など多様な問題が複雑に絡み合っている。こうした問題に対して，これまでは主に行政による政策や支援が行われてきた（従来型）。たとえば，地域経済の活性化では，道路建設などの公共事業，地盤の中小企業の支援，地域の雇用対策といった国や地方公共団体を中心とする政策が現在も実施されている。確かに，行政に頼った解決方法は一定の効果が見込めるが，無駄

図12-2　社会的課題の解決のための組織的な手段の例

共通目的	社会的課題 ⇔ 解決・調整⇒豊かさの実現 地域社会／顧客

手段	従来型	国，地方公共団体など公的セクター（行政）の政策や支援
	従来型からの派生	社会的企業，NPO，ボランティアによるサービスや支援
	新たな形態 事業性に主軸	ソーシャル・ビジネス／コミュニティ・ビジネス
	連携に主軸	産学(官)連携によるビジネス

分野	理系分野	文系分野
概要	企業と大学の共同研究や受託研究などを通じて，これまでにない新しい知識や技術を用いて，社会的課題を解決する。	地域社会と，企業および大学を有効に結びつけることで，社会的課題を解決する。たとえば「まちづくり」や「地場産業振興」，「商店街活性化」など。

の多い建設や縦割り行政による非効率な対応，地域に密着したサービス・支援の不足などマイナス面も多い。

　一方，NPO（Non-Profit Organization：非営利組織），ボランティアなど主に地域を中心として活動する組織は，地元住民のニーズを汲み取り，新たなサービス・支援によりきめ細かく応えることができるというメリットがある（従来型からの派生）。その反面，地域のさまざまな人々の自発的な協力が必要であり，運営費用の負担など経済的な面も含めて，継続的な活動とするには相応の努力や行政からの支援も必要となる。

　こうした中，新たな解決の手段として，地域や社会の課題とビジネスを結びつける試みが生まれている。これらは，コミュニティ・ビジネスやソーシャル・ビジネスと呼ばれており，近年その事例は急速に増えつつある（新たな形態：事業性に主軸）。

　コミュニティ・ビジネスとは，コミュニティに密着した社会貢献的な活動を事業化するとり組みで，地域の豊かさの実現に向けて，市民主体，地域密着，地域貢献といったアプローチで，地域主体の問題解決の仕組みを構築していく

試みである。実際のコミュニティ・ビジネスの種類は幅広く多様であるが，そこに暮らす住民などが地域の貢献にかかわっていく点に特徴がある。たとえば，観光振興や地域交流分野では，商店街や行政が協力し，歴史的な資源や伝統行事の保存などを通じて，地域の活性化のための整備や支援を行っている。また，農村地域の特産品のPRや新商品開発などの農業分野，高齢者が増加していることに対する支援といった福祉分野，他にも環境共生・緑地保全などの分野など，地域が抱える課題を新しいビジネスモデルや社会システムを生み出すことで解決していくのである。

　次に，ソーシャル・ビジネスとは，社会的課題を解決するために，ビジネスの手法を用いて取り組むものと定義される。先のコミュニティ・ビジネスは，地域という範囲の中で，地域のニーズや課題に応えることを主目的としており，場合によってはボランティアといった事業性がともなわないケースも含まれることがある。一方，ソーシャル・ビジネスは，(地域だけに限らず)社会的課題を解決することを目的とし，環境配慮商品など必ずしも十分なニーズがない場合も含めるという点で違いがある。こうした定義にしたがえば，コミュニティ・ビジネスはソーシャル・ビジネスの一種に含まれるといえよう。ここではより幅広いソーシャル・ビジネスの視点からとらえておこう。

● ソーシャル・ビジネスの要件

　このソーシャル・ビジネスには3つの要件がある。第1は，社会性であり，解決が求められる社会的課題にとり組むことを事業活動のミッションとすることである。解決すべき社会的課題の中には，活動範囲が地域中心となる場合も多いが，その場合はコミュニティ・ビジネスに近いものといえよう。第2に，事業性である。解決すべき社会的課題にとり組むことをビジネスという形にし，継続的に事業活動を進めることである。この点が，行政やNPO，ボランティアのとり組みとは大きく異なる部分である。最後に，革新性である。ビジネスを行うために，新しい社会的商品やサービスや，その提供の仕組みを開発し，活用することである。それらは，新しい社会的価値をもっており，それを通じて

個人や社会の仕組み（法律制度や習慣，規範など）を変革していくことにつなげる。

　この3つの要件を満たす事業体の担い手はさまざまである。たとえば，先にCSR経営という形で社会的責任を意識した民間企業が増加していることを述べたが，そうした一般企業に加え，さらに利益よりも社会的ミッションを優先する社会志向型の企業がある。また，NPOにもいくつかのタイプがあるが，とくに事業性に軸をおくタイプはソーシャル・ビジネスの中心となるNPOの形態といえる。

　このような新たなソーシャル・ビジネスに加え，この章で取り上げている産学連携も地域社会の課題解決に重要な役割を果たす1つの手段といえる（新たな形態：連携に主軸）。

　ここで産学連携とソーシャル・ビジネスとの関連を考えてみよう。産学連携は，主に科学技術分野を中心に，共同研究や受託研究などが盛んであるが，それはこれまでにない新しい知識や技術を用いて，社会的課題を解決する取り組みでもあり，大きな意味でソーシャル・ビジネスにつながるものといえよう。加えて，企業と大学は，同じ地域社会という共通した土台の上で運営されており，産学連携は，単なる共通の研究活動にとどまるものではなく地域社会との関係の構築も含まれるものである（場合によっては，そこに国や地方公共団体などの「官」も加わる）。科学技術分野以外にも，すでに述べた通り，文系分野における「まちづくり」や「地場産業振興」「商店街活性化」など，産学連携は地域の社会的な課題の解決を目指したものが多いことは，そうした地域社会との関係構築が含まれていることを示している。

　つぎに取り上げる神戸新聞社のMラボ事業の事例は，そうした地域社会とのつながりを活かした産学連携ビジネスのとり組みの1つといえるだろう。

3　産学連携のとり組み

● 産学連携の事例——神戸新聞社のMラボ事業

　産学連携のとり組みは多岐にわたる。ここでとり上げるのは，神戸新聞社が

図12-3 Mラボ事業での実施事業と主な協力（連携）団体

地域企業と大学生のマッチングラボラトリー
M labo エムラボ

◎企画・運営・共催：神戸新聞社
◎対象：兵庫県内企業
　　　　大学／大学生（県外含む）

中核事業（兵庫県共催事業）
■Mラボ　課題解決ラボ
　・企業の課題解決，人材確保支援
　・実践型インターンシップ推進
■ひょうご中小企業就活ガイド
　・地元企業の魅力発信
　・就職，採用支援

人材確保定着支援事業
■合同就職面接会
■出前講座・車座交流会
■クラスターツアー
■UIJターン支援
■女子学生キャリア支援
■地域中小企業魅力発信　　など

主な協力（連携）団体：
- 兵庫県中小企業団体中央会
- 兵庫県
- 神戸市
- 大学コンソーシアムひょうご神戸
- 兵庫労働局
- 兵庫県雇用開発協会
- 日本政策金融公庫
- 他府県の人材確保定着支援事業実施機関

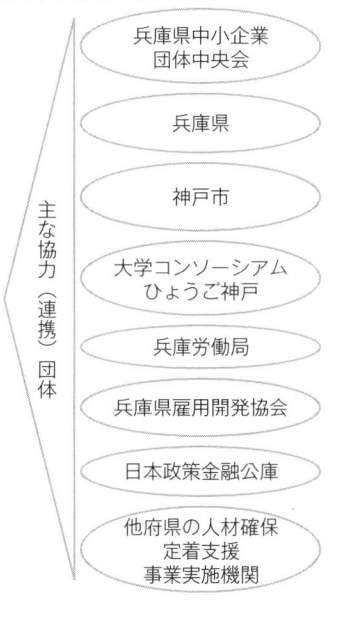

（注）2015年3月時点。

行っているMラボという事業である。Mラボは，地元の優良企業に就職をしたい大学生と，次代を担う優秀な人材を確保したい地域企業のマッチング（両者を引き合わせる場の提供）を目指す事業として，2013年7月から神戸新聞社と兵庫県中小企業団体中央会が実施主体となり，兵庫県，大学コンソーシアムひょうご神戸，兵庫労働局などの行政や他組織と連携しながらとり組まれている。

このMラボが，企業と学生（大学）をつなぐさまざまなとり組みを実施した背景には，近年のインターネットによる採用活動の増加，大学生の大企業志向などによる「求人と求職のミスマッチ」の広がりがあり，とくに兵庫県内の地元優良企業の情報が，大学生に届きにくいという現状があった。なお，「Mラボ」の「M」は，マッチング，マネジメント，マーケティング，マーチャンダ

イジングなどの頭文字のM,「ラボ」は「実験室」の意味が込められており，具体的なとり組みとしては，大学のゼミ単位で中小企業の課題を調査研究する「課題解決ラボ」「大学への出前講座」「合同就職面接会」などのさまざまな活動がある（図12-3）。

● Mラボ事業立ち上げの経緯

　Mラボの事業主催者である神戸新聞社は，兵庫県を地盤とし，「地域社会の発展と福祉の向上」をかかげ，豊富な地元の情報を活かした『神戸新聞』などを発行している新聞社である。神戸新聞社の中には，新聞社の資源を有効活用して，地域貢献につながるような事業の展開を行うための部署が設置されており，中小企業の支援や地域経済の活性化につながる新たな事業を1つのテーマとして模索していた。

　立ち上げにあたり，この部署に所属していたH氏は，個人的に通っていた地元の社会人大学院での各教員とのつながりの中で，地域の企業と大学生をつなぐ事業スキームを考えることから始めた。そのうえで，情報発信を主体とした新聞社の強みと，部署内の他のメンバーがもつ地元経済界との強いパイプなどを活かすことで，事業を具体化していくこととなった。

　Mラボの事業スキームでは，つぎのような学生と企業の双方のニーズが想定されている。若者を代表する大学生には，既存の枠組みに縛られない新しい発想が期待できる。企業の中で日常に染まっている社員ではなかなか抱かない新しい発想は，企業にとって事業のヒントに活用できるはずである。一方で，企業側には，つねに変化する経営の現実があり，そうした実践的な環境に大学生が直接ふれることは少なく，学生にとっては生きた現場の中で学べる絶好の機会となる。また，大学生の大半は，卒業後は就職し，企業に勤めることから，将来の働く場をイメージする体験にもなりうる。

　実際，このような両者のニーズをふまえた活動はさまざまなかたちで行われている。たとえば，大学生を対象に在学中に提供される職場体験であるインターンシップがそうである。しかし，インターンシップの多くは，個々の企業と

第12章 産学連携ビジネスで地域を活性化させる

個人としての学生の1対1の関係を前提にしていることがほとんどである。また，参加学生に対し一方的に仕事の場や職場の課題が提供される場合が多く，期間も数日から1～2週間と比較的短期間となっている。さらには大学での専攻やゼミ活動とは切り離されており，とくに文系の学生にとっては，学んできた内容と関連が薄いことも多い。

ほかに，学生が企業にふれる機会として，ビジネスプランコンテストなどの課題発表の場がある。これは，大学の経営学部などのゼミ同士が，大学の垣根を越えて，企業の新商品や新事業を提案し，その過程で企業活動について勉強することが期待されているとり組みである。ただし，こうしたコンテストでは，学生からの新商品の企画提案までを目的に終わる場合も多く，実際に企業で商品化されることは稀である。

学生と企業間の連携でよくみられる，こうしたインターンシップやビジネスプランコンテストのメリットを残しつつ，さらに学生が地元の企業に密着した調査と研究のプロセスに深くかかわることによって，学生と企業のつながりを強め，実のあるインターンシップにしようというのがMラボ事業の構想だった。

そのMラボの中でも中心的な事業である「課題解決ラボ」は，企業が抱える課題を大学のゼミ単位で調査研究するといったプロジェクト型の活動となっている。この活動の中で，商品開発や販売戦略，マーケティングなどを担当する実際の企業の実務者の協力を仰ぎながら，ゼミならではの専門的なテーマを設定し，ゼミ教員の指導の下，グループで解決策を提案していくため，学生が学んでいる内容と関連がある企業の課題解決の実践にふれられることが大きな特徴である。学生が企業と深くかかわり，ゼミの専門性を活かしながら，調査研究を進めていく実践型のインターンシップ事業といえるだろう。

このように，企業と大学の学生のお互いのニーズを汲み取り，それを引き合わせること，また，すでにある解決方法では満たせていない問題を事業の意義とすることで，Mラボは地域の社会的課題を解決するとり組みとしてスタートしたのである。

第Ⅱ部　ビジネスを展開する

● 行政機関の支援

　Mラボ事業は，行政などの公的施策と異なり，新聞社という私的企業が行う事業である。したがって，事業を継続させるためには，収益をあげることを大前提として考えなければならない。Mラボ事業は，企業と大学を結びつける活動であるから，その収益源としては，参加企業および大学からの参加費，あるいは地元銀行などほかのスポンサー企業を見つけるなど複数の方法がありうる。しかし，そもそも事業開始前では実績もないため，こうした金銭的な協力は得にくい状況にあった。

　そこで活用されたのが，中小企業庁の「地域中小企業の人材確保・定着支援事業」の補助金制度である。この制度は，中小企業・小規模事業者を支援する機関が，中小企業・小規模事業者と新卒者などのマッチング，人材育成・定着までを一体的に実施するとり組みに対して補助するもので，要件を満たすことで5000万円を上限とする定額補助を受けることができる。Mラボ事業では，事業の企画準備と並行して，こうした行政の補助金制度の活用を検討し，申請を行うことで，収益となる補助金を受けとることができた。

　事業を行うにあたって，こうした収益源を確保することは必須である。その際，新聞社などの関与する組織での負担や，参加する企業や大学の参加費だけではなく，行政の支援制度を活用することも念頭においておく必要がある。ただし，このような行政の施策にもとづく補助金は，いつかは打ち切られる可能性があり，事業の自立化に向けては継続的な収益源の確保の検討が必要となる。

● 協力体制とネットワークの活用

　Mラボ事業の幅広い活動は，単独で行うことは困難であり，さまざまな組織の協力が必要である。Mラボ事業の実施主体である神戸新聞社は，地域の経済や企業情報を豊富に蓄積し，兵庫県内の経済界とのつながりも深い。こうしたメリットを活かしながら協力体制を築いていった。

　まず，地元企業の経営者に直接声をかけ，企業の「課題解決ラボ」などの場への参加をうながした。その際に，新聞社内にもつネットワークをうまく利用

し，経営者に直接会って興味関心を確かめることができたことは，参加後の責任をともなったかかわり（コミットメント）をもってもらう重要なポイントであった。

さらに，企業だけではなく，地域のさまざまな公益団体や組合などの活用によって補助金制度の要件で求められていた複数の事業活動にもとり組める体制を築いた。たとえば，協力・連携している兵庫県中小企業団体中央会は，「中小企業団体の組織に関する法律」により，中小企業の組合などを会員として設立された団体で公益性の高い特別法人である。これ以外にも，兵庫県や神戸市，兵庫労働局，兵庫県雇用開発協会，日本政策金融公庫など複数の団体と協力体制をつくることで，それぞれがバラバラに行っている就職や人材定着の施策を結びつけ，シナジー（相乗効果）を生み出すなど，各組織のメリットを活かしたとり組みが可能となった。

一方，大学側の参加については，大学の事務局や就職課などではなく，大学教員に直接アプローチする方法がとられた。この理由としては，「課題解決ラボ」では，ゼミの指導教員の関与や指導が学生のコミットメントに重要であるとともに，学生も自身が所属するゼミの専門性を活かした調査・研究にとり組む方が，学習内容との身近さを感じ，より興味を抱くようになると考えたからである。

このようにさまざまな方面の協力体制を築く際には，その事業の目的や枠組みを明確にし，お互いのメリットがどこにあり，それぞれの目的を達成できるかを意識すること，また協力組織の窓口への適切なアプローチが大切だといえる。

● M ラボ事業の運営上のポイント

M ラボ事業の中心である「課題解決ラボ」の活動と運営上のポイントを示しておく。課題解決ラボの参加から発表会までの大まかなスケジュールは表12−2（次頁）の通りである。とくに，重要なポイントは2つある。

第1に，M ラボ事業の企業と大学（学生）を結びつけるという趣旨から，企

第Ⅱ部　ビジネスを展開する

表12-2　「課題解決ラボ」の参加から発表会までのスケジュール

スケジュール	時期	概要
大学ゼミ・エントリー	4月上旬〜中旬	大学のゼミ単位で応募の受付。
参加企業の決定		
企業とのマッチング 研究スタート		実行委員会で応募ゼミと参加企業とのマッチングを行う。
企業訪問	5月下旬〜6月下旬	マッチングされた企業を各ゼミが訪問。経営者や担当者とディスカッションし、研究課題の抽出を行う。課題設定は、ゼミの研究・専門分野を考慮する。
中間発表	8月上旬	マッチングされた企業と課題の方向性のすり合わせ。発表内容に対し、実行委員からコメントをもらい、以降の研究の進め方に反映する。
調査研究	8月中旬〜	企業へのヒアリングなど、ゼミの代表者と企業の担当者が連絡を取り合いながら調査研究を進める。
発表会	10月下旬	これまでの研究成果を公開発表。優秀チームは表彰され、神戸新聞特集紙面などで紹介。発表会終了後は、参加企業と学生による懇親会を開催。

業とのマッチング，学生の企業訪問による経営者や担当者とのディスカッションの場をふまえた課題設定が肝になるため，そこには時間をかけ，お互いのすり合わせには主催者である神戸新聞社も入ることで納得のいく調整が行われている。学生が自分たちのゼミの専門性を活かして何をしたいか，企業が今どのような課題を抱えており，何を提案してほしいかをじっくり話し合う。

　第2に，発表会の審査方法と位置づけである。20チームのゼミが参加し，優勝を含む入賞チームが4チーム決定される。優勝を目指すことは，学生のやる気を高めるが，その評価の納得は審査基準の明確さによって左右される。そのため，審査基準である5つの項目を明確に設定し，かつ基準間のバランスがとれるように意識されている。また，審査をする委員も全体のテーマとのバランスを考え，その都度選定されている。なお，こうした審査による結果だけに重きをおくのではなく，そこまでの過程で，学生の調査研究がどれだけマッチン

グした企業に即したものであったか，調査した対象企業の評価こそが学生にとって重要だという説明が行われ，発表会後の懇親会で調査した企業からフィードバックを得る機会を設けている。

つまり，課題解決ラボは，Mラボ事業の趣旨に沿って，学生と企業が，実践での課題にどれだけ真剣に向き合うようにできるかに焦点を当て，そこに手間と時間をかけるように運営されている。

● 産学連携としてのMラボ事業の要点

最後に，Mラボ事業の事例と，本章で示してきた内容との関連をまとめておきたい。

Mラボ事業は，いくつかある産学連携ビジネスのタイプの中でも，「教育と人材にかかわる領域」の事業である。この事業は，理系ではなく文系を主とした産学連携であり，「地域の振興や活性化」の分野のビジネスといえるだろう。また，他の産学連携ビジネスと同じように，自治体行政や他組織，企業などとの連携は，事業の運営に不可欠であった。

CSR経営という視点からは，神戸新聞社は，私的企業であるが，地域への社会貢献をミッションに掲げており，その一貫としてMラボ事業が行われていることから，企業価値と社会価値の両者を継続的に高めていくことが意識されていることがわかる。

最後に，ソーシャル・ビジネスの3つの要件に照らし合わせてみよう。社会性の観点では，Mラボ事業は，地元の優良企業に就職をしたい大学生と，優秀な人材を確保したい地域企業のマッチングを事業として展開しており，兵庫県を中心とした地域の就職や雇用における社会的課題の解決を目指している。また，補助金を活用しながらもそれを継続的に事業として活動していくことを前提としており，事業性の観点も当てはまる。最後の革新性の観点からは，Mラボ事業は，これまでのインターンシップやビジネスコンテストの良い点を残しつつ，学生と企業のかかわりをより深めるために，ゼミの専門性を活かしながら，調査研究を進めていくというプロセス重視の方法を採用している。この

第Ⅱ部　ビジネスを展開する

ユニークな新しいインターンシップ事業が今後より発展し，地域を越えて拡大していけば，新しい社会的価値をもった革新的な事業として受け入れられていることが示されるだろう。

設　問

1．地域や社会の課題とビジネスを結びつける産学連携ビジネスでは，どのような手段があり，どのような要件が求められるのか，考えてみよう。

2．文系分野で産学連携ビジネスを成功させるためには，何が重要になるのだろうか。Mラボの事例からわかった点をまとめてみよう。

初学者のための参考書籍

足立辰雄・井上千一編著『CSR経営の理論と実際』中央経済社，2009年。
　➤ CSR経営の理論と実態についてさまざまな事例を通じて説明されている。

大室悦賀・大阪NPOセンター編著『ソーシャル・ビジネス――地域の課題をビジネスで解決する』中央経済社，2011年。
　➤ 多様な事例を通じてソーシャル・ビジネスのあり方が説明されている。

風見正三・山口浩平編著『コミュニティビジネス入門――地域市民の社会的事業』学芸出版社，2009年。
　➤ コミュニティビジネスについての入門書として書かれている。

吉田健太郎編著『地域再生と文系産学連携――ソーシャル・キャピタル形成にむけた実態と検証』同友館，2014年。
　➤ 文系分野の産学連携について事例をまじえて紹介されている。

〈谷口智彦〉

第III部
ビジネスの成功と失敗を考える

第 13 章

ビジネス成功の要因を考える

　本章では，ビジネスを企画し実践した結果，何を基準に成功したといえるのか，また，どのような要因が事業を成功に導いたかを考える。その際，成功の経験を一般化してすべての事業に適用するには困難があることを初めに断っておく。経営者や企業に働く労働者が体験した事実を自然科学のように実験室で完全には再現できないし，どの経営者が決断した意思決定も，最初から成功への確信を100％抱いて実践したわけではない。ベストを尽くして考え抜いた末に，「強い信念と事業成功への確からしい見通し」をもって進めた結果である。

　人間の意思決定を100％合理的にするための完全な情報を得られないので，ある程度「確かであろう」意思決定を積み重ねて目標に到達する以外にはない。制約された合理性（サイモン）の中で行われる意思決定の性質から，事業の成功をもたらした要因の分析もある程度の推測をふまえざるをえないことを前提に，ビジネスの成功要因を考えていこう。

1　成功に不思議の成功あり

● 成功の復讐

　ビジネスの世界では，成功した経営者が自らの経営論を出版すると，やがて企業自体が不振に陥るというジンクスが根強く信じられているという。過去の成功体験に縛られ自信過剰になるとつぎの変革ができなくなり，顧客や環境の変化に対応できずに失敗することがある。これを「**成功の復讐**」という。

　セブンイレブンでは，顧客の**ロイヤルティ**（loyalty：顧客の好意や選好，忠誠

心を意味する）を高めるために，1700品目におよぶ**セブンプレミアム**を定期的にリニューアルしている。たとえば，カレーのルーのリニューアルでは，大手の食品会社と組んで試作を行った後，モニターの自宅で食べさせるテストを5回繰り返している。その結果，ときには共同開発するメーカーを変えることもある。このようにして，リニューアル版のカレーの売上げを1.5倍に増やし，つねに商品のラインアップを変革している。

過去の**成功体験**に縛られず，組織と商品の改良や更新を続けることが大切である。そのためには，自社の事業を主観的にみないで，客観的かつ批判的に考察する科学的な態度が求められる。社会の変化や動向に関する情報を収集，その中から取捨選択して自社のもつ強みや魅力とつなぎあわせてどのような商品やサービスが提案できるかを思考する。

19世紀末にヨーロッパで誕生した自動車は，金持ちや王族など一部の特権階級の注文に応じて「贅沢品」として生産されていたので，その市場は狭く限られていた。しかし，20世紀に入ってアメリカの**ヘンリー・フォード**（Henry Ford）は，大衆でも購入できる価格で売るために，自動車を大量生産して自動車単位あたりの原価を引き下げた。そうして，米国の自動車産業は，第2次世界大戦前に大衆向けの自動車市場を拡大した。戦後の米国自動車産業の成功は，1960年代の高度成長期まで続く。

しかし，1970年代の2度にわたる石油危機によって，省エネルギータイプの小型自動車への需要が高まったことと，公害の元凶とされた自動車の排ガス規制に対応する**環境配慮型自動車**への需要拡大によって，日本の自動車が台頭し，次第に米国自動車産業は競争力を失っていく。燃費効率の悪い大型自動車に固執し小型車市場への参入を遅らせた原因の1つに，米国の自動車産業が大型自動車で潤った過去の成功体験から脱却できなかったことがある。

成功と失敗は表裏の関係にあるとの指摘もある。「成功とは，さらなる成功を保証するものではない。成功とはつぎなる段階で失敗を生み出すものである」（寺岡寛『逆説の経営学』税務経理協会）。

元プロ野球監督で名球会入りしている野村克也氏は，「勝ちに不思議の勝ち

あり，負けに不思議の負けなし」と，プロ野球の勝負に賭ける監督業の極意を述べている。野村氏は勝った試合にも負ける要素が隠されておりその分析を怠るとつぎの負けにつながると言う。勝ちを成功に，負けを失敗に置き換えると「成功に不思議の成功あり，失敗に不思議の失敗なし」となる。

● 伊賀の里モクモク手づくりファームのビジョン

　三重県の伊賀地方で農業，畜産業を柱に生産，加工，販売，サービスを行う新しい農業の6次産業化を目指し1988年に創業した株式会社伊賀の里モクモク手づくりファームは，2014年時点で年間約50万人の来場者と売上げ約50億円を達成している。

　同社は銘柄豚の伊賀豚を素材にしたハムやウィンナーの販売を目指して起業したが，最初はさっぱり売れず1日あたり数万円の売上げが続いた。伊賀の山中の交通不便な場所で知名度もなく集客には不利な立地条件であった。だが，あるときに，団体で参加した主婦の客からウィンナーのつくり方を教えて欲しい，現地で食べさせてもらいたい，などの要望が寄せられたので，「ウィンナーの手づくり体験教室」を日本で初めて開始した。この体験教室がヒットして，添加物や遺伝子組み換え食品を使用しない本物の農産物に魅力を感じた家族客やリピーターが全国から集まるようになった（金丸弘美『伊賀の里ただいま大奮闘中』NAP）。優れた品質の食品を提供するのにとどまらず，自分でも物づくりを体験してみたいと考える消費者（prosumer：プロシューマー，トフラー〔Alvin Toffler〕が提唱した概念で生産消費者という意味）の生産者体験ニーズをとらえたことがビジネスの成功につながった。最初から周到な作戦や戦略があったわけではなく，自然にそうなったのだとメディアのインタビューの中で同社の木村修代表は明確に述べている。「成功に不思議の成功あり」である。

　モクモク手づくりファームは創業理念に「農民自身が消費者に働きかけて消費者のニーズを満たしながらマーケットを拡大し農業への理解者を増やしていく」という革新的なビジョンをもっていた。消費者の体験学習ニーズにも面倒がらず誠実に対応して，ウィンナーだけでなくパンづくりやイチゴタルト，ベ

ーコンなどの体験教室を拡充し，地産地消の**農場レストラン**を設置して事業を成功に導いた。農業・畜産業の振興という経営の道標（羅針盤）をもって消費者に対応したことが成功の最大の要因である。

●老舗はバトンタッチの経営

　ベンチャー企業は創業から数年間におよぶ短期的な売上高や利益などの経済指標で成功を論じるかもしれないし，他方，創業200年を超える老舗は長期的なスパンで会社の存続が可能になれば成功とみなすかも知れない。

　学生と京都府下のあるスーパーマーケットを訪問し，経営理念や経営戦略をインタビューした際，社長は過去30年間の財務資料をわれわれに見せた。それを見た学生から直近の2〜3年の売上げ状況の低迷の原因について質問が出された。その原因を簡潔に説明した社長は，目先の損得勘定だけで会社の発展を論じるべきではない，わが社は創業400年を目指して持続させることに社会的使命があるので長期的な観点から成長（成功）を判断している，と付け加えた。

　老舗といわれる**長寿企業**を世襲でつないでいくマネジメントの度量の大きさに驚かされた。どの時点で成功や失敗を判断するかは，どの企業でも一律ではなく業界や企業の置かれている時間軸によっても異なる。紹介した例は，序章でも述べた**製品ライフサイクル（PLC）**の成熟段階を水平的に延長し何百年にもわたって持続していく試みともいえる。創業者が短期間に企業を成長させ，一時的に利益を拡大しても次世代に継承できない経営は，成功とは言い難い。

　単発的な成功にとらわれず商品の改良や変更を継続して行うこと，自然環境への配慮（共生の思想）が求められること，消費者（顧客）と生産者（企業）のコミュニケーションを深める成功事例をみてきた。ビジネスの成功要因をさらに掘り下げて，つぎの3つの側面から考察していく。①3つの価値の創造，②利益を独占しない仕組みづくり，③次世代への継承の体制。この3つの側面を事業の最初から総合的に実施することは困難だが，どの要因に重点をおくか，あるいはどの要因を組み合わせて特徴あるビジネスの成功モデルを考えるかは企業の主体性と創意性にかかっている。

2　3つの価値の創造

●企業価値の3つの要素

　人間の生活を物質的に支えている空気や水，土，食糧源となる植物や動物などの自然環境は，人間が動物として生存するための必須条件である。人口が少なく消費する物も少なければ，環境におよぼす人間活動の負荷（否定的影響）も小さく自然環境の再生力（自浄能力）の範囲内にあり，豊かな自然は維持される。ところが，**産業革命**を機に，人間の欲望が増大し，消費するエネルギーや生産物が劇的に増えると，人間の居住範囲や行動範囲が拡大する。野生動物の生息地である森林が伐採され，河川の埋め立てや土地の開発によって，生息地を奪われた生物の種の絶滅が進む。工場や自動車，飛行機，船舶などから排出される化石燃料ガスの増大による地球温暖化をもたらし，**PM2.5**などの有害化学物質や人為的に造られた**放射性物質**の環境中への排出などによる生態系への負の影響も強まる。自然環境を犠牲にした経済成長といえる。

　自然環境と社会環境に配慮して経済成長を図るビジネスモデルは，図13-1に描かれている。本来はバランスのよい三角形となるべき土台の台形の左側にN（Natural Value：自然価値），右側にS（Social Value：社会価値），土台の上部にはM（Market Value：市場価値）が置かれている。

　上向きの矢印（⇧）はNとSから得られた利益や収益のルーツを示し，下向きの矢印（⇩）は経済活動の結果，獲得したお金を再投下して，**環境負荷**や**社会負荷**の削減に投資する貨幣の循環を描いている。左から右向きの矢印（➡）は自然資源から適切に調達したエネルギーや自然資源の流れであり，それによって人間の生存に必要な富が提供され社会環境の負荷が削減される。右から左への矢印（⬅）は，人間が自然環境に働きかけて，資源を適切に調達し，生産，加工，販売，消費，廃棄，回収という各工程で，環境負荷削減や環境改善をもたらす活動を指す。

　NとSは**非財務的価値**といわれ，ピラミッドの頂点にある**財務的価値**（市場

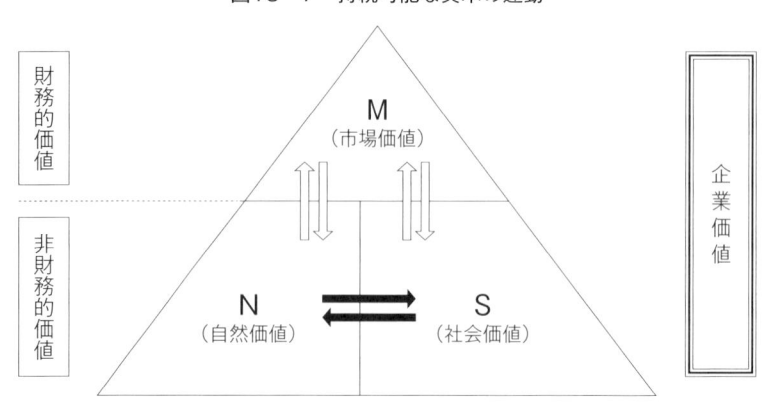

図13-1　持続可能な資本の運動

```
          M
       （市場価値）

  N              S
（自然価値）    （社会価値）
```

財務的価値／非財務的価値／企業価値

価値）よりも総面積で比較すると大きい。財務的価値と非財務的価値の合計を**企業価値**と呼ぶ。近年の研究や実態調査によると，企業活動の中でNとSの価値のウェイトがMよりも遥かに高まっているとの報告がなされている。

市場価値（M）とは，従来の財務報告書にみられる企業の資産価値や損益計算書に示される財務的価値のことである。企業の経済活動の総括が目に見える財務的な数値になって示される。Mの最大の成功指標は利益の獲得にある。

自然価値（N）とは，物やサービスを生産する際に利用する水や土地，鉱物，森林，**生物多様性**などの保全や改良に企業が環境目標を掲げてどれだけ実践し貢献したかの程度を示す。自然生態系の衰退や種の絶滅は，自然生態系の一部である人間の滅亡へのシグナルであることを正しく認識し危機感をもって対策を講じるべきである。もちろん，企業の所属する業種や環境対策の優先項目によって，何に重点的にとり組むかの相違はある。**ISO14001**（認証対象）をはじめとする環境マネジメントシステムの国際規格を取得して，自社の事業活動による**環境負荷**（環境への否定的影響）を引き下げたり，自然保護にとり組むNPOの活動への支援を始め，自社の製品やサービスを環境配慮型の**エコプロダクツ**（eco-product）に転換することも企業のもつ自然価値を高めるであろう。

社会価値（S）とは，企業内外の社会的な環境の維持や改善に貢献した程度

を示す。地域社会に居住する住民の雇用責任や雇用されている労働者の健康，安全，福祉，差別の撤廃と人権の保護，あるいは地域社会の文化や教育への協力や支援，地域住民の絆を強める神社のお祭りや自治会活動への寄付・人的支援などがある。NPOへの財政的支援や社員によるボランティア活動など企業の社会貢献活動からなる**フィランソロピー**（philanthropy）や**チャリティー**のような慈善活動，博愛的な活動も社会価値に含まれる。目には見えないが，企業のCSR調査にもとづくランキングや従業員の会社に対する**忠誠心**（loyalty），労働意欲（morale：モラールと呼ぶ），**CI**（Corporate Identity：企業との一体感），企業の社会貢献に対する社会的な表彰などのブランド力も社会価値に含まれる。

● **3つの価値のバランスのとれた経営を目指す**

図13-1の3つの価値が安定している企業は，自然環境の有限性を理解したうえで，最初からリサイクルを前提にした設計を行い，温室効果ガスの削減，省エネルギー，省資源，安全性に責任をもつ製品づくりを行っている。また，売上高の一部を震災被害者への支援基金に組み込んだり，障害者雇用比率を引き上げたり，**女性役員比率**を高めるなど社会貢献に尽力する。このような物づくりが社会的にも評価されて，ブランド力があがり自然価値（N）も拡大し社会価値（S）もともに拡大する。その結果，市場価値（M）も拡大生産され3者のバランスが安定して成長していく。

環境負荷も社会負荷も負荷の削減に向けて改善されているために，NもSも安定した台形を形づくっている。また，その上に乗るMもクリーンな経済活動を達成して安定した公正な収益を実現していることを示す。

MがNとSという土台に支えられて成立していること，NとSの拡大があってMもはじめて拡大できること，これが**持続可能な経営モデル**である。NとSへの責任を果たしている初期投資の時期には，Mの経済的成果（収益や投資価値の回収）は直ちに実現しない。先に投資やサービスを投じて後から利益が実現する，いわゆる先義後利である。投資家である株主や融資者である金融機関は，投融資対象となる事業の社会的意義を認めて，長期的な時間軸からビ

ジネスを見守らねばならない。

　ビジネスの成功を確認する第1の指標は，M, N, Sの経営目標からバランスある実績（成長）がもたらされているかを自己点検することにある。

3　利益を独占しない仕組み

●共生，共益，共同を目指すフェアトレード企業——Dari K

　2011年3月，チョコレートの製造，販売を手がけるベンチャー企業，Dari K（ダリケーと呼ぶ）が京都市内に創業された。資本金1000万円，従業員数5名（2015年3月時点）からなる小さな会社の経営理念は，「カカオを通して世界を変える」である。代表取締役の**吉野慶一氏**は，慶應義塾大学卒業後，京都大学大学院でアジア経済を学び，その後，オックスフォード大学院を修了して外資系投資会社に就職した。金融アナリストとして何百億円ものお金を運用して成功を収めたが，富める人を更に富ませるお手伝いを続けることに疑問をもっていた。ある日，立ち寄った韓国のカフェでチョコレートの原料であるカカオの生産量の順位を示した世界地図に，インドネシアが世界第3位の生産国（2011年当時）と示されている点に興味を惹かれた（『読売新聞』2013年4月27日）。

　その後，吉野氏は，インドネシアのカカオが収穫後に必要な発酵工程を十分に経ていないという理由から他の産地に比べ低い価格で取引されており，その結果，生産者であるカカオ農家の収入はわずかな金額に抑えられている実態を調べた。インドネシア原産のカカオを高品質のチョコレートに加工して日本で販売すればビジネスになるかもしれないと考えた。インドネシアのスラウェシ島の農家を説得して働きかけた結果，現地で生産され発酵を経たカカオ豆を通常の買取価格より20％増しの**フェアトレード**（fair trade：公正な取引）価格で，直接，農家から買い取る仕組みをつくった。

　Dari Kは，カカオ豆の栽培指導から，発酵や乾燥，輸入，焙煎，皮むき，粉砕，ペースト化をすべて自社で行い，カカオマスを製造し，オリジナル・チョコレートの製造・販売をしている。カカオ豆の**サプライチェーン**の全工程

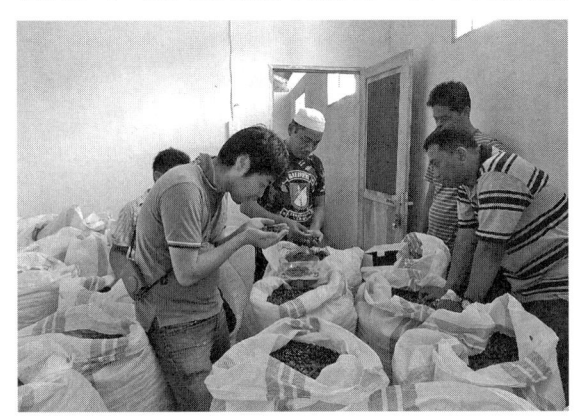

写真13-1　カカオ豆の発酵の状態をチェックする吉野社長

提供：Dari K 社

（栽培を除く）を1社で行っているチョコレートメーカーは世界でも稀有な存在である（『読売新聞』2015年1月30日）。

　純粋で芳醇な Dari K のチョコレートの味わいに魅了されたフランス料理店やホテルのレストラン，大丸や伊勢丹，三越百貨店などの大手の百貨店を主要な取引先に事業を展開し，2015年時点で年商は1億円にのぼる。

　さらに，Dari K は，日本の大手開発コンサルタントと共同で，現地で廃棄されるカカオ豆の殻を回収して，メタンを発酵させ，回収されたメタンガスを供給したり，そのガスを用いて発電する**バイオガス発電**に着手している。その過程で生じる廃液や残渣も堆肥にして再利用する計画である。**循環型6次産業**を現地で展開し，インドネシアのカカオ生産事業を環境配慮型の**エコビジネス**（eco-business）に転換する。このように，Dari K は，現地のカカオ農家の所得向上と世界水準の高品質のチョコレートの製造販売，**環境配慮型農業**を並行して推進している。

　現地の取引先の農家の生活を保障する価格で原料（発酵済のカカオ）を買い取り，チョコレートの品質を世界レベルに高めることで，インドネシア・スラウェシ産のカカオのブランド力を創造したことが最大の成功要因になった。1つひとつのチョコレート製品は手づくりで，**大量生産**が適わないため，数量限定

でインドネシア産の最高品質のチョコレートを市場に提供し、顧客の満足度を高めている。また、農家に対しては、発酵技術やカカオ生産方法について指導してノウハウをもたせ農家自身が主役になって利益を獲得し（農家との共益）インドネシアのカカオ生産に対するプライドやインテリジェンスを高めるようにサポートしている。Dari K は、これを消費者から生産者への施しではなく、生産者自身が付加価値を創出する「**真のフェアトレード**」と呼んでいる。

　因みに、インドネシアでの生産者の所得水準向上や環境負荷の低減へのとり組みと日本国内でのビジネス展開を並行して行う同社のユニークなモデルは、京都信用金庫主催「地域の起業家大賞」にて最優秀賞を受賞するほか、京都商工会議所「知恵ビジネスプランコンテスト」の受賞など多数の機関より高い社会的評価を受けている（Dari K『会社概要』）。

●近江商人の三方良しと商業倫理

　日本にはCSRの源流ともいえる近江商人の**経営哲学**が継承されている。「売り手良し、買い手良し、世間良し」の**三方良し**の商業倫理である。売り手の都合だけで商いをするのではなく、買い手（顧客）の満足や世間の発展と信用（地域社会の繁栄や福利の増進など）につながる商いを信条としている。

　滋賀県神崎郡五個荘町の豪商であった中村治兵衛宗岸（なかむらじへえそうがん）が孫にあてた直筆の遺言書には近江商人の三方良しの経営理念が端的に述べられている。「……たとへ他国へ行商に出かけても、自分が持参した衣類等の商品は、出向いていったその国のすべての顧客が気持ちよく着用できるように心がけ、自分のことよりも先ず、お客さまのためを思って計らい、一挙に多くの利益を得ることを望まないで、何事も天の恵み次第であると謙虚な態度であること。ひたすら商品をお届けした地方の人々のことを大切に思って商売をしなければならない。そうすれば、天道にかない、心身とも健康に暮らすことができる。自分の心に悪心の生じないように、神仏への信心を忘れないこと。持ち下り行商に出かける時は、以上のような心がけが一番大事なことである」（末永國紀『近江商人学入門』サンライズ出版）。

日本の伝統的な**商業倫理**とCSRには重複するところは多いが，CSRにはステイクホルダーへの情報公開が求められていることや，環境配慮を含むCSR目標が具体化され明文化されているところに現代的な特徴がある。Dari Kは，これまでにない本物のフェアトレードの価値創造の仕組みを造っただけではなく，日本の三方良しの精神にも合致する**ステイクホルダーとの共益**（買い手良し），環境への配慮（世間良し）を創業初期から追求した**CSR優良企業**と言える。

● 世界最大富豪ランキングと貧富の格差

『Forbes』という経済誌が発表した世界の最大富豪のランキング（2014年実績の個人資産総額）をみると，アメリカの**マイクロソフト社**（コンピュータ・ソフトウェア事業）のビル・ゲイツ（Bill Gates）が792億ドル（約9兆5000億円）を獲得し，世界1位となっている。第2位はメキシコのテレコム社（電話事業を中心とする多角化企業集団）のカルロス・スリム・ヘル（Carlos Slim Helu）で771億ドル（約9兆2500億円），第3位はバークシャー・ハサウェイ社（投資持株会社）のウォーレン・バフェット（Warren Edward Buffett）で727億ドル（約8兆7200億円）となっている。日本人としてはファースト・リテイリング社の柳井正氏が41位，202億ドル（約2兆4200億円），ソフトバンク社の孫正義氏が75位，141億ドル（約1兆7000億円）と，ランキングに入るのはわずか2名のみである。

ランキングされた富豪の国籍数の順では，第1位がアメリカ（38名），第2位がドイツ（8名），第3位がロシア（6名），第4位がフランス，香港，中国，インド（5名）で同列順位だった。因みに富豪番付100位の個人資産でさえ120億ドル（1兆4400億円）という高水準である。世界最大の富豪がアメリカに集中している実態がわかる。また，アメリカ人や日本人の年間所得が平均450万円，総資産2340万円程度（住宅，株式，債券，貯蓄などの合計）といわれるので，富豪との格差が桁違いであることもわかる。

フランス人の経済学者である**トマ・ピケティ**（Thomas Piketty）は『21世紀の資本（*Le Capital*）』の中で，人間がつくりだした富を労働所得と資本所得に分け，**労働所得**の成長率より**資本所得**の成長率が高いこと，資本所得の中の格

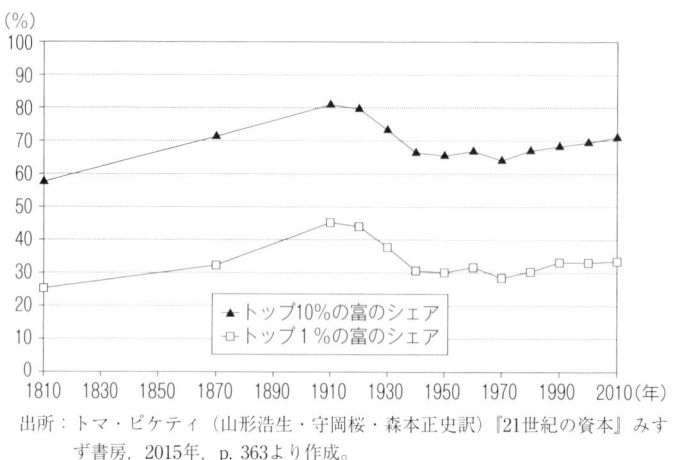

図13-2 米国の富の格差（国富におけるトップ10%と1%のシェア）

出所：トマ・ピケティ（山形浩生・守岡桜・森本正史訳）『21世紀の資本』みすず書房，2015年，p. 363より作成。

差が年々拡大している実態を統計的に明らかにした。労働所得とは，企業から支払われる給与や賞与のことであり，資本所得とは，利潤，株式配当，利子，ロイヤルティ，株式売買益などからなる。

2012年度のアメリカの最高経営者（CEO）の年間報酬ランキングでは，1位はオラクル（Oracle）のローレンス・エリソン（Lawrence J. Ellison）で，報酬総額は9400万ドル（約113億円）である。その内，企業からの年俸は約400万ドル（約5億円）だが，株式収入は約9000万ドル（約108億円）である。株式収入の方が実際の労働報酬より約23倍も多い（『Wall Street Journal』2015年3月31日）。

図13-2は，アメリカを事例に富の格差の拡大傾向を示したものである。2010年時点で，上位10%の富裕者数は国富全体の70%を占めていること，さらに上位1%の富裕者数は国富の35%近くを占め，大富豪はますます資産を拡大する傾向にあることが明らかにされた。

資本主義は，資本に対する無限の蓄積や欲望を高める社会であるが，貧富の格差の異常な拡大は，図13-1の市場価値（M）の一時的な拡大と社会価値（S）の減少（縮小）を進め，3つの価値の不均衡（持続不可能な社会）をもたらすであろう。

4 次世代への継承と革新

ここでは、日本企業が得意とする持続的な経営の成功要因を寒天のメーカーと京都の老舗の事例から考えよう。

● いい会社をつくろう──伊那食品工業

海藻の寒天を食品、工業、医薬、化粧品、試薬用など幅広い用途に応用した100種類以上もの製品を生産、研究開発し、2013年実績で年商177億円、国内寒天市場のシェアで8割を占める伊那食品工業（本社：長野県伊那市）の社是（経営理念）は、「いい会社をつくりましょう」である。

いい会社にしたいとは誰もが理想として考えるものだが、この会社では美辞麗句に終わらず、これが会社の究極の目標にされている。実質的な創業者である塚越寛会長は、貧しい家庭の出身で若い頃に結核を患い入院生活をした経験から、人に対する愛情や逆境にいる人の心の痛みを知っている。この経験が会社の経営を進める際の原点になった。

寒天への需要が落ち込んだときに、会社を強くするものは何かを考え抜き、社員のやる気を引き出すことであることに気づいた。そのために、伊那食品では会社の製品の売上実績や利益の情報を社員全員が共有し、経営参加を積極的に奨励している。同社には、一部の役員しか知らない機密情報というものがない。アメリカ的な人事管理の手法である**能力主義**や**成果主義**を排除し、能力の差ではなく努力のあり方を評価する姿勢をもつように意識改革を行った。経営目標も個人のノルマもなく、不況を理由にした解雇などのリストラもないが、何度も同じミスを犯して組織に迷惑をかけたり約束を破るような無責任な行為は厳しく叱責される。

利己的な態度を嫌い公益または利他に徹するように社員は指導される。社会のためになる毎日の庭掃除など「**凡事継続**」を実践している。「この会社は自分の会社だ」「いい会社に入って幸せだ」と思わせる仕組みを確立したのが伊

那食品の成功要因といえる。「いい会社とは単に経営上の数字が良いというだけでなく，会社をとりまくすべての人々が，日常会話の中で『いい会社だね』と言ってくださるような会社の事です」（伊那食品工業HP）。

「敵をつくらない」「成長の種まきを忘らない」ともいっている。同業者間で価格の引下げ競争や狭い市場をめぐって排斥しあったり優劣を競って敵対的な関係になることを避け，高度の技術力をもって誰も参入できない付加価値をもつ「オンリーワン」の市場をつくることを心がけている。そのために，未来のヒット商品になるように研究開発の種まきを忘らないようにしている。その目的は，業績を高めることにあるのではなく，会社を継続させることにある。何千年も生きる屋久杉の年輪のように，伊那食品は100年先をみて，長期的な視点から経営を実践している。「スピード違反もそうでしょう。本人が事故に遭うだけでなく，まわりの人にも大きな迷惑をかけます。経営もそれと同じです。急成長して大きくなった会社は，いつか必ず，取引先や顧客，そして社員に迷惑をかけることになるのです」（坂本光司『日本でいちばん大切にしたい会社』あさ出版）。

● 家業の承継における成功──山ばな平八茶屋

　京都洛北の老舗料亭の山ばな平八茶屋の20代目当主である園部平八氏は，430年の歴史をもつ家業を継ぐことに対する正直な気持ちを述べている。「私がこの店を継いだのは，36歳のときです。料理人の世界がそうであるように，よそで3年ほど修行してから実家に戻りました。料理屋に生まれたんやから，修行もそこですればいいのにと思われるかもしれませんが，跡取り息子がそのまま板場に入ってしまうと，1人前の板前として育ちません。板場が甘えさしよるから成長しないのです。ですから，1度はよそへ行って，厳しくしっかり使われる期間は貴重です。……実際のところ，家の後を継ぐというのは，葛藤があるものです。男性の方やったらわかると思いますが，親に決められたレールの上を乗るというのは，ものすごい苦痛なのです。……ただ，いったん決めてしまったら，血は裏切りません。代々の遺伝子が入っていますから，板場に没

頭するのでしょう。苦悩したことも親父とケンカしたことも忘れて，今度は仕事で頭がいっぱいになってしまう」（京都百味會編『京都老舗百年のこだわり』幻冬舎）。

同店は，安土桃山時代に京都から若狭小浜までつづく若狭街道沿いに茶店として創業された。麦飯とろろ汁などを出して「こころの茶屋」を心がけ，江戸中期以降，街道の発展とともによろず屋を兼ねた麦飯茶屋，旅籠になり，つぎに料理屋になって，平八茶屋の**暖簾**を引き継いで今日に至っている。

同店の家訓は「当主は料理人でなければ継げない。そして，家族で経営せよ」である。伝統は守るものではなく革新の連続であるともいえる。その革新の成功に至るまでに無数の失敗もあるだろう。その失敗の経験がつぎの成功につながるのである。失敗や苦難の経験もなしに成功した事業家はいない。

ビジネスの成功要因をまとめると，つぎのように整理できる。ただし，すべての成功要因を同時に実施することは難しいので，会社の特徴や発展段階に応じて，成功への重点項目を選択，組み合わせるべきであろう。

・守るべき伝統と革新すべきものを見極めて独自の技術やノウハウで**オンリーワン企業**を目指す。
・安易な手段による急成長や**営利主義**を戒め長期的な視点から成功，失敗を判断する。
・利益を独占しない。
・社員が自分の会社と思える一心同体の企業をつくる。
・社員を大切に育ててモチベーションを高める。
・社会からの評価を高め信用を拡大する。

設問

1．成功の復讐とはどういうことか？　過去にあった経営の事例を1つ調べて説明しなさい。

2．日本の伝統的な商業倫理である「三方良し」の長所と短所を説明しなさい。

第Ⅲ部　ビジネスの成功と失敗を考える

初学者のための参考書籍

小倉昌男『経営はロマンだ！』日経ビジネス人文庫，2003年。
- 「まごころと思いやり」を信条とするヤマト運輸の2代目経営者の履歴書が描かれており，経営者の志や構想力を知るための良書。

末永國紀『近江商人学入門——CSR の源流「三方よし」』サンライズ出版，2004年。
- 日本企業の経営モラルに大きな影響を与えた近江商人の「三方良し」の教えを日本の CSR 経営の源流とみなして歴史的に検証している。

寺岡寛『逆説の経営学——成功・失敗・革新』税務経理協会，2007年。
- 多面的にみれば，経営の成功は失敗にもなり，失敗が成功に転じる要素を含むことを具体的な事例をふまえて論じた異色の経営書。

野村進『千年，働いてきました——老舗企業大国ニッポン』角川書店，2006年。
- 老舗企業の生き残る知恵とものづくりへの姿勢などをわかりやすく紹介している。

トマ・ピケティ（山形浩生・守岡桜・森本正史訳）『21世紀の資本』みすず書房，2015年。
- 労働所得よりも金融や不動産の運用による資本所得の方がつねに上回り，グローバルな貧富の格差拡大の原因になっていることを証明した力作。

〈足立辰雄〉

第14章

ビジネス失敗の要因を考える

> 昨今，目先のお金儲けを優先して，環境や安全への責任をおろそかにしたり，会社の製品やサービスの品質をおとしめ，社会からの支持を失う企業があとを絶たない。
> 　本章で取り扱うビジネスの失敗とは，誠実に事業にとり組んだが，手段を間違えたりチャンスを逃すという善意の失敗ではなく，モラルに反した会社の不祥事や法律に抵触する事件を引き起こして信用を失墜したり，環境や生態系，社会に著しいダメージを与えて会社の方向性を見失った悪意の失敗である。会社の経営と信用に深刻な影響をもたらすビジネスの失敗の要因について考えていこう。

1　人権を配慮しない経営

● 経営理念と企業倫理の基準

　企業が経済活動を行う際に善悪を判断する基準となる**企業倫理**（corporate ethics）は，通常，会社の経営理念や社是・社訓という形で明文化されている。
　資生堂はグループの経営理念を「Our Mission, Our Values, Our Way」としている。Our Mission は資生堂が何をもって人々のお役に立つのかを問い，Our Values は上記の Mission を達成するために1人ひとりが共有する心構えと価値観を意味し，Our Way は，Mission を達成するための行動を示している。さらに，「一瞬も一生も美しく」というメッセージを発信して「世界中の人々の美しく生きたい」という願いに誠実に応えたいとする企業の姿勢を表し

ている。世界企業の一員として求められる**経営理念**を簡潔な英語に直して世界に通じる企業倫理，価値観を説明している。また重要なのは，企業の目的がその事業を通じて人々の幸福の実現に貢献することにあるとされていることである。

逆に，消費者であれ，従業員であれ，事業活動の中で人権を蔑ろにされ差別的に扱われたり，健康や安全を損なう不幸な結果をもたらすことは，企業倫理に反する。企業倫理に反する事業を行うことは，会社の目的を誤った方向に導き，経営の失敗をもたらす最大の要因である。

●ワタミの過労死事件

2008年6月12日未明，居酒屋事業を中核とする外食産業のワタミフードサービスで働いていたM子さん（26歳）は，社員寮近くのマンションの7階の踊り場から投身自殺した。ワタミに入社してから2ヵ月後のことであった。M子さんが残した黒皮の手帳にはつぎの言葉が残されていた。

　体が痛いです　体が辛いです　気持ちが沈みます

　早く動けません　どうか助けてください

　誰か助けてください

この悲痛な叫びをボールペンで走り書きした2日後に，M子さんは自殺している。不審に思った遺族が残された記録や関係者に事情聴取してM子さんの勤務実態と行動を一覧表にしたのが，表14-1（230-231頁）である。この表の見方を説明しよう。グレーで囲まれた時間帯が会社側の勤務表に示された勤務時間表である。斜線箇所（▨▨）が勤怠打刻データによる**勤務時間**（勤務表から抜け落ちていた勤務時間）である。黒く塗られた箇所（■■）は会社の行事またはメモなどで勤務していたと推定される時間である。点線箇所（▦▦）はレポート作成やマニュアルを覚えていた時間，薄くぬられた箇所（□）は始発電車到着までの待ち時間，縦線の箇所（|||||）は乗車時間となっている。

開店は午後5時だが，**就業規則**では開店準備のため午後4時出社となっている。実際には，M子さんは店長から午後3時の出社を指示されていた。午後3時から翌朝の3時が通常の労働時間，金曜，土曜，祝前日には午後5時〜午

前5時になっていた（中沢誠・皆川剛『検証ワタミ過労自殺』岩波書店）。始発電車到着までの待ち時間とは，勤務終了後に社宅のマンションに帰るための電車がないために，始発（午前5時25分）まで休憩室もない会社内で待たされる時間である。会社はこの待ち時間を勤務時間とみなさず給与も支払っていなかった。

　M子さんは，入社後，本社での研修を終えて，神奈川県横須賀市内にあるワタミの店のキッチンで刺身やサラダ，デザートなどを調理する「刺場（さしば）」という仕事を担当した。刺場のメニューは38品目にのぼり，オーダーを受けてから15分以内に料理を出さなければならず，注文後7分で注意のブザーがなる。新人社員研修で調理の指導をろくに受けていなかったM子さんは，マニュアルを片手に過酷な業務を真面目にこなしていたという。

　M子さんは会社のカウンセリングを数回受け，過労による心身の苦痛を訴えていた事実を上司である店長から報告されていたにもかかわらず，ワタミ本社はM子さんの鬱状態のシグナルを見過ごし必要な対策を講じなかった（「田中龍作ジャーナル」【ワタミ過労死裁判】2015年2月2日）。

　3月31日に入社してから6月11日までの就業規則上の休日は22日あるが，実際には7日間取得できただけである。4月24日から5月10日早朝までの16日間連続して働き詰めであり，その後も5月12日から6月3日までの23日間，休みがなかった。この勤務の異常性は，長時間労働に加え，**深夜労働**（午後9時から午前5時までの時間帯になされる労働）が連日続いていたことにある。

　国際的にはILO（国際労働機関）**夜業条約**やEU**労働時間指令**などにもとづいた規制が行われている。日本では労働基準法で8時間以内の労働（法定労働時間）を課しているが，従業員代表や労働組合との間の協定と労働基準監督署への届け出があれば，8時間を超える**長時間（時間外）労働**が合法化されている（労働基準法第36条によるので，36〔サブロク〕協定という）。

　労働時間に対する日本の法的規制はダブルスタンダードであり，規制官庁（厚生労働省や**労働基準監督署**など）は**8時間労働制**を遵守して労働者の健康や安全を毅然として守る役割を十分に果たしているとはいえない。一方，職場に働く労働者も法律で定められている権利を学習して理解し，労働組合を組織した

第Ⅲ部　ビジネスの成功と失敗を考える

表14-1　過労自殺したM子さんの勤務実態（2008年3月31日～6月12日）

出所：中澤誠・皆川剛『検証ワタミ過労自殺』岩波書店，2014年，p. 242-243より。

第14章　ビジネス失敗の要因を考える

り，**労働組合**に加入して自分たちの権利を守り改善する責任がある。

　労働組合とは，労働者が主体となって，自主的に労働条件の維持改善その他経済的地位の向上を図ることを目的に組織された団体をいう。2014年度の厚生労働省の調査では，全国の**雇用者数**（自己の労働力を商品として雇主に販売し賃金や俸給で生計をたてる人々，労働者とほぼ同義）は5617万人，そのうち労働組合員数は984万人で，労働組合の組織率は17.5％である。日本の**労働組合組織率**は1970年代の30％台から年々減少傾向を示している。さらに，企業規模別では大企業の方が組織率が高いが，企業規模が小さくなるにつれて組織率は低くなる。29人以下の中小企業の組織率は1.0％である（厚生労働省「平成26年労働組合基礎調査の概況」）。

　労働組合に加入しない労働者は権利意識が脆弱で，会社や上司に権利を主張したり労働条件の改善の訴えや主張をためらったり泣き寝入りする傾向が強くなる。近年，**正社員**の増加率より**非正規社員**の増加率が高くなり，正社員より労働条件で劣り労働組合への加入率も低い非正社員との雇用や地位の確保をめぐる競合が職場で常態化し，労働者の連帯意識が希薄になりがちな事情も労働組合への加入率低下の背景にあるだろう。労働者の利益と権利を確保する労働組合の運動のあり方も考え直す必要はある。ワタミのように，労働組合の存在を無視したり敬遠する会社では，労働条件や労働環境の相談相手になれる組合員が身近になく，労働者は孤立しがちである。

　ワタミの桑原豊社長は，インタビューの中で，「労働組合の存在を認めてはどうか」との問いに，つぎのように答えている。「ワタミには，企業理念の中に『社員は家族であり同志』という言葉がある。そういう人に対して，労使の関係は基本的に存在しないと思っている。……だが，今の段階として作らなければならないとも思わないし，作ろうとも思わない。組合があるから，社員の考えていることがつかめるわけでもない。今はワタミにとって必要かというと，（労働組合は）必要ではないと思う」（「東洋経済オンライン」2014年11月29日）。

　そもそも労働組合を必要とするかどうかは労働者が決定する問題であり，その団結権に支配介入すると経営側の**不当労働行為**（労働組合法第7条）とみなさ

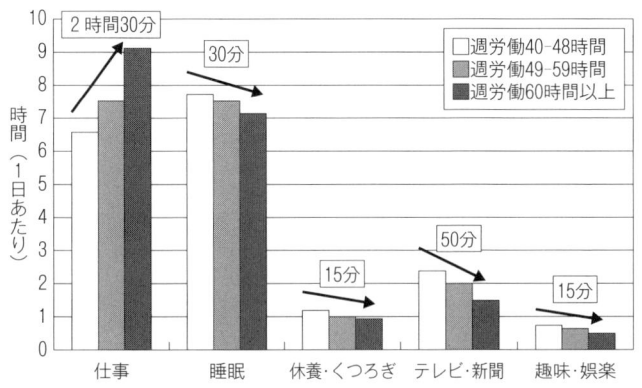

図14-1　過労働時間と生活時間の関係

出所：『Business Labor Trend』2007年7月号より。

れる。労働条件の改善や労働者の権利を守る労働組合の役割を軽視する多くの日本企業の体質も「過労死」を量産する直接的，間接的な原因である。

● 過労死とは何か

　厚生労働省が定める**過労死ライン**（月80時間の残業，1日8時間勤務で1ヵ月の労働日を20日とすると，1日4時間の時間外労働をして1日12時間勤務が続く状態）をはるかに上回る月141時間の残業（時間外労働）を強いられたＭ子さんの自殺を神奈川労働局は**労災**と認定した。過労死とは，過労が原因となって，心筋梗塞，脳出血，クモ膜下出血，急性心不全，虚血性心疾患などの脳や心臓の疾患を引き起こして死に至るケースをいう。過労は鬱病を引き起こすことも多く，過労による鬱病によって自殺した場合も過労死とみなされる。

　1978年，日本産業衛生学会の研究報告で「**過労死**」という言葉が歴史上最初に使用された。海外ではこの働きすぎによる死を説明できる適切な訳がないので，**KAROSHI**が国際語になっている。

　図14-1に示されているように，長時間労働は，睡眠や休憩，余暇，家族との生活時間の減少につながり，健康の維持や疲労回復に悪影響を与え，仕事の能率の低下，事故，重篤な疾患発生の要因となる。長時間労働によるストレス

や健康への影響の出方には個人差はあるが，1日8時間を超える労働は一般に健康や能率に悪影響を与えることから，短時間で生産性を向上させる仕組みを工夫し創造する責任が経営者側にある。

● ブラック企業とは何か

　会社の経営は，「ヒト（人材）」「モノ（設備）」「カネ（資金）」「情報」という要素から成り立っている。その中で，「ヒト」を活かすための管理活動を**労務管理**という。労務管理は，労働者の募集，採用，配置，異動，教育訓練，人事考課，昇進，昇給，賃金や労働時間の管理，退職に至るまでの流れを適正に管理することである。労働者を働かせるには，労働基準法や男女雇用機会均等法，育児介護休業法などの規制があるので，経営者はこれらの法律を順守（コンプライアンスという）して，労働者の労働意欲を喚起し，人権に配慮した経営を行う責任がある。

　そうした経営とは逆に，労働者を酷使・選別し，使い捨てにして人権を無視する企業は**ブラック企業**と呼ばれている。長時間労働やノルマを課し，会社のノルマを達成できない社員には，業務とは無関係な研修を強要したり，パワハラ，セクハラなどで肉体・精神を追い詰め，卑劣な手段で「自主退職」に追い込むこともある。

　そのような悪徳企業を告発する「ブラック企業大賞」という制度が2012年，日本に誕生した。この大賞はつぎのような手続きで決められる。労働組合や弁護士，作家，ジャーナリストなどからなる「ブラック企業大賞委員会」が，その年のブラック企業候補を調査し，リストアップする。ブラック企業の名前とその選考理由をWeb投票にかけ，多数の支持を受けた企業を**ブラック企業大賞**として公表している。この大賞に選ばれると，労働者の人権への配慮が行き届いていない企業としてみなされ社会的信用に影響を与えかねない。

　ワタミは2012年にブラック企業大賞市民賞，2013年にはブラック企業大賞を受賞した。その根拠として，過労自殺者を労災認定されながら「労務管理できていなかったとの認識はない」との無責任な姿勢をとってきたことや，創業者

であり元会長でもある渡邉美樹氏（自民党の参議院議員）が遺族からの求めに応じず，面談も謝罪も拒否した点を指摘した。

だが，ブラック企業大賞とみなされたワタミは，環境対策に熱心な企業としての一面ももっている。ワタミは，1984年に，「つぼ八」本部と**フランチャイズ契約**を締結し，1987年，居酒屋事業を開始，1993年には全店舗を「和民」に改称した。1999年には国際環境管理規格 ISO14001 認証を取得，2002年には，国際品質管理規格 ISO9001 認証を取得している。外食業界でこの2つの国際規格をもっている企業は少ない。また，有機農業を推進する事業や介護事業，高齢者への弁当を配達する宅食事業，中国やシンガポールへの海外進出など多角化，国際化も進めてきた。

ワタミは再生可能エネルギーである風力発電への参入やソーラーパネル，LED 導入による省エネルギー実績が評価されて，外食業界でははじめてである「エコファースト」認証を環境省から受け取っている。環境活動の一定の実績をもちながらも，本業を中心に多角化した事業を支えている労働者に対する人権への配慮に欠ける体質がなぜ生まれるのか，その点をワタミの経営理念から考えてみよう。

● 経営理念にみる人権への配慮不足

ワタミは日本国内の外食事業店舗を1000店，1兆円企業の目標を掲げて高収益化と急成長を図った。その過程で，M子さんの過労自殺（2008年）だけでなく，東京都板橋区の介護施設における女性入所者（74歳）の水死（2012年）事件，大阪市港区の女性入所者（73歳）の入浴中の溺死（2013年）事件が起こっている。業務上過失致死容疑で警察が捜査中だが，司法も不適切な介護があったことを認めている。倒産した介護施設をお金で買収し（M&Aという），介護福祉事業に対する専門的な知識や経験をもつスタッフや体制の準備もなく安易に進出したことも事故の一因にある。

ワタミの労務管理は徹底した社内教育を特徴としていた。入社した従業員に社内冊子である『経営理念』を配布し，創業者である渡邉美樹氏の「教義」を

覚えさせて無批判で従順な社員に仕立て上げようとした。経営理念には「365日24時間死ぬまで働け」「出来ないと言わない」「『成し遂げる』ことが『仕事の終わり』であり『所定時間働く』ことが『仕事の終わり』ではない」と会社への忠誠と服従を強制する内容が記されていた。ワタミ社員の内部告発ともいうべき以下の投稿は傾聴に値する（「キャリコネ」2012年8月2日より抜粋）。

「出世するには，自店舗を統括している課長・部長に対してイエスマンに徹する必要があります。店長になってからは，年間通して店舗を円滑に運営することが出世査定のポイントです」（20代前半の男性社員）

「毎月早朝研修会というものがあり，地区ごとに社員を集めて，幹部の講話，利益報告を聞く。経営理念や，課題図書（有料）等のテーマで6枚のレポートも提出しなければならない。正直，仕事後に睡眠時間を削ってレポートを書いたり，つまらない話を聞くのは苦痛でした」（20代後半の女性社員）

ワタミは「社員こそ会社の宝」と主張するが，社員の健康状態を科学的に把握し，健康への配慮と必要な投資を怠り従業員を人間として尊重しなかったことが同社の経営の失敗要因である。先見の明がある企業の間ではCSRへの理解が浸透しつつあり，社員の健康への配慮を優先することで生産性の向上と競争力強化の切り札とするスマートな経営が台頭している。

ワタミは2015年10月に発行した「ワタミふれあい報告書」というCSRレポートの中で，企業倫理の確保のために，外部の専門家も交えた「**コンプライアンス委員会**」を設置して労働環境の改善状況をチェックしたり，「**ワタミヘルプライン**」を設けてグループ内に存在する問題の未然防止・早期発見の体制を強化していると報告しているが，どのような労働環境の改善があったのか，あるいは未然防止の実績があったのかについて何もふれられていない。

「世界中からありがとうを集める」（同社の経営理念）に共感して入社した大量の社員を使い捨てにし，人権を尊重せず利益拡張に走ったワタミに対する社会的評価は厳しくなっている。ブラック企業という不名誉な烙印を押されたワタミは，2014年決算で128億円の最終損失を計上し2期連続の赤字となった。2015年度も第1四半期（4～6月）は15億円の赤字である。この経営悪化の影

響を受けて、本業の「和民」など居酒屋102店舗の閉鎖を決定した。高齢化社会の時代にビジネスチャンスを見出し多角的に進出した高齢者介護事業も売却(事業撤退)を余儀なくされ、宅食事業でも業績の悪化が続いている。

経営危機に追い込まれたワタミは、2015年12月8日、M子さんの遺族に対し、会社の法的責任(安全配慮義務違反など)を認め謝罪し、約1億3000万円を連帯して支払うことで、和解した。和解内容には、研修会への参加や課題レポート作成に必要だった時間を労働時間と認めて残業代を支払うことや、給与から天引きしていた書籍代や服代を返金するなどの内容も盛り込まれた。

ワタミ側が遺族側の主張をほぼ認めた結果だが、この和解を促した背景に、過労死事件にまつわる「ブラック企業」の評価が同社の社会的信用を貶め、経営危機打開策の1つとして和解せざるを得なかった事情があろう。従業員から「ありがとう」といわれる会社に正すために、創業者を筆頭に人権重視の経営再建策にとり組むことがワタミに求められている。

2　環境と人権を配慮しない経営

●原発震災とレベル7

2011年3月11日、宮城県沖の海底を震源とする**東日本大震災**(マグニチュード9.0)が発生した。この地震によって発生した巨大な津波(最大遡上高で40メートル)が東北地方、関東地方の太平洋沿岸部を襲い、死者・行方不明者は1万8460人、建物も約40万戸が全壊・半壊して、日本の自然災害史上最大の被害を与えた。この地震から5年が経過したが、約19万人もの人々が現在も避難生活を余儀なくされている(2015年9月時点、復興庁)。震災で家や畑を失って住む場所や仕事を奪われただけなら生活の再建に対する経済的、社会的な支援策によりある程度の復興も可能だが、被災者が故郷に戻りたくても戻れない事情がある。

原発事故によって環境中に放出された放射性物質による長期にわたる被曝が心配され、原発の周囲30キロ圏は強制立ち退きになっているからである。地震

と津波，原発事故による被災の三重苦は**原発震災**（地震学の研究者である石橋克彦氏が1997年に提唱した）と呼ばれている。前2者は自然に発生する自然災害であるが，後者は人間がつくり出した人為的な災害である。

　国会の事故調査委員会（黒川清委員長）は，福島第一原発事故について，事故や地震，津波に対する十分な安全対策が取られなかったことや監視・監督機能が崩壊していたこと，危機管理体制の不備などをあげて「自然災害ではなく，明らかに人災」と結論づけている（東京電力福島原子力発電所事故調査委員会『国会事故調報告書』）。

　東京電力の原子炉の冷却水を運ぶパイプなどが地震で破損したこと，送電用の鉄塔が地震で倒壊して主電力の補給（交流電源）が絶たれたこと，非常用の電力を供給するディーゼル発電機も海側に設置されていたために津波で流されたことなどが複合して，原子炉の核燃料棒と使用済み核燃料プールを冷却できなくなったことが事故の主な原因である。これらはすべて原発を運営する東京電力の危機管理体制の不備から生まれたものである。

　地震発生当時，運転中であった1～3号機は，地震直後に運転を自動停止したが，冷却水の供給ができなくなった燃料棒が高熱のために溶け出し（**炉心溶融，メルトダウン**という），水素を発生させて爆発，建屋が大きく損傷して，大量の放射性物質が環境中に放出された。定期点検中で運転を停止していた4号機の建屋も水素爆発で損壊した。

　福島原発事故は**国際原子力評価尺度（INES）**でもっとも深刻な事故に当たるレベル7（原子炉と放射性物質外壁の壊滅，放射性ヨウ素に換算して数万テラベクレル以上の外部放出）と評価された。同じくレベル7の原発事故を起こしたチェルノブイリ事故では，原子炉自体の爆発が起こったために，環境に放出された放射性物質の総量は福島の事故より多いといわれている。だが，福島の原発事故では，大量の核燃料が溶解して格納容器を突き破り，地下に留まっているので，現状は事故の解決には程遠い。

　最新の調査によれば，高熱で溶け出した核燃料は圧力容器さらに格納容器の下部のコンクリートの壁をも貫通して（**溶融貫通，メルトスルー**という），地中の

どこかでコンクリートや金属と混ざり合った**核燃料デブリ**（ゴミ）の塊（各原子炉ごとに約100トンと想定されている）になって4000〜5000℃の高温を発していると考えられている。地下に落ち込んでいるデブリが再び核分裂を起こし（**再臨界**または**地底臨界**という）地下水などと反応して**水蒸気爆発**を起こせば，地球規模の破局的な巨大原子力災害に進む可能性がある。地下のデブリを掘り起こして回収する技術も再臨界を防ぐ合理的な手段や見通しもない。現在も，大気中，地下水，海への放射性物質の放出は続いている。

●原発事故による環境と人体への影響

原子力発電は，ウラン235という物質に中性子を当てて核分裂を起こし，その際に発生する高熱（約2400℃）を冷却水で冷やして蒸気（二百数十℃）を得る。その蒸気でタービンを回して発電するので，原発は大きな湯沸し装置ともいわれる。この核分裂反応は高熱のエネルギー（エネルギー全体の1／1000）を発するとともに副産物である数百種類の核種や死の灰からなる放射性廃棄物（エネルギー全体の999／1000）を生み出す。この廃棄物は有害な α 線，γ 線，β 線を放出する。この放射線に当たることを**被曝**といい，人体や動植物などの生態系に有害な影響を与える。

被曝は外部被曝と内部被曝に分かれる。外部被曝は急性障害とも言われ被曝後2〜3ヵ月以内に発症する。大線量の被曝（10〜100シーベルト）になると，中枢神経が侵され，痙攣，運動失調，し眠を引き起こし，数日で死亡する。内部被曝では呼吸や飲物・食物を通して放射性物質を身体の中にとり込んで被曝する。とり込まれた放射性物質は体外に放出されるまで放射線を出し続け細胞を傷つけるため防御できない。至近距離から放射線を浴び続けるため低線量でも危険性は高い。内部被曝が外部被曝よりリスクが大きいとの説もある。

現在，福島で懸念されているのは，**小児甲状腺がん患者**の増加傾向である。一般に，甲状腺がんにかかる子どもはきわめてまれで，100万人中1人か2人しかいない。表14−2（次頁）では，中央にチェルノブイリ原発事故（1986年）による甲状腺がん患者の患者数（100万人あたり）が0〜14歳，15〜18歳に分け

第Ⅲ部　ビジネスの成功と失敗を考える

表14-2　チェルノブイリ原発事故と福島原発事故における小児甲状腺がん患者比較

事故後の経過年数	チェルノブイリ原発事故			福島原発事故
	日本	ベラルーシ		福島県
		0-14歳	15-18歳	
0年	0人	0人	3人	334人
1年	0人	1人	8人	401人
2年	1人	3人	3人	351人
3年	1人	2人	2人	248人
4年	2人	12人	6人	21人
5年	2人	23人	14人	
6年	3人	29人	10人	
7年	2人	34人	29人	
8年	2人	35人	32人	
9年	1人	40人	38人	
10年	1人	38人	30人	
11年	1人	31人	42人	
12年	2人	26人	56人	
13年	2人	25人	66人	
14年	2人	17人	95人	
15年	2人	7人	113人	
16年	2人	0人	97人	

出所：「福島原発事故の真実と放射能健康被害」(http://www.sting-wl.com/tag/) より。

(注)　縦軸は原発事故からの年推移を表し，横軸に，100万人あたりの小児甲状腺がん患者数を示す。日本の患者数の数値は，チェルノブイリ事故（1986年）からの全国平均値の年推移を示す。

て記されている。同時期の日本の平均患者数も0～3人の範囲で安定して推移していたことがわかる。チェルノブイリの小児甲状腺がん患者数は事故以降4年目頃から急増している。この増加は高性能エコー診断装置が導入されたことによる甲状腺がんの発見の増加につながったことが原因とされている。その証拠に，右端に記されている福島の甲状腺がん患者数では，100万人単位に直すと，2011年で334人，2012年で401人，2013年で329人と事故の初年度から桁違いの患者数となっている（「福島原発事故の真実と放射能健康被害」）。4年後の21人という低い数字は検査結果の66％しか確定していない事情のためである。

甲状腺は，のどぼとけのすぐ下にある小さな臓器だが，成長に必要な新陳代

謝を調節する甲状腺ホルモンをつくっている。甲状腺がんになり全摘手術を受けると，手術跡がわずかに残り甲状腺ホルモン剤を一生飲み続けなければならない。がんの転移の有無の定期検査の受診の負担も考えると子供の将来への希望を奪いかねない深刻な事態である。

　カナダのベッドフォード海洋研究所はバンクーバー島沿岸から1500 km 沖までの範囲で26ヵ所の水質汚染検査ステーションを設置し，福島原発事故由来のセシウム量を初めて測定，確認した。また，カリフォルニアの沖合で捕れた15尾のクロマグロ（本マグロ）を検査したところ，すべてのクロマグロが放射能に汚染されていたと報道されている。（『Wall Street Journal』2012年5月29日）。原発から放出される汚染水や大気に運ばれた放射性廃棄物の海洋への降下により，**食物連鎖**と**生物濃縮**を通して，太平洋の海産物は汚染度の多少の違いはあるが，2014年時点で，ほぼ全域で放射能に汚染されている（「10年後の太平洋放射能汚染シミュレーション」Future Pacific Ocean Radioactivity SIM）。

●東京電力の経営体質と社会的責任

　東京電力は，原発事故を起こし環境と社会に否定的な影響を与えた責任をどのようにとったのだろうか。2012年6月20日，山崎副社長は，社内で組織された福島原子力事故調査委員会による最終報告書を公表した。それによると，想定外の津波が起き，備えが不十分だったことが事故の根本原因と結論づけ，初動時の人為ミスや想定不足について東京電力の過失や責任を認めなかった。

　東京電力の原発事故にかんする正式な報告に対して，原子力事業を管轄する経済産業省も内閣府に属する原子力規制委員会も何ら是正指導をしていない。国の行政自体が東京電力の経営責任を指摘せず不問にしている。原発事業という国の事業を推進する東京電力は事故責任や損害賠償を免罪されるという優遇された特権を受け取っている。この利害関係の構図が東京電力の原発事業に対する無責任体質を生み出したといえる。

　CSR 経営を推進していた同社は，**企業倫理委員会**（委員長に勝俣会長）や**リスクマネジメント委員会**（委員長に清水社長）を設置していたが，この事故に対

する両委員会の自己点検報告書も責任をもって作成されていないことは筆者による同社への質問状に対する回答で明らかにされている（足立辰雄『原発，環境問題と企業責任』新日本出版社）。同社の**コーポレート・ガバナンス**（企業統治）はほとんど機能していない。一時的に国の救済策として国民の税金を損害賠償金の相当な支出に充てる目途をもつことはできたが，長期的には東京電力の社会的信用の低下は避けられない。

東京電力の旧経営陣に対して業務上過失致死傷の罪で強制起訴されることが決まった。津波が想定外であったとする東京電力の主張も，「津波対策は不可避」とする内部調査資料の存在と津波対策に怠慢であった事実が明るみに出るなど，裁判の今後の行方に関心が強まっている。同社は，2014年度決算で経常利益2080億円の黒字となっているが，今後の裁判や原発事故の環境や人体への影響が顕在化すると，経営リスクは高まるであろう。

3　3つの価値の不均衡

従業員の過労自殺を出したワタミも原発事故を引起こした東京電力も自社の強欲な営利主義を最優先し，環境や安全，人権に対する施策を2次的に扱った点が共通している。この特徴を3つの価値のバランスから説明しよう。

● 3つの価値と企業の社会的責任

13章の2節「3つの価値の創造」でも説明したように，企業の価値は市場価値（M：Market Value），自然価値（N：Natural Value），社会価値（S：Social Value）の3つの価値からなる。

市場価値（M）は，人間の経済活動の結果である所得や資産のことであり，一般に貨幣によって表される。

自然価値（N）とは，企業の経済活動の前提となる自然生態系のことであり，環境保護活動や環境への負荷を削減する**環境配慮型製品**や**環境配慮型サービス**（eco-products：エコプロダクツ）の開発もこの中に含まれる。

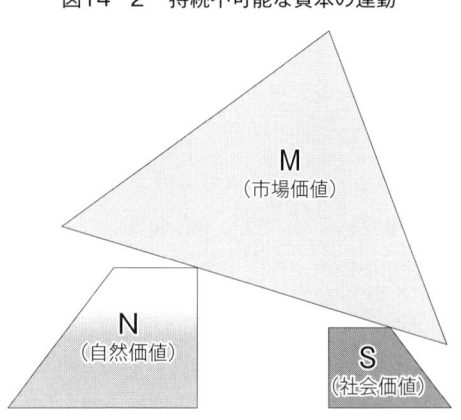

第14章 ビジネス失敗の要因を考える

図14-2 持続不可能な資本の運動

M
（市場価値）

N
（自然価値）

S
（社会価値）

　最後に，**社会価値**（S）とは，企業に働く労働者の雇用や人権の保障，地域社会への貢献，経営者の不公正な経営を監視するシステムの強化，利害関係をもつステイクホルダーとのコミュニケーションからなる。障害者の自立や社会参加を促進するために共同で商品を開発したり，発展途上国の生産者の自立を促し貧困を解消するために適正価格で購入したり技術支援する**フェアトレード**（fair trade）などの**ソーシャルプロダクツ**（social products）もこの中に含まれる。

● 経営失敗の要因

　市場価値（M）の実現と経営の成功は自然価値（N）と社会価値（S）の拡大強化にかかっていることは前章で説明したが，経営の失敗の要因はこの3つの価値のバランスが失われることにある。環境や社会にダメージ（否定的影響）を与えたり，不公正な方法で得られた価値は黒い影で示されている。

　図14-2では，社会価値（S）にダメージを与えながら市場価値（M）が成長しているが，右に傾いて不均衡な姿を示している。ワタミのケースがこれに相当する。社会的な信用を失って，M自身も縮小に向かいやがて3つの価値が不均衡になり経営が破綻する。環境にダメージを与える企業の場合には，左に傾いたモデルになる。東京電力は自然価値（N）も社会価値（S）もともにダメ

ージを与えているので，NとSで歪な縮小が同時に進み，それに連動してMも縮小する。現状は国の賠償支援策や原子力事業のステイクホルダーからなる**原子力村**の支援で一時的な利益を得ているが，裁判の推移や原発の環境影響が悪化したり，原発以外の持続可能なエネルギーが市場の主流になるなら，東京電力の3つの価値は不均衡，経営破綻に向かう。

　ワタミは，創業者の事業拡張への野心や急成長のための手段として従業員を使い捨てる前近代的な労務管理から決別し，従業員本位の会社にするための自由なコミュニケーションと生産性向上のための労働時間削減の科学的管理を創造しなければならない。東京電力は原発事故のリスクや放射性廃棄物の環境破壊性，持続不可能性を冷静に考えるなら，科学的合理性のない危険な原子力に代わる持続可能なエネルギー開発への転換を早急に決断すべきだろう。

　21世紀の資本は，3つの価値の**均衡ある成長**を追求し，市場と環境と社会への配慮ある経営を目指す責任がある。

設　問

1．企業の成長にとって労働組合は本当に必要か，労働組合のメリット，デメリットを述べて，私見を述べなさい。

2．福島原発事故の原因と責任の所在を東京電力に絞って整理してみよう。また，グループで話し合ってその結果を発表しよう。

初学者のための参考書籍

足立辰雄『原発，環境問題と企業責任――環境経営学の課題』新日本出版社，2014年。
　➤福島原発事故の原因，原発事故を引き起こした東京電力の経営責任の所在，杜撰なコーポレートガバナンスの実態を明らかにしている。

奥村宏『エンロンの衝撃――株式会社の危機』NTT出版，2002年。
　➤2001年に破産宣告したエンロンがどのようにして不正会計を行って株主に嘘の情報を提供し目先の利益を求めたのかを分析している。

小出裕章『隠される原子力 核の真実』創史社，2011年。
- ➤原子力が環境と生態系を破壊し，人間社会と共存できない危険なエネルギーであることを核の専門家がわかりやすく説明している。

中澤誠・皆川剛『検証ワタミ過労自殺』岩波書店，2014年。
- ➤ワタミに入社した女性従業員がなぜ過労自殺したのか，その原因をワタミの急成長路線がもたらした歪みから克明に事実をふまえて分析している。

レイチェル・カーソン（青樹簗一訳）『沈黙の春』新潮文庫，1974年。
- ➤有害な化学物質による環境への影響と農薬メーカーの責任を問うており，環境問題を科学的に考え解決するためのヒントが得られる。

〈足立辰雄〉

第 15 章

ビジネス・リーダーの条件とは何か

> 新しい市場を開拓したり事業を持続的に成功させるためには，経営者または起業家をはじめとするリーダーの明確な理念とそれを実現する手段が準備されていなければならない。試行錯誤の実践の中で，経営の仮説（事業成功の鍵となる問題の発見とその解決の手法）が確かめられ，経営ノウハウ（経営管理や技術開発の知識）が蓄積されていく。数年先，10年先にもたらされる経営の結果（顧客満足度，社会的地位の改善や財務的実績など）はビジネス・リーダーの真価を測る指標となる。
> 本章では，ビジネス・リーダーの条件を3つの側面から考える。第1に，経営の羅針盤（方針や計画）をもって社会のニーズに対応したり創造的な新商品を開発する能力，第2に，リーダーの人間的魅力，第3に，従業員のやる気を引き出し組織力を高める能力の順に考察しよう。

1　ビジネスの羅針盤をもつ

はじめに，マネジャー（管理者）とリーダー（指導者）の違いを理解しておこう。組織の中で与えられた目標を効率的に実行し管理するのが前者であり，組織の目的（経営構想や経営戦略）を立案し組織を変革するのが後者とみなされている（経営能力開発センター編『マネジメント』中央経済社）。ここでは，マネジャーであり同時にリーダーとして認められるための条件について考えていく。

● 科学的な構想力をもつ

今までにない新しい事業構想を掲げた新規ビジネスを成功させるために，ビ

ジネス・リーダーは会社を設立して起業する。会社設立の資金を提供する金融機関，**個人投資家**（エンジェルという），会社のために出資する株主（会社所有者）に対し，事業目的とその達成方法を説明し財政的支援と事業資金を得る責任がリーダーにある。

そのため，リーダーは，会社の進むべき方向性を示し，実行課題を明確にした**事業構想**とそれをもとに時間の流れと行動の流れを組み立てた**事業計画**（3ヵ年計画，5ヵ年計画というように資金や人員などの資源を割り当てた将来の行動計画のことでビジネス・プランともいう）を作成しなければならない。

事業構想は，以下の3つの要素に大別される。第1に，新規商品がもたらす新しい市場の規模や成長率の動向，経済や社会へのインパクトなどの市場の魅力，第2に，他社の製品やサービスにない差別化された競争優位性（技術力，知的財産権，組織のスキルやリーダーの卓越した指導力など），第3に，利益の発生時期や売上げ成長率や利益率などの収益性である（総務省『事業計画作成とベンチャー経営の手引き』2008年）。

事業構想の中でもっとも重要な要素は，第1番目の市場の魅力にある。独創的な新商品の開発と製造，販売という新規のビジネスモデルがどのような市場を切り開き，どのような事業基盤で成長するのかが記されていなければ，第2，第3の要素の前提が失われる。

もちろん，単一の事業から出発した企業が，ある段階から複数の多角的な事業領域に進出して複合的な事業体に成長，転化するケースもある。その場合には，会社のルール（定款に記された規則など）にもとづいて，会社経営の方向性を再構築した新しいビジョンを打ち出し，株主や従業員，顧客などステイクホルダーの理解と支持を受けなければならない。

ビジネス・リーダーは，新規事業が成功するかもしれないが失敗するかもしれないリスクのある意思決定を行い，会社の将来の成長のための商品開発や組織力強化のための事業構想や計画立案に日常的に携わっている。

事業構想には，会社の特徴や社会的な存在意義をシンプルに凝縮した独創的な経営理念（社是，社訓など）も含まれる。

アップルの創業者の1人であるスティーブ・ジョブズは，1度追放されたアップルに戻り倒産寸前の会社組織の実態をふまえて，「Think Different」（考え方を変えよう）というメッセージを社内外に発信し経営改革に着手した。マイクロソフトとの和解やiMac，iPod，iPhone，iPadという新商品を連続的に打ち出して，パソコンメーカーという固定観念を覆し，多角的なデジタル家電メーカーとしてのアップルを再生，強化させた。創業者もしくは企業家の強力なリーダーシップと科学的な構想力なしに，今日のアップルの成功はなかったといえる。

● 経営戦略を立案する

リーダーは，事業構想に記された新規事業をどのように成功させるか，その手段の選択（経営戦略）を立案する。図15-1では，経営戦略と目的，目標，自社の現状との関係が示されている。

水平軸は時間の経過（左から右への流れ）を示し，垂直軸は会社の成長の実績を示す。左下にある土台が自社の現状である。その際，自社の強みとなる要因を競争他社との比較から明らかにする。右上には自社の将来の目的，目標が示されている。自社の現状より目的・目標が高めに設置されているのは，売上高や市場占有率，ブランド力などで将来改善されていることを想定している。水平軸の中間に壁があり，自社の計画目標を阻害する要因が立ちはだかっている。たとえば，不況による売上げの低下や競合他社の新技術開発による攻勢，消費者のニーズを満たさなくなった自社製品の売上げ不振などである。

この壁には機会の窓といわれる穴が1箇所空いている。これが戦略的要因という事業機会（チャンス）であり，そこを抜ければ（突破できれば）目的や目標を達成することができる。大きな曲線状の矢印は戦略といわれ企業の長期的で計画的な行動（長期計画）を表している。この矢印の中に短い直線状の戦術（短期計画）が記されており，戦略が戦術を誘導していることがわかる。

戦略が曲線状の矢印である理由は，経営をめぐる環境の変化や経営実績次第で目標の修正や状況に応じて柔軟な対応を可能にするためである。それに対し

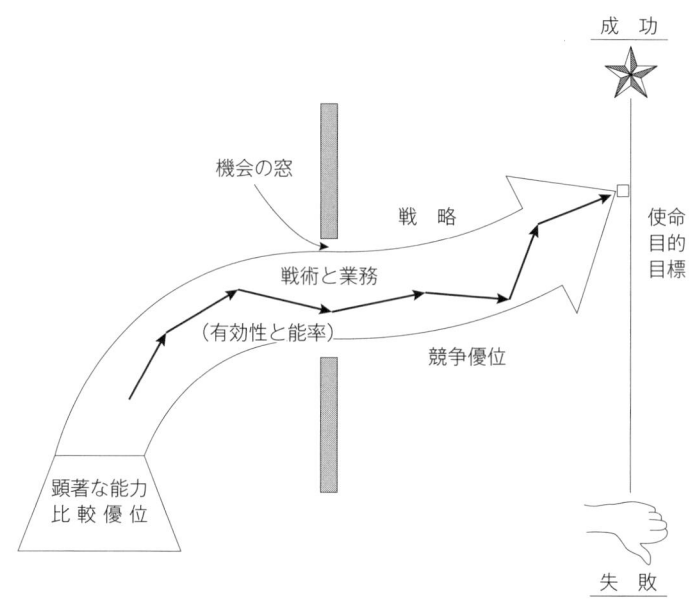

図15−1　経営戦略の図解

出所：Lester A. Digman, *Strategic Management*, 1990, p. 14より加工・作成。
(注)　図の原タイトルは「戦略は成功あるいは失敗の第1次決定要因である」。

て，戦術は直線で示されている。短期計画や予算のように，いったん決定すると，年度途中で容易に変更できない性質を表している。戦術は売上げや利益の実績が上下動しながらも戦略に誘導されて7年後に経営目標を達成している。

バーナード（Chester I. Barnard）は**戦略的要因**（制約的要因とも呼ばれる）を発見しそれを統制することができれば，経営目的を達成できると述べている。「制約的（戦略的）要因は，正しい方式で正しい場所と時間にそれをコントロールすれば，目的を満たすような新しい体系ないし一連の条件を確立せしめるごとき要因である」（バーナード『経営者の役割』ダイヤモンド社）。

戦略は，**リストラクチャリング**（事業再構築）や**リエンジニアリング**（生産性向上運動），多角化，国際化，研究開発（技術開発），マーケティング，財務，生産，M&A，**提携**など多岐にわたる。だが，すべての戦略を実施することは不可能なので，将来の経営目標を達成するのにふさわしい戦略を選択し組み合わ

せて実施されるのが一般的である。自動車メーカーが燃料電池の開発（技術開発）に向けて競合他社であるX社と提携し（提携），主にアジア市場（国際化）で販売するという戦略立案もその一例である。

　経営戦略は，事業活動の命運をかけた行動の選択にかかわるので，戦略の立案は安易に下位の従業員に委譲できない。競合他社との競争で優位に立つための会社合併や人員削減，提携，不公正な談合など最高機密扱いの問題を扱うこともある。企業倫理に反する戦略の運用を戒め，ステイクホルダーの支持を得られる戦略を志向すべきである。

　経営戦略は第2次世界大戦後に成立した成長と競争優位のための管理手法であるが，視野の狭い経営目標や拝金思想から戦略が使用されると，無制限でエゴイスティックな経営拡大や資本の暴走を招き，地球環境への負荷の増大，共生すべき中小企業の没落，モラルなき人員削減を合理化する手法にもなる。経営戦略を統制するフェアな基準を組織原則の中に組み込む必要がある。

2　リーダーの人間的魅力

● 先見の明をもつ

　独創的な事業構想を描けるリーダーに共通する人間的魅力は，第1に，先見の明をもっていることである。アップルは，IBMなどの大手のコンピュータメーカーが大企業向けの大型汎用コンピュータ（メインフレーム）市場に執着している間に，小型のパソコン市場の将来性を確信して，スティーブ・ジョブズ，ステファン・ウォズニアックらが共同して1977年に創設された会社である。1997年にアップルの暫定CEO（2000年に正式にCEO）となったスティーブ・ジョブズは，インターネット時代にふさわしく，固定式のパソコン製品を基礎にしながら，電話や音楽，人とのつながりを電子化したサービス，ゲームなどさまざまなアプリケーションを搭載した携帯型のデジタル家電製品を創造した。

　かつて，日本のソニーは，もち運び可能な小型音楽プレイヤー（ウォークマン）を開発して1980年代の世界市場を席巻した。創業者が去った後のソニーは

第 15 章　ビジネス・リーダーの条件とは何か

本業以外の金融事業や音楽配信事業などに多角化した結果，目新しいヒット商品もなく長期にわたって業績が低迷した。一方，スティーブ・ジョブズのアップルは，携帯型のパソコン機能を組み込んでネットワークされた電話機をはじめとする高性能のデジタル家電を開発し，ネットワークとコンピュータを統合する独創的な市場を切り開いた。先見の明をもつリーダーの存在が帰趨を決した例といえるだろう。

● **独自の世界観をもつ**

　ソニーの共同創業者であった**盛田昭夫**は，実業家向けの講演で原稿をもたずにスピーチすることで有名だったが，その理由をインタビュアーに問われてつぎのようにユーモアを交えて回答している。「女性に愛の告白をするときに原稿を読みますか。迫力がなくなるでしょう」（日本経済新聞社編『経営に大義あり』日本経済新聞社）。ものごとの本質をとらえながらわかりやすい言葉で相手を納得させる当意即妙の話術は，世界のビジネスマンを相手に培った経営者，盛田昭夫のサービス精神の賜物である。盛田昭夫の世界観を国際感覚とマーケティング力の2つの側面から考えてみよう。

　盛田昭夫は，1986年に『MADE IN JAPAN ――わが体験的国際戦略』という著書を英語版，日本語版で世界に公表した。その本は，敗戦後の日本でソニーを井深 大（いぶかまさる）とともに共同で創立したエピソード，トランジスタラジオ，テープレコーダー，ウォークマンの開発の経緯と成功，日本的経営の優位性を説明しながら，日本企業の技術力を牽引したソニーの経営史をまとめたものである。MADE IN JAPANという言葉は，1950～60年代当時，欧米からの技術を輸入し模倣して低価格で壊れやすい粗悪な安物商品として日本製品に与えられていた差別的な蔑称である。

　盛田昭夫は，今日の日本製品が世界的にもオリジナルな新技術を駆使して高品質の製品になったことをかつての蔑称を皮肉って世界に宣言した。このタイトルは日本製品にかけられてきた中傷や汚名を挽回し，第2次世界大戦で軍事的な敗戦を経験した盛田昭男の経済的な報復宣言の著作ともいえる（盛田昭夫

第Ⅲ部　ビジネスの成功と失敗を考える

『MADE IN JAPAN ——わが体験的国際戦略』朝日新聞社)。

　日本の経営者が自社の経営史と日本的経営の優位性を英語で主張した書籍を世界に向けて出版した初のケースである。スティーブ・ジョブズも盛田昭夫を尊敬しており，ソニーのウォークマンやトリニトロンテレビ，CD技術開発の実績がアップルの経営改革に大きな影響を与えたと述べている(『別冊宝島　現代カリスマ創業者のヒミツ』宝島社)。

　盛田昭夫は今までにない独創的な技術で日本製品を世界市場にアピールし普及させた最初の日本人である。それまでの日本の経営者は，欧米の技術を導入し，国内の狭い市場を相手に模倣と改良，価格競争を繰り返し，薄利多売に終始していた。そのために，「顧客が望むもの」「売れるもの」をつくる「マーケット・イン」という大きなリスクのない「モノづくり」が主流であった。

　そのような伝統的な日本企業とは異なり，盛田昭夫は，自分たちの技術で新たな市場を切り開き，消費者に製品の性能や用途を説明する「プロダクツ・アウト」の手法を重視した。「わが社のポリシーは，消費者がどんな製品を望んでいるかを調査して，それに合わせて製品を作るのではなく，新しい製品を作ることによって彼らをリードすることにある」(『MADE IN JAPAN——わが体験的国際戦略』)。このモノづくりの戦略は，国内だけでなく，世界市場を対象に，会社の名前や製品名，販売政策など経営の国際化を前提にしたものである。

　Sonus (音) と Sonny (可愛い) の合成から生まれたソニー (SONY) という会社名や，携帯型ステレオヘッドホンという製品を Walk (歩く) と Man (人) の合成語であるウォークマン (Walkman) に決定したのも，アメリカを中心とする世界市場で販売するための知恵であった。ニューヨークの5番街にショールームを開設し最初に日章旗を掲げたのも盛田昭夫のマーケティングにかける国際性を物語る。日本製品が海外にも通用する技術力をもっていることを果敢に示し「MADA IN JAPAN」製品のブランド力を高めようとした盛田昭夫の世界観から学ぶものは大きい。

●夢を実現する向上心と考え抜く力

　マズロー（Abraham Maslow）は人間の欲求には5つの階層があり，ピラミッドの階段を上るように成長していくと提唱した。これを**欲求階層説**（または欲求段階説）と呼ぶ。

　この5つの階層を説明しよう。第1に，**生理的欲求**（飢え，空腹，睡眠，セックスなど生命の維持にかんする欲求）で，人間の本能にもとづく根源的な欲求である。第2に，**安全の欲求**（戦争，天災，病気から逃れ衣服や住居などを安定的に維持したいという欲求），第3に，**社会的欲求**（集団に所属し仲間からの愛情を求める欲求），第4に，**自尊欲求**（承認，尊敬，独立などを求める欲求），第5に，**自己実現欲求**（自分がなすべきことをなす，自己の成長や発展を求める欲求）である（マズロー『人間性の心理学』産業能率大学出版部）。

　創業者やベンチャービジネスの起業家などのビジネス・リーダーには，第1や第2の階梯で貧困の体験をして這い上がった人物や，家庭の事情から早い時期に自立せざるをえない境遇にいた人物が比較的多い。社会のボトムからピラミッドの頂点を目指すので，エネルギッシュでハングリー精神は旺盛である。スティーブ・ジョブズは複雑な家庭環境の中で本当の両親を知ることなく幼少期を過ごした事情から，早くから自立心が強く孤独に耐え，モノや金銭に執着しない仏教的世界観に傾倒している。そうした彼の姿勢は，**マッキントッシュ**というパソコンの簡素なデザインやアップル再建時の給料受取りを辞退した態度にも表れている。

　逆に，2代目の経営者や裕福な家庭で育った者は，第1や第2の体験がなく，第3段階や第4段階から出発するために，第5段階を目指す熱意やハングリー精神に乏しくなりがちである。若い時期に苦労した経験や深い悩みを抱えた人間こそ自分自身を向上させ野心的な人生の目標を掲げることができる。逆境をチャンスととらえ，懸命に危機と格闘しそれを乗り越えた人間は，ビジネス・リーダーになる条件を多分に有しているともいえる。良品計画を起業した松井忠三会長は著書の中でつぎのように述べている。「挫折を知らずに成功し続けている人よりも，むしろ失敗してから生き方や働き方を変えた人の方が，底力

のある社会人に成長します」(松井忠三『無印良品の，人の育て方』角川書店)。

　欲求階層説の上方志向だけでなく，時には，下方での体験や経営の失敗，競合他社との競争を体験することによって，新たな上昇志向が生まれることもある。リーダーとしての大切な価値観とは何か，何をもって美とするか，何が正しい生き方か，自分にしかできない事業創造への使命感などの哲学的世界観は，企業経営の方向性と企業価値の中核を決めるもので，コンピュータが計算して解答を導き出す性質のものではない。むしろ，芸術家や科学者のアートに近い思考である(『Harvard Business Review』ダイヤモンド社，2002年4月号)。

● 発想の転換が生んだ成功──リバイブ

　愛知県にある株式会社リバイブは，建物の解体や産業廃棄物の処理事業を行う企業である。創立(1961年)当初から，建物の解体時に発生する大部分の廃棄物を焼却処理していた。しかし，周辺住民から排ガスや悪臭に対して苦情が絶えず，会社の存続が危ぶまれる事態になった。

　平沼辰雄社長は，悩み考え抜いた末に，発想の転換を行った。住民の信頼を得る工場にするために，「ごみを燃やす」という方針をやめ，「ごみを徹底的に分別してリサイクルする」方針に切り替えた。マイナーイメージでみられていた廃棄物処理事業をクリーンなイメージに転換する思いを込めて，1999年，社名を「リバイブ」(Revive)に変更した。

　その当時，廃棄物処理事業は，製造業や小売業，流通業などのプロセスを経て商品としての寿命を終えた「役立たない物」「無価値な物」を取り扱うため，静脈産業とも呼ばれ，「汚れたイメージ」「不法投棄」という悪いイメージが定着していた。

　リサイクルをキーワードに「ゴミを燃やさない」「ゴミを資源に変える」廃棄物処理事業への転換を図った。廃棄物処理を委託される取引先(顧客)に対して，可能な限り解体現場，建築現場でも分別を行うように助言し，協力を依頼している。2014年時点の産業廃棄物のリサイクル率の実績はつぎのとおりである。コンクリートがら(100%)，アスファルトがら(100%)，廃プラスチッ

ク（100％），木くず（100％），紙くず（100％），金属くず（100％），廃石膏ボード（100％）（株式会社リバイブHP）。

分別はほとんどが手作業なので時間と手間を要するが，分別した後は資源として再利用される。原料のゴミ処理費用を受注先から受け取っているので，利益率も高くなる。持続可能な産業廃棄物処理事業のあるべき姿を考え抜いてとり組んだ結果，地域社会からの信頼を受け，財務実績も改善され，優良産廃処理業者の認定も受けている。

3 従業員への動機づけと民主的な経営

経営者が精緻な構想を立案してもそれを実行する従業員の業務目標と責任を明確にして組織を活性化しなければ，絵に描いた餅に終わる。会社の組織力を引き出しうるリーダーの役割について考えてみよう。

● リッカートのリーダーシップ論

ミシガン大学の社会心理学教授で組織行動やリーダーシップ理論の研究者であったリッカート（Rensis Likert）は，組織のコミュニケーション（意思疎通）を深めると，従業員の労働意欲を引き上げ労働生産性を向上させられるという2つの理論を提唱した。

その1つは，**連結ピン理論**（linking pin model）である。ある管理者のリーダーシップは関係する全方位の組織構成員に及ぼす影響力の大きさ（上，下，横方向）で測られるとする考え方である。一般に，リーダーは部下に対する権限を背景にした影響力（下向きの矢印）の大きさにあると思われがちだが，それだけではない。部下の労働意欲を高めて生産性を引き上げるだけでなく，上司に対して目標を達成するプロセスで気づいた現場の実情を報告して建設的な提案をしたり，同じ組織に所属する同僚（横方向）にも大きな影響力（信頼や連帯感）をもっているリーダーは，上司と部下のコミュニケーションを強く連結する押しピンのごとき役割を果たすという。

第Ⅲ部　ビジネスの成功と失敗を考える

　上司に対しても積極的に発言し影響力を行使できるリーダーのもとで組織は自由な経営風土が形成され，従業員も経営に参加しているという一体感が得られる。「効率的な機能を発揮するには，監督者は上司の決定に影響できるくらい十分影響力を，自己の上司に対して持たなければならない」「自分の直属部下のその部下が話をしたがらず，施策や方針について少しも質問せず，またその他の恐怖症状を示す場合には，上司は，直属部下がリーダーとして，かつ連結ピン機能の遂行に失敗しており，彼を指導する必要があると結論することができる」（リッカート『経営の行動科学』ダイヤモンド社）。部下への命令や指示などの上位下達には熱心だが，上司への公正な影響力の行使では自己保身から「言わざる」を決め込む「リーダー」に組織の成長を任せるのは危険である。

　もう一つは**システム4の理論**である。リッカートは緻密な調査の結果から，組織を動かすリーダーのタイプを次の4つに類型化した。

　第1のタイプは，独善的で専制的なタイプ。リーダー（管理者）が全権を握りトップダウンで組織が運営され，上司と部下の間のコミュニケーションはない。部下は経営に参加できず労働意欲も生産性も低い。

　第2は，温情的ではあるが専制的なタイプ。リーダー（管理者）が強い権力をもつ。部下に対して家族の一員のように扱うが，限られた範囲で意見や改善点を上司に具申することができる。生産性は1のタイプより少し改善される。

　第3は，協調的なタイプ。リーダー（管理者）の権力は，1，2のタイプより弱まり，能力のある部下に権限が委譲される。リーダーは部下のアイデアや改善要望を積極的に聞こうとする。上司への伝達機能はわずかにあり上司と部下の関係は親密である。生産性は向上する。

　第4は，参加的（民主的）なタイプである。リーダーは従業員の人格を尊重し，その能力，技能，責任感を発揮できる組織環境を整える。部下からの上司への伝達もきわめて大きく，リーダーと部下の信頼関係は厚い。部下は自発的に経営に参加し，モチベーションは高い。卓越した生産性をあげる。

　リッカートは，第4のタイプが労働生産性をもっとも高めるリーダーであると結論づけた。そのことを実証したのが，図15-2の研究結果である。

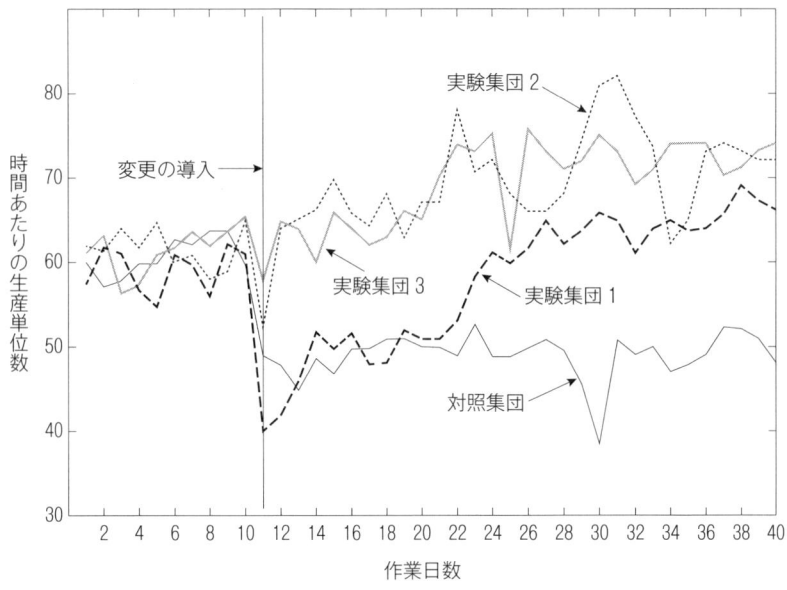

第 15 章　ビジネス・リーダーの条件とは何か

図15-2　作業計画立案への参加が生産性におよぼす効果

出所：R. リッカート（三隅二不二訳）『経営の行動科学——新しいマネジメントの探求』ダイヤモンド社，1964年，p. 57より．

　ミシガン大学の社会科学研究所が行ったこの研究は，同じ業務を行う作業集団を４つのグループに分け，経営参加のタイプが生産性にどのような影響を及ぼすかを40日間にわたって調査したものである。

　その際，作業目標や作業方法の変更にかかわる計画立案に参加するグループ（実験集団１，２，３）と参加させないグループ（対照集団）に分けた。実験集団１は代表のみ参加でき，実験集団２，３は全員が参加できるグループである。最初の10日間は従来どおりの作業を行い，その間に４つのグループは経営参加の異なるタイプに応じて新しい作業内容を協議した。実験集団１は比較的人数が多かったので代表者を選出して会社側から提案されている業務の変更方針を話し合って承認した。実験集団２と３は，実験集団１より少人数だったので，代表を選出する必要もなくすべての従業員が計画立案過程に参加して，会社側の方針を承認した。それに対して，対照集団は，会社の生産課から与えられた

業務変更方針が伝達され，簡単な質疑応答を受けて終了した。

　タテ軸は時間あたりの生産単位数で，労働生産性を示している。ヨコ軸は時間の流れである。実験が始まる前の最初の10日間は，4つのグループが従来どおりの作業を行っており，多少のバラつきはあるが，時間あたり平均60個前後である。11日目から変更された作業に転換すると，4つのグループの生産性に明確な差異が現れる。すべてのグループは不慣れな変更方針に対応できず，最初の日は大きく生産性を低下させたが，実験集団2と3は，右上がりの上昇基調を描き，もっとも高い生産性を示した。それに対して，対照集団の生産性は50個前後に低迷し変更前の水準を回復することはなかった。また，実験集団1は途中まで対照集団と同じ傾向を示したが，24日目あたりから生産性を引き上げ実験集団2，3のレベルに近づけている。この学術的な調査結果から，民主的な経営を進めるリーダーは労働生産性を引き上げることが示唆されているといえるだろう。

● ホーソン実験と生産性

　1920年代のアメリカの大企業で興味深い実験が行われた。1927年から1932年までの約5年間，ウェスタン・エレクトリック社のホーソン工場（従業員数は約3万人）で労働者の労働条件（労働時間，休憩や茶菓子の支給，賃金支払い制度など）と生産性への影響について調べられた。ウェスタン・エレクトリック社は，ベル電信電話会社の電話機器などを製造するメーカーで，福利厚生施設やサービスなど労働条件の改善と人事管理に高い関心をもっていた企業である。

　実験にはハーバード大学教授で社会心理学者であったメイヨー（George E. Mayo）やレスリスバーガー（Fritz Roethlisberger）も参加して，実験の方向性を指導した。ホーソン実験は複数の実験からなるが，もっとも有名な継電器組み立て作業実験を取りあげて，労働時間と生産性の関係を考えてみよう。継電器（リレー）組み立てとは電話機の回路を入れたり切ったりする装置を女工が組み立てる単純反復作業である。その当時，平均的な女工は1人で1日約500個を組み立てたという。

第15章 ビジネス・リーダーの条件とは何か

表15-1 継電器組み立て作業の労働条件の推移

期間	週	労働条件	週労働時間	労働時間減少率*
Ⅰ	2	標準（実験の基礎データを取るために通常の職場で生産記録をとる）	48	
Ⅱ	5	標準（作業グループが実験室に移動，休憩なし）	48	
Ⅲ	8	標準（この期からグループに対する集団出来高制の導入）	48	
Ⅳ	5	午前10時，午後2時に各々5分間の休憩。	47：05	1.9%
Ⅴ	4	午前10時，午後2時に各々10分間の休憩。	46：10	3.8%
Ⅵ	4	午前，午後に各々3回ずつ5分間の休憩。	45：15	5.7%
Ⅶ	11	午前に15分，午後に10分の休憩，軽食と茶菓子を会社が負担して支給	45：40	4.8%
Ⅷ	7	第7期と同じ労働条件で午後4時30分で終業。	43：10	10.0%
Ⅸ	4	第7期と同じ労働条件で午後4時で終業。	40：40	15.3%
Ⅹ	12	第7期と同じ労働条件に戻す。	45：40	4.8%
Ⅺ	9	第7期と同じ労働条件だが，土曜日を休日にする。	41：40	13.2%
Ⅻ	12	標準（第3期）と同じ労働条件に戻す。	48	
XⅢ	31	第7期と同じ労働条件に戻す。	45：40	4.8%

出所：F. J. Roethlisberger & William J. Dickson, *Management and the Worker*, 1976, p. 77より。
＊は第Ⅲ期の労働時間（標準）に対する労働時間の減少率を示したもの。

　ホーソン実験は第1期から第13期まで行われた。この実験の会社側の趣旨を十分に理解する仲の良い女工6名（内1名は5名の作業を観察し記録する係）が選定され，一般の職場から隔離された実験室で実験が行われた。

　表15-1にみられるように，第1期は通常の職場で基礎データを採取したが，第2期以降は実験室へ移行している。第2期までは作業条件に変化はないが，第3期以降，集団出来高払い制度を導入している。それまで，100名近い職場で女工たちは働いていたが，わずか5名の職場でグループの出来高を増やすことができれば，1個あたりの賃率がアップするので，時間あたりの継電器の出来高個数（生産性）を増やそうとする意欲はグループ全体に高まるであろう。特別扱いを受けたこの女工たちの受け取った賃金は一般女工よりも相対的に高かったと報告されている。また，第4期以降は，休憩時間（茶菓子やコーヒーの支給など会社サービスを含む場合がある）の導入や就業時間を早めたり遅らせたりするなど労働条件を操作している。

　その結果，5名の女工の時間あたりの出来高個数（生産性）は図15-3のよ

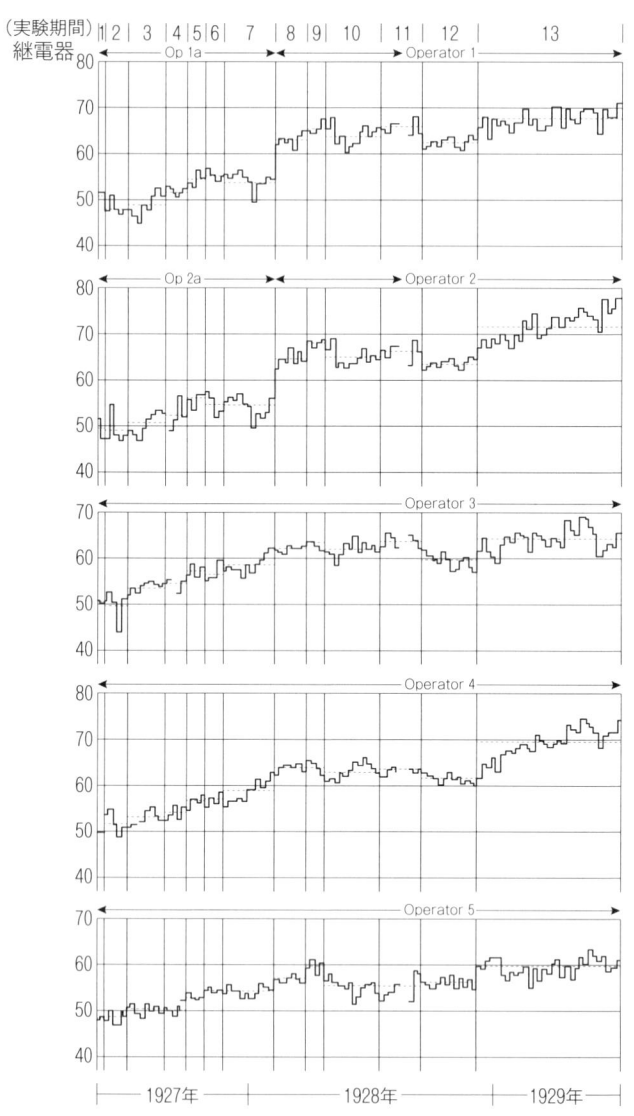

第Ⅲ部　ビジネスの成功と失敗を考える

図15-3　継電器組み立て作業実験の生産性の推移

出所：F. J. Roethlisberger & William J. Dickson, *Management and the Worker*, 1976, p. 76より筆者が一部加工・作成した。

（注）　5名の女工（Operator 1～5）の週間作業量（継電器）を年次的にみたもの。点線は各女工の実験期間ごとの平均生産量を示す。

第 15 章　ビジネス・リーダーの条件とは何か

うになった。作業条件を変更した第3期から第13期まで，多少の上下動はあるが，右上がりに上昇していることがわかる。

　第3期から第12期までの範囲で生産性が高かったのは第9期と第11期である。表15－1にあるように，第9期は実験期間中でもっとも週労働時間が短い40時間40分であり，第11期は2番目に短い41時間40分であった。その逆に，第12期では労働時間を48時間に戻し，第11期より労働時間を延長したところ，生産性は女工5名中4名（女工1，2，3，4）で低下した。

　第13期の生産性が5名全員でもっとも高かった理由として，労働時間が45時間40分に引き下げられ12期より労働時間を短縮していること，会社側による昼食支給が復活したことなど物理的な作業条件の改善が高い動機づけになった可能性が大きい。

　このデータから，効果的に休憩や休日をとって労働時間を削減することは，賃金の引き上げと並んで生産性を高める重要な要素であることがわかる。メイヨーやレスリスバーガーが主張するように，職場の好意的な雰囲気や自信，責任感，親密なコミュニケーションも生産性向上の1つの要素であったことも事実である。だが，労働時間の短縮と生産性の向上は，一対の関係にあることをこの実験は証明している。

● 長時間労働を見直し生産性を引き上げる

　日本企業の労働生産性を考えてみよう。日本生産性本部の最近の労働生産性調査の結果（2012年度）によれば，米国企業（平均）の労働生産性を100％とすると，日本企業（平均）の就業1時間あたりの労働生産性は米国企業の約63％にすぎない（日本生産性本部『労働生産性の国際比較』）。

　年間労働時間の国際比較（2013年）によれば，サービス残業などを含む日本の労働時間は2070時間で，韓国（2163時間）に次いでもっとも長い。労働時間のもっとも少ない国の順ではオランダ（1380時間），ドイツ（1388時間），フランス（1489時間），スウェーデン（1607時間），イギリス（1669時間），アメリカ（1788時間）であった。残業を含む長時間労働は，従業員を会社に拘束する時間

第Ⅲ部　ビジネスの成功と失敗を考える

を拡大するため，睡眠時間，家事，家族との語らい，教養や趣味に充てる時間の減少につながる。ワークライフバランス（仕事と生活の調和）の観点からも，リーダーは労働時間の効率的な使用法に習熟し，短時間で生産性を引き上げるマネジメントを開発すべきであろう。

「それを貼れ」という意味の**ポストイット**（Post-it：付箋）は，スコッチテープで有名な３M（MMM，スリーエムという）が開発したヒット商品である。かんたんに貼ったり剥がしたりできる接着剤を紙の裏につけて付箋にするという発想は，「勤務時間内の15％の時間を利用して自由なアイデアを追求して良い」という同社の「**15％プログラム**」という労働時間制度から生まれた。一見すると時間の無駄のようにみえるが，この制度から多くの革新的な商品が誕生したのである。

日本のブラック企業のように従業員を会社に長時間拘束して当然視する低次元のマネジメントとは異なり，従業員の創造力と成長可能性を信頼し，能力を最大限引き出す合理的なマネジメントがあると認めざるをえない。

因みに，2014年度の３Mの純利益が約50億ドル（約6000億円），日本の住友化学が522億円であった。３Mの売上高純利益率が15.6％，住友化学では2.2％である。同じ化学業界とはいえ，財務実績でみる限り日本企業は３Mの足元にも及ばない。この競争力の格差の理由の１つには，革新的な製品開発を促す柔軟で自由な労働環境を創造し労働生産性を高めるリーダーの経営手腕がある。

設　問

1．会社を経営する社長の仕事と一般の社員の仕事にはどのような違いがあるか，考えてみよう。

2．労働時間の短縮と生産性の向上を両立させるには，どのような仕組みが必要か，提案しなさい。

初学者のための参考書籍

松井忠三『無印良品の,人の育て方』角川書店,2014年。
  ➤「人が成長する会社が良い会社である」「リーダーはミスの背景を探る」など実際の体験から得られたリーダーのあり方を述べている。
渡辺峻・角野信夫・伊藤健市編著『やさしく学ぶマネジメントの学説と思想［増補版］』ミネルヴァ書房,2010年。
  ➤主要な経営学説とフォードやウェルチ,本田宗一郎など日米の著名な経営者のリーダーシップの実績と思想を紹介している。
リクルートエグゼクティブエージェント編著『社長という仕事』プレジデント社,2010年。
  ➤30人のCEOによる,経営者になる人の志,仕事に対する姿勢,どのようなキャリアを積むべきか,についての金言が収められている。
ジェイ・エリオット＆ウィリアム・L.サイモン（中山宥訳）『ジョブズ・ウェイ──世界を変えるリーダーシップ』Softbank Creative, 2011年。
  ➤製品の細部にこだわるジョブズの情熱の源は何か,チームの活力を引き出す術,失敗から学ぶ姿勢など,リーダーシップの神髄を学ぶことができる。
チェスター・I.バーナード（山本安次郎訳）『経営者の役割』ダイヤモンド社,1968年。
  ➤長年,ニュージャージー・ベル電話会社の社長として知りえた経営管理の指導上の原則を体系化した著作。

〈足立辰雄〉

索　引

◇人名

アンゾフ，H. I.　38
アージリス，C.　170
井深大　251
ウォズニアック，S.　6, 250
小倉昌男　13
クリステンセン，C.　171
ゲイツ，B.　221
ゲマワット，P.　102
ゴーシャル，S.　101
コトラー，P.　91, 172
サイモン，H. A.　211
シュンペーター，J. A.　50
ジョブズ，S.　6, 248, 250, 253
ダニング，J.　100
チャン・キム，W.　44
トフラー，A.　213
豊田章男　168
ドラッカー，P. F.　77, 83
バートレット，C. A.　101
バーナード，C. I.　249
バトラー，R. S.　84
ピケティ，T.　221
フォード，H.　212
ポーター，M. E.　40
ホール，M.　53
マクネア，M. P.　56
マズロー，A.　253
メイヨー，G. E.　258
モボルニュ，R.　44
盛田昭夫　251
吉野慶一　218
リッカート，R.　255
レスリスバーガー，F.　258

◇企業・団体名など

3M　262
Dari K　218
IBM　7
あきんどスシロー　138
アップル　6, 248, 250
アマゾン　61, 63
イオン　64
伊賀の里モクモク手づくりファーム　213
伊那食品工業　223
内山新聞店　152
エンロン　4, 5
オギハラ　114
キヤノン　113
京でん　46
グーグル　25
クックパッド　137
グローリー　7
神戸新聞社　200
コマツ　138
資生堂　227
食一　48
女子道社　7
スノーピーク　25
セブンイレブン　57, 211
ゼネラルモーターズ　106
センター・フォー・エルダーズ・インディペンデンス　70
ソニー　252
ソフトバンク　221
ダイキン工業　113
テンポスバスターズ　183
東京電力　238
トヨタ自動車　105, 168

日本理化学工業　186
ハードロック工業　45
パナソニック　113
原田左官工業所　181
日高わのわ会　74
ファースト・リテイリング　221
本田技研工業（ホンダ）　21
マイクロソフト　221
満寿屋商店　158
ミュージックセキュリティーズ　128
メドスキン・ソリューションズ・ドクター・スベラック　7
モンドラゴン協同組合企業　31
ヤマト運輸　13
山ばな平八茶屋　224
山本忠信商店　159
リバイブ　254
良品計画　253
リンガーハットジャパン　134
ロフト　60
ワークスみらい高知　75
ワタミ　228, 232
ワタミフードサービス　228

◇欧文

1日10時間圏内　109
15％プログラム　262
36（サブロク）協定　229
3R（Reduce, Reuse, Recycle）　167
3つの価値の不均衡　222
6次産業　213
AEC（アセアン経済共同体）　108
ASEAN（東南アジア諸国連合）　103, 108
ASEAN4　103
BOPビジネス　164
CI（企業との一体感）　217
CIO（最高情報責任者）　131, 132
CSR　→企業の社会的責任
CSR経営　5, 200, 207
CSR報告書　175

CSR優良企業　221
CSV　→共有価値の創造
ESG（環境，社会，ガバナンス）　176
EU労働時間指令　229
FTA（自由貿易協定）　108
GMS（大メコン圏）　108, 109
ILO（国際労働機関）夜業条約　229
IoT　138, 172
iPhone　6
ISO14000ファミリー　175
ISO14001　170, 216, 235
ISO26000　176
ISO9001　235
IT戦略　131
ITベンダ　132
JIT生産方式　169
KAROSHI　233
M&A　12, 156
MADE IN JAPAN　251
NATO（No Action Talk Only）　114
NPO　→非営利組織
NUMMI　106
PDCAサイクル　36, 37, 175
Place　90
PM2.5　215
POS（販売時点管理）　35, 61
Price　90
Product　90
Promotion　90
QCD（品質，費用，納期）　36
RBV（資源ベース理論）　174
SPA　57
SWOT分析　36, 113

◇あ行

アウトソーシング　132
アジア開発銀行　108
新たな社会的利益　74, 77, 79
安全の欲求　253
安全配慮義務違反　237

索　引

異質多元　148
遺伝子組み換え食品　213
イノベーション　50, 76, 170
イノベーションのジレンマ　171
インキュベーション　4
インターナショナル企業　101
インターンシップ　192, 202
インバウンド　113
ヴァーチャル　61, 63
ウォークマン　252
失われた20年　154
「内なる」国際化　113
売場面積　55
営利主義　225
エコビジネス　219
エコファースト　235
エコプロダクツ　216
エコモニター　11
エコロジカル・マーケティング　87
エンジェル　8
大型商業施設　154
オープン・イノベーション　173
オープン価格　94
オフィス・オートメーション　134
親同居未婚者　3
卸売業者　52
オンリーワン　224
オンリーワン企業　225

◇か行

海外現地生産　100, 104, 106
海外事業活動基本調査　103
海外生産比率　105
買替え需要　12
開業率　154
外国企業誘致政策　109
外国人研修生　114
会社　28
カイゼン　188
開廃業率の逆転現象　154

外部被曝　239
開放的チャネル政策　95
拡張的製品　91
核燃料デブリ　239
家訓　225
カスタマージャーニーマップ　141-143
価値共創　173
価値交換　19, 22, 27
価値交換関係　24, 26
価値創造　18, 22, 27, 50
価値創造過程　23
価値創造メカニズム　23
金のなる木　12
株価　30
株式会社　9, 28
株主　29
株主総会　29
貨幣　18
ガラパゴス化　42
過労死　233
過労死ライン　233
川上・川下ビジネスネットワーク事業　124
環境アカウンタビリティ　175
環境に対する認識　20
環境配慮型サービス（エコプロダクツ）　242
環境配慮型自動車　212
環境配慮型製品　242
環境配慮型農業　219
環境ビジネス　163
環境負荷　215, 216
環境ブランド力　11
環境報告書　175
関係性　85
感情（テンション）　144
関心を支援に転換する　79
間接金融　117
間接輸出　99
完全子会社　100
カントリーリスク　107
機会の窓　248

267

起業活動浸透指数 2
企業市民 179
企業の社会的責任（CSR） 5, 26, 32, 178, 196
企業の目的 17
企業倫理 227
企業倫理委員会 241
期待 20
規模の経済性 40
キャッシュフロー 10
競争戦略 40
共存共栄 110
業態 56
協調 26
協働 75, 79
協同 79
協同組合 30
共同研究 192, 195
共有価値の創造 26, 32, 164
勤務時間 228
金融 117
金融機関 117
空洞化 154
口コミ 62
クラウド 132, 135
クラウドファンディング 126, 127
グリーン・ニューディール政策 163
グリーン経済 163
グローバル企業 101
グローバル統合 101
経営革新 157
経営戦略 22
経営哲学 220
経営理念 21, 157, 227
経験曲線効果 40
経験モデル 121
経済・環境・社会のトリプルボトムライン 176
経済回廊 108
経済主体 150
経済循環 151

継電器（リレー）組み立て 258
契約 100
ゲーム理論 26
原価管理 37
権限移譲 100
顕在市場 88
原子力村 244
現地コミュニティ 112
限定的（排他的）チャネル政策 95
原発震災 238
コア・コンピタンス 8
コア製品 91
公共財 69
小売業者 52
公共の利益 73
後継者 156
広告 96
合資会社 28, 30
工程管理 37
合同会社 28, 30
合弁 100
合弁会社 106
広報 77, 78
合名会社 28, 30
小売業態 56
小売サービス 56
小売の輪仮説 56
高齢化 155
ゴーイング・コンサーン 176
コーポレート・ガバナンス 5, 29, 176, 242
顧客志向 85
顧客満足 50, 85
国際化 99
国際化のプロセス 100
国際原子力評価尺度（INES） 238
国内生産回帰 113
個人投資家 247
コスト・リーダーシップ戦略 40
コスト志向の価格 93
固定相場制 104

索　引

コミュニケーション　255
コミュニティ・ビジネス　198
コモディティ化　41
雇用者数　232
雇用の受け皿　149
コンセプト（構想）　21
コンビニエンスストア　57
コンプライアンス　175, 234
コンプライアンス委員会　236

◇さ行

サービス・オートメーション　134, 135
サービス財　90
サービスデザイン　139, 140
最高経営者（CEO）　5
再生可能エネルギー　165
最低賃金制度　109
財務定量モデル　121
財務的価値　215
再臨界（地底臨界）　239
作業管理　37
サステナビリティ（持続可能性）　164
サステナビリティ・コンテクスト　172
サステナビリティレポート　175
サプライチェーン　218
サプライヤー　37
差別価格　94
差別化戦略　13, 41
産学官連携　4, 191
産学連携　4, 191
三方良し　164, 220
シェアリングエコノミー　167
シェール革命　166
事業機会　248
事業機会認識指数　2
事業計画　247
事業構想　247
事業承継　3, 155, 157
事業所数　55
事業ドメイン　36, 128

資源　19, 23, 24
自己実現欲求　253
資材管理　37
市場開拓（開発）戦略　39
市場価値　216, 242
市場細分化　59
市場浸透戦略　39
システム4の理論　256
自然価値　216, 242
自然環境　25, 26
自然人　28
持続可能性　50
持続可能な企業　164
持続可能な経営モデル　217
持続可能な社会　65
持続可能なマネジメント　176
持続的競争優位の構築　174
持続不可能な社会　222
自尊欲求　253
失業率　109
実際的製品　91
実質財　23
自動運転　169
資本金　28
資本市場　30
資本所得　221
社員　30
社会・環境志向　85
社会価値　216, 243
社会起業家　164
社会貢献　152
社会貢献活動　63, 64
社会的課題　179, 199, 203
社会的責任投資　180
社会的分業　151
社会的欲求　253
社会的利益　72-74, 76, 78, 85
社会負荷　215
社是・社訓　227
シャッター街　66

269

収益獲得　19	ステイクホルダー　24, 85, 164, 179, 221
従業員規模　55	ステイクホルダー・マネジメント　164
就業規則　228	スマートグリッド　168
従業者数　55	スマートコミュニティ　165
集権　100	スマートシティ　168
集中化戦略　42	スマートデバイス　132
受託研究　192, 195	スマートハウス　165
需要志向の価格　93	スマートフォン市場　6
循環型6次産業　219	成果主義　223
ジョイント業　128	成功体験　212
小規模企業活性化法　148	成功の復讐　211
小規模企業振興基本法　148	生産計画　37
商業の段階分化　53	生産統制　37
商業排除の法則　54	正社員　232
商業倫理　220	成熟期　11
商店街　65, 66	成長期　11
小児甲状腺がん患者　239	成長曲線　9
消費社会　59	製品　35
商品　35	製品開発戦略　39
商品開発　34-36, 38, 50, 51	製品-市場戦略　38
情報生産　119	製品ライフサイクル，成長曲線（PLC）　9, 214
静脈産業　254	生物多様性　216
初期高価格政策　94	生物濃縮　241
初期浸透低価格政策　94	制約された合理性　211
職住近接　152	生理的欲求　253
食物連鎖　241	セールス・プロモーション　96
ジョブ・ローテーション　133	世界の工場　107
シングルループ・ラーニング　170	設備管理　37
新結合　50, 51	セブンプレミアム　212
人工知能（AI）　169	セミ・グローバリゼーション　102
親族外承継　156	セルフサービス　56
親族内承継　156	先義後利　217
人的販売　96	潜在市場　88
真のフェアトレード　220	戦術　249
深夜労働　229	選択的チャネル政策　95
信用金庫　123, 126	選択と集中　42
信用リスク　118, 120	戦略　248
水蒸気爆発　239	戦略のCSR　172
水素ビジネス　166	戦略の要因　249
垂直的マーケティング・システム　95	総合起業活動指数　1

索　引

ソーシャル・ビジネス　27, 74, 164, 199, 207
ソーシャル・マーケティング　85, 86, 91
ソーシャル・キャピタル　152
ソーシャル・プロダクツ　243
ゾーニング　109
組織学習　170

◇た行

ターゲット・マーケティング　88
タイ＋ワン　107, 111
第2の創業　157
第3国拠点　108
大企業　147, 149
体験教室　213
タイサミット　114
ダイバーシティ　180
ダイバーシティ・マネジメント　111
大量生産　219
多角化戦略　40
多国籍企業　99, 101
多国籍企業のタイプ　101
ただ乗り（フリーライド）　70
宅急便　13
脱熟練化　134
脱担保主義・脱保証人主義　122
ダブルループ・ラーニング　170
地域金融機関のCSR　128
地域経済　150
地域経済の活性化　150
地域貢献　152, 153
地域社会　152, 197
地域内経済循環　75, 151
地域に埋め込まれた存在　150
地域密着型金融　122, 123
地産地消　158, 214
知識財　23
チャイナ＋ワン　107
チャネル　94
チャリティー　217
中小企業　110, 111, 146-148

中小企業の後継者問題　154
中小企業の定義　146, 147
中心市街地　152, 154
忠誠心　217
長時間（時間外）労働　229
直接金融　117
直接投資　102
直接輸出　99
つながり　27
定款　9
撤退　107
デフォルト　120
統計モデル　121
統合型マーケティング・コミュニケーション　97
統合思考　176
統合報告，統合報告書　119, 175
東西回廊　108
導入期　10
特定非営利活動促進法　73
トランスナショナル企業　101
取引　26
取引数量最小化の原理　53

◇な行

内部被曝　239
ニッチ（隙間）　7, 74, 75
ニッチ市場　88, 150
ニッチ戦略　7, 42, 44
ネットワーキング　112
ネットワーク　152, 204
年間労働時間　261
農場レストラン　214
能力主義　223
ノーマライゼーション　76
暖簾　225

◇は行

パーソナライズド・マーケティング　92
ハートシェア　89

271

ハードロックナット　45, 50
バイ・ドール法　193
バイオガス発電　219
廃業率　154
買収　114
売買の集中　53, 54
パソコン　7
バックワード（逆流）チャネル　95
パブリシティ　96
非営利性　72, 73
非営利組織（NPO）　72, 198
東日本大震災　237
非競合性　69
非財務的価値　215
ビジネススタイル　110
ビジネスプラン　8
ビジネスプランコンテスト　3, 203
ビジョン　78
非正規社員　232
ビッグデータ　132, 136, 137
非排除性　69
被曝　239
評判　26
品質管理　37
ファイブ・フォース分析　42
フィランソロピー　217
フェアトレード　164, 218, 243
付加価値　11, 220
負債　29
物的流通（物流）　94
フットワークの金融機関　126
不当労働行為　232
ブラック企業　234
ブラック企業大賞　234
フランチャイズ　100, 235
ブランド・ロイヤルティ　42
ブランド戦略　41, 54, 59
フリーライダー　70
プリウス　11
ブルー・オーシャン戦略　44, 46, 48, 49

フルライン戦略　42
プロシューマー　213
プロダクツ・アウト　8
プロモーション・ミックス　96
文系分野の産学連携　195
分権　100
ベネフィット　85, 89, 91-93
ペルソナ　141
ベンチャー　6, 192, 195
ベンチャーキャピタル　8
変動相場制　104
放射性廃棄物　239
放射性物質　215
法人　28
ホーソン工場　258
ポートフォリオ戦略　10
簿外債務　4
ポジショニング　89
ポジショニング・スクール　174
ポストイット　262
凡事継続　223

◇ま行

マーケター　84, 87, 89
マーケット・イン　8
マーケット・シェア　89
マーケット・セグメンテーション　88
マーケティング　35
マーケティング・コミュニケーション・システム　96
マーケティング・ミックス　87, 90, 93, 97
マーケティング3.0　172
マーチャンダイジング　60, 94
マイクロファイナンス　164
マイノリティ　180
マインドシェア　89
負け犬　12
マザー工場　113
街の持続可能な発展　66
マッキントッシュ　253

マッチング　124, 125
マッチングビジネス　167
マネジャー　246
マルチナショナル企業　101
ミッション　78
無限責任　30
名目財　23
目利き能力　119, 123
面的再生　122, 128
持分会社　28, 30
モチベーション　225
物語形成　59
モラル・ハザード　5
問題児　11

◇や行

有限責任　30
有限責任事業組合　30
有限責任制度　29
有効需要　69
輸出　99, 104
ユビキタス　92
溶融貫通（メルトスルー）　238
欲求階層説　253

◇ら・わ行

ライセンシング　100
ライフスタイル　59, 60
リーダー　246
利益が見込めないビジネス　68-70, 72

利益計画　8
利益の非分配拘束　73
利益を見込めないビジネス　70
リエンジニアリング　249
リサイクル率　255
リスクマネジメント委員会　241
リストラクチャリング　12, 249
リレーションシップバンキング　122
零細規模企業　148
レッド・オーシャン　44
レベル7　238
連携　123, 126
連結ピン理論　255
ロイヤルティ　211
労災　233
労働意欲　217
労働基準監督署　229
労働組合　232
労働組合組織率　232
労働者不足　109
労働所得　221
労働生産性　261
老舗　214
労務管理　234
ローカル適応　101
ロードサイドストア　154
炉心溶融（メルトダウン）　238
ワークライフバランス　262
ワタミヘルプライン　236
ワン・トゥ・ワン・マーケティング　35

273

執筆者紹介 （執筆順，＊印は編著者）

＊足立　辰雄（はじめに，序章，第13章，第14章，第15章）
※編著者紹介参照。

山縣　正幸（第1章）
近畿大学経営学部准教授
主著：『企業発展の経営学［新装版］』千倉書房，2010年。

小松　史朗（第2章）
近畿大学全学共通教育機構准教授
主論文：「日本的標準作業管理の特質と「受容」の過程(1)(2)」『立命館経営学』52(2・3)―53(1)，2013-14年。

吉村　純一（第3章）
熊本学園大学商学部教授
主著：『マーケティングと生活世界』ミネルヴァ書房，2004年。

上田　健作（第4章）
高知大学地域協働学部教授
主論文：「高知県におけるボランティアおよびNPOに対する県民意識とNPO支援課題」（高知県・高知大学共同研究報告書）2004年。

日野　隆生（第5章）
東京富士大学経営学部教授
主論文：「マーケティング・コンセプトの変遷とソーシャルビジネス」『企業経営研究』15，2012年。

関　智宏（第6章）
同志社大学商学部准教授
主著：『現代中小企業の発展プロセス』ミネルヴァ書房，2011年。

久富　健治（第7章）
神戸山手大学現代社会学部教授
主著：『現代資本と中小企業の存立』同友館，2015年。

布施　匡章（第8章）
近畿大学経営学部准教授
主論文：「顧客価値実現につながる新事業創出手法とその検討方法」（共同執筆）『IT経営ジャーナル』2，2015年。

大貝　健二（第9章）
北海学園大学経済学部准教授
主論文：「地域産業政策の展開とその到達点」『地域経済学研究』27，2013年。

八木　俊輔（第10章）
追手門学院大学経営学部教授
主著：『現代企業と持続可能なマネジメント』ミネルヴァ書房，2011年。

山下　裕介（第11章）
作新学院大学経営学部特任准教授
主論文：「企業倫理実践における制度化の要件」『経済学論集』42(2)，2010年。

谷口　智彦（第12章）
近畿大学経営学部准教授
主著：『マネジャーのキャリアと学習』白桃書房，2006年。

《編著者紹介》

足立　辰雄（あだち・たつお）

1952年　大分県生まれ。
1983年　立命館大学大学院経営学研究科博士課程単位取得退学。その後，宮崎産業経営大学経営学部専任講師，同助教授，京都短期大学商経科教授などを経て，
現　在　近畿大学経営学部教授。
著　書　『現代経営戦略論——環境と共生から見直す』八千代出版，2002年。
　　　　『環境経営を学ぶ——その理論と管理システム』日科技連出版社，2006年。
　　　　『原発，環境問題と企業責任』新日本出版社，2014年。
　　　　『CSR経営の理論と実際』（編著）中央経済社，2009年。
　　　　『サステナビリティと経営学』（編著）ミネルヴァ書房，2009年。
　　　　『サステナビリティと中小企業』（共編著）同友館，2013年ほか多数。

ビジネスをデザインする
——経営学入門——

2016年3月30日　初版第1刷発行　　〈検印省略〉

定価はカバーに
表示しています

編著者　　足　立　辰　雄
発行者　　杉　田　啓　三
印刷者　　江　戸　孝　典

発行所　株式会社　ミネルヴァ書房
607-8494 京都市山科区日ノ岡堤谷町1
電話代表　（075）581-5191
振替口座　01020-0-8076

© 足立ほか，2016　　共同印刷工業・藤沢製本

ISBN978-4-623-07542-3
Printed in Japan

企業と利益がわかる　経営学入門オムニバス講義
　　　　　　　京都経済短期大学経営情報学会 編　Ａ５判　256頁　本体1500円

「利益」とは何か？「企業」とは何か？多角的なアプローチで，身近な話題から専門的な理論までをわかりやすく解説する，生きた経営学入門。

経営学入門キーコンセプト
井原久光 編著　平野賢哉／菅野洋介／福地宏之 著　Ａ５判　296頁　本体2500円

最低限必要な経営学関連の，厳選された88項目のキーコンセプトを図表の入った見開き２ページで構成，見やすく分かりやすく解説する。

はじめの一歩　経営学 [第２版]
　　　　　　　　　　　近藤宏一／守屋貴司 編著　Ａ５判　256頁　本体2400円

経営学が扱うテーマと必要不可欠な基本知識を解説し，事例と共に何が論点なのかを議論しながら学ぶ，初学者必携の入門書。

はじめて学ぶ経営学　人物との対話
　　　中野裕治／貞松　茂／勝部伸夫／嵯峨一郎 編　Ａ５判　272頁　本体2800円

経営学の基礎を，「人と業績」「名著・原典紹介」から読み解く，経営学の初学者向け入門テキスト。

ベイシック経営学Ｑ＆Ａ [第３版]
　　　　　　　　　　　　　総合基礎経営学委員会 編　Ａ５判　314頁　本体2500円

経営学の基礎となる事項を簡潔なＱ＆Ａ方式によって網羅し，各課題の主要な論点を的確に把握できるよう編集された画期的なテキスト。

——— ミネルヴァ書房 ———
http://www.minervashobo.co.jp/